Horst Kommerau

Licht über Afrika

SCM Hänssler

SCM

Stiftung Christliche Medien

© der deutschen Ausgabe 2012
SCM Hänssler im SCM-Verlag GmbH & Co. KG ·
71088 Holzgerlingen
Internet: www.scm-haenssler.de; E-Mail: info@scm-haenssler.de

Soweit nicht anders angegeben, sind die Bibelverse folgender
Ausgabe entnommen:
Neues Leben. Die Bibel, © der deutschen Ausgabe 2002 und 2006
SCM R.Brockhaus im SCM-Verlag GmbH & Co. KG, Witten.
Weiter wurden verwendet:
Elberfelder Bibel 2006, © 2006 by SCM R.Brockhaus im SCM-Verlag GmbH & Co. KG · Witten.

Umschlaggestaltung: Jens Vogelsang, Aachen
Titelbild: fotolia.com
Satz: typoscript GmbH, Walddorfhäslach
Druck und Bindung: CPI – Ebner & Spiegel, Ulm
Gedruckt in Deutschland
ISBN 978-3-7751-5380-5
Bestell-Nr. 395.380

Inhalt

Vorwort

Vor 15 Jahren hatte ich das Vorrecht, das Missionswerk Diguna bei einem Montageeinsatz in Afrika kennenzulernen. Wer sich mit der Entstehungsgeschichte und dem Dienst von Diguna beschäftigt, wird feststellen, dass das Werk vor allem eine Geschichte der Treuebeweise Gottes ist. Gemäß dem Gründer des Werkes, Vic Paul, war und ist es ein Prinzip, den ersten Schritt im Glauben und Vertrauen auf den lebendigen Gott zu tun, um dann die Hilfe und Treue Gottes zu erleben.

Es war mir aber auch ein Vorrecht, die Pioniere des Missionswerkes kennenzulernen und in vielen Gesprächen und Zeugnissen dieser Männer und Frauen der ersten Stunde zu erfahren, wie aus dem »Nichts« ein Werk Gottes entstanden ist. Gerade die Gespräche und der Austausch mit dem Autor des Buches, Horst Kommerau, die Mut machenden Zeugnisse von der Treue Gottes, aber auch das Buch selbst haben mir einen ganz neuen Blick für die Notwendigkeit der Außenmission gegeben, wodurch ich selbst mit geistlichem Segen beschenkt wurde.

Möge das Buch Menschen ermutigen, ebenso Gottes Zusagen zu »prüfen« und zu erfahren, dass, wer auf die Treue Jesu Christi vertraut, nicht enttäuscht wird. Möge das Buch aber auch junge und ältere Christen ermutigen, selbst ein Wagnis des Glaubens einzugehen und im Vertrauen auf Gottes Verheißungen Schritte zu gehen. Gemäß dem Wort des Herrn Jesus Christus, dass die Ernte groß ist, aber es wenige Arbeiter sind (Matthäus 9,37), möge das Buch zunächst eine Anregung für Christen sein, sich im Gebet mit der Außenmission zu beschäftigen, und dann aber auch dazu dienen, den Ruf Jesu Christi in die Mission zu hören und so selbst Missionsgeschichte zu schreiben. »Bittet nun den Herrn der Ernte, dass er Arbeiter aussende in seine Ernte!« (Vers 38).

Toni Wiedenmann

»Bleib doch hier«

»In Deutschland gibt es Missionsfeld genug«, hatte man mir immer wieder gesagt. Man müsse nicht den extremsten Dienst suchen und als Missionar nach Afrika reisen. Ich dachte an diese Worte meiner Gemeindemitglieder zurück, während ich in einer Missionsstation im Sudan saß und ernsthaft überlegte, ob meine Entscheidung für diesen Dienst richtig gewesen war.

Die Tage und Nächte in diesem afrikanischen Land waren eine einzige Quälerei. Die Temperaturen am Ende der Trockenperiode von Dezember bis April lagen täglich um die 40 Grad. Das Wasser tröpfelte nur aus der Leitung, dafür war es so heiß, dass man kaum die Hand darunterhalten konnte. Dennoch war man froh, wenn überhaupt Wasser aus irgendeinem Hahn herauskam. Wasser ist hier eine Rarität: Nur in größeren Orten gibt es zuweilen ein Wasserleitungssystem, ansonsten ist man auf Brunnen angewiesen. Im Hinterland findet man oft überhaupt nur die Wasserlöcher, die vom letzten Regen übrig geblieben sind. Dazu kam die ständige Angst vor Infektionen, da das Nilwasser mit Bilharzia[1] verseucht und somit die Gefahr groß ist, an der oft tödlich verlaufenden Bilharziose zu erkranken, der in Afrika neben der Malaria am meisten verbreiteten Krankheit.

Die hygienischen Verhältnisse waren katastrophal: Überall stank es nach Urin, und von Fliegenschwärmen belästigt und gequält zu werden, war für mich schnell Alltag. Ich wohnte damals bei einem Missionar. In meinem Zimmer gab es einen großen Ventilator an der Decke, der allerdings nur die Hitze umrührte. Von Kühlung konnte keine Rede sein. Nur wenn man ein nasses Handtuch um den Kopf oder Oberkörper legte, konnte man es in der Verdunstungskälte einigermaßen kühl haben. Aber dieses Vergnügen konnte ich mir nur selten leisten, da ich die meiste Zeit im Warteraum der örtlichen Polizeibe-

---

[1] Parasitische Saugwürmer, auch Pärchenegel genannt.

hörde saß, wo ich auf mein Visum wartete. Mein Pass war ein- gezogen worden und nach vielen Jahren Bürgerkrieg zwischen dem islamisch geprägten Nord-Sudan und dem Süden, in dem etliche Bewohner zu einer christlichen Kirche gehörten, viele jedoch auch animistische Bräuche pflegten, herrschte ein unbe- schreibliches Chaos bei den Behörden, das mir wenig Hoff- nung auf eine baldige Erledigung meiner Angelegenheit ließ.

Während ich in diesen Tagen eine Malaria-Infektion aus- zukurieren versuchte, überdachte ich von Neuem meine aktu- elle Lebenssituation. Was war eigentlich mein Motiv gewesen? *Warum* war ich jetzt hier? Wie war ich dazu gekommen, mich so zu quälen? Man konnte, dachte ich, doch auch in Deutsch- land ein christliches Leben führen. Andererseits: Hatten die- se vergangenen Monate nicht Außergewöhnliches in meinem Leben bewirkt? Hatte ich nicht großartige Erfahrungen mit dem lebendigen Gott gemacht? Ich dachte an die zahlreichen Gelegenheiten, bei denen ich Gottes Antwort auf intensives Gebet erlebt hatte. Ich wollte diesen Dienst. Aber hier im Su- dan – hier hielt ich es kaum noch aus.

Ich betete im Stillen: »Herr, hier bin ich. Aber schick mich bitte in der Zukunft nicht mehr in den Sudan.«

Das war im März 1973, kurz bevor ich von meinem sechs- monatigen Einsatz mit einem amerikanischen Missionar und zwei Deutschen im damaligen Zaire, dem heutigen Kongo, zurückkehrte.[2] Wir waren über den südlichen Sudan nach Ke- nia gereist. In Uganda herrschte die blutige Diktatur unter Idi Amin, und so fuhr uns ein Missionar der »Afrika Inland Mis- sion« mit seinem Wagen die 200 Kilometer lange Strecke von der Zaire-Grenze bis nach Juba, der Provinzhauptstadt am Nil. Als wir uns dort bei der Polizeibehörde meldeten, gerieten wir prompt in Schwierigkeiten, weil wir keine gültigen Visa besa- ßen. Es kostete uns sechs Tage, bis wir endlich mit einer DC 3

---

[2] Die heutige »Demokratische Republik Kongo« trug von 1971 bis 1997 den Namen Zaire.

der Sudan Airways auf einer abenteuerlichen Reise das Land Richtung Uganda verlassen konnten, wo wir glücklicherweise nur einen Zwischenstopp in Entebbe machten, dem wohl moskitoreichsten Flughafen der Welt.

In dieser Zeit hörte man einiges über Uganda, aber nichts Gutes. Immer wieder verschwanden Menschen, vor allem solche, die sich durch eine gute Schulbildung oder gar ein Studium als Intellektuelle verdächtig machten. Missliebige Personen wurden willkürlich verhaftet, die Soldaten hatten freie Hand zu plündern, wo es ihnen gefiel, Misshandlungen und grobe Übergriffe waren an der Tagesordnung. Überall wurde man eindringlich gewarnt, sich nur ja von Uganda fernzuhalten. Befreundete Missionspiloten, denen oft nichts anderes übrig blieb, als in Entebbe zwischenzulanden, berichteten uns über Schikanen der örtlichen Behörden.

Aber wie war ich überhaupt dazu gekommen, als Missionar des »Kongo-Teams« in Afrika zu arbeiten anstatt – wie früher geplant – als hochbezahlter Mechaniker bei Mercedes im heimischen Deutschland? – So seltsam es klingen mag: Es war meine Begeisterung für Autos, die eine entscheidende Rolle für meine Berufung spielte.

1. Folgenreiche Begegnungen

Am Starnberger See

Ich stamme aus einer gläubigen Familie. Am 15. März 1950 wurde ich als jüngstes von insgesamt acht Kindern geboren. Gottesdienst, Kinderfreizeiten, später Jugendstunde und Posaunenchor waren ein fester Bestandteil meines Lebens. »Ohne Gebet und Gottes Wort geh nie aus deinem Hause fort!«, lautete einer der Leitsätze, die mir schon als Kind eingeprägt wurden. Ich wusste, dass es jedenfalls für meine Eltern keine fromme Pflichtübung war, zur Gemeinde zu gehören. Sie lebten ihren Glauben aus tiefster Überzeugung.

Als das »Janz Team« – eine Gruppe von Evangelisten aus Kanada, die mit Musik, Gesang und Predigt in öffentlichen Veranstaltungen das Wort Gottes verkündigten – zu einer Großveranstaltung nach Essen kam, fühlte ich mich als damals 14-Jähriger stark angesprochen. Ich erkannte, dass ich ein Sünder bin, dass ich Vergebung meiner Schuld brauche, um vor Gott bestehen zu können, und dass Jesus Christus diese Vergebung anbietet.

Aber mein Lebenswandel änderte sich nicht. Über die Zeit bis zu meinem 19. Lebensjahr schäme ich mich fast, zu sprechen, denn es fehlte nicht viel, und ich wäre in die Kriminalität abgerutscht.

Ich besuchte dann eine Jugendfreizeit am Starnberger See beim Missionswerk »Wort des Lebens« und konnte seitdem von einer wirklichen Bekehrung sprechen. Bei dieser Jugendfreizeit wurde mir deutlich bewusst, wie weit ich mich in den vergangenen Jahren seit der Entscheidung, die ich beim Janz Team getroffen hatte, wieder von Gott entfernt hatte. Äußerlich gehörte ich ja vielleicht zum frommen Volk, aber innerlich war ich derselbe alte Mensch geblieben.

Nun fragte ich mich oft, wie mein Leben als neuer Mensch, als Christ, aussehen sollte. Als ich dann anfing, regelmäßig in der Bibel zu lesen, wurde mir allmählich klar, dass ich als Christ eine große Verantwortung habe: Nämlich anderen Menschen zu bezeugen, dass das Christentum keine verstaubte Tradition ist, sondern eine lebendige, fantastische und höchst abenteuerliche Sache, vielfach zwar ein sehr dorniger Weg, aber einer, auf dem zu gehen das Leben erst lebenswert macht.

Danach nahm ich die Aufgaben im Jugendbund, im Posaunenchor und bei zahlreichen anderen Veranstaltungen des EC (»Jugendbund für entschiedenes Christentum« – eine ähnliche Organisation wie der bekannte CVJM) und der Landeskirchlichen Gemeinschaft ernst. Immer mehr bewegte mich die Frage, was ich wohl aus diesem einen Leben machen könnte.

Meine Eltern lebten in Mülheim an der Ruhr, wo ich auf einem kleinen Anwesen am Rand des Ruhrgebiets aufgewachsen bin. Nach dem achten Schuljahr wählte ich den Beruf des Kraftfahrzeug-Mechanikers. 1964 begann ich die Lehrzeit in einer kleinen Firma – einem Allround-Betrieb: Man reparierte dort Motorräder und Kleinwagen, Rasenmäher und Vogelkäfige. Ich arbeitete, weil ich sehr klein war, im Ersatzteillager, verbrachte viele Stunden in den Warteschlangen der Kraftfahrzeugzulassungsstelle und ging für die Chefin auf dem Wochenmarkt einkaufen. Es war eine Lehrzeit, die einem weniger begeisterten Autofan die Freude am Mechanikerdasein wohl für immer verdorben hätte, umso mehr, als ich anschließend feststellen musste, dass ich mit dem Lehrvertrag um ein Jahr betrogen worden war (wie es schon Dutzenden anderen Lehrlingen vor mir in diesem Betrieb ergangen war).

Nach der erfolgreich abgeschlossenen Gesellenprüfung wechselte ich zu einer seriösen Firma. Mein großes Interesse am Beruf trug dazu bei, dass ich sehr rasch einen eigenen Kundenkreis um mich sammelte und nebenher immer zahlreiche Fahrzeuge zu Hause auf dem Hof reparierte. Kaum hatte ich das 16. Lebensjahr erreicht, als ich mir ein Kleinkraftrad zurechtbastelte, mit dem ich nicht nur regelmäßig zur Arbeit fuhr, sondern auch an den Wochenenden größere Fahrten unternahm. Wie alle anderen jungen Männer blieb ich von der Wehrdienstzeit nicht verschont und absolvierte meine zwei Jahre Bundeswehr bei einer technischen Einheit. Ich hatte dort die Gelegenheit, an verschiedenen technischen Lehrgängen teilzunehmen, und konnte auch den Lkw-Führerschein machen. Zu diesem Zeitpunkt hatte ich noch keine Ahnung, welche Bedeutung diese gezielte Ausbildung an den Bundeswehr-Lkws einmal für mich gewinnen sollte.

1971 kehrte ich von der Bundeswehr zurück und nahm meine Arbeit bei der Daimler-Benz-Niederlassung wieder auf. Ich spezialisierte mich auf Autoelektrik und meldete mich bei einer Meisterschule an. Als technisch versierter Mechaniker möbelte ich immer wieder Unfallfahrzeuge auf und baute unter anderem für Rallye-Zwecke einen VW-Käfer mit 150 PS, der in Deutschland und England zum Einsatz kam. Natürlich waren Autos auch privat mein liebstes Hobby. Ich besaß schnelle Wagen und verbrachte meine freie Zeit, wenn ich nicht bei Gemeindeveranstaltungen war, in meiner Garage und auf bekannten Rennstrecken, wie dem Nürburgring, ebenso wie auf den nahe gelegenen »Sandbergen«, wo Meisterschaften im Motocross durchgeführt wurden.

Trotz allem beschäftigte mich immer wieder die Frage nach dem eigentlichen Sinn für mein Leben. Oft fuhr ich am Wochenende zum Starnberger See. Diese Freizeiten und die Begegnungen mit anderen Christen waren für mich immer wieder ein Highlight. Mein Herz erwärmte sich für Mission, mit der ich mich immer mehr beschäftigte.

Ein ungewöhnlicher Name

Mir fiel der Typ gleich auf. Er war etwa zwanzig Jahre älter als der durchschnittliche Freizeitbesucher. Man nannte ihn

»Kongo«. Woher dieser rätselhafte Rufname stammte, erfuhr ich erst viel später. Sein Deutsch war mit englischen Worten und irgendwelchen anderen Sprachfetzen angereichert, was manchmal für allgemeine Belustigung sorgte. Auch sonst kam seine witzige Art gut an und schon nach wenigen Tagen war er unter den Jugendlichen sehr beliebt. Er wohnte unter dem Dach im alten Bootshaus. Manchmal war auch der Platz belegt, dann schlief er auf einer einfachen Matratze im Treppenhaus oder in einem Abstellraum des alten Schlosses. Im Camp hatte er verschiedene Aufgaben, sowohl im praktischen Bereich als auch bei den Veranstaltungen. Jeder wollte ihn beim Sport in seiner Mannschaft haben. Er war durchtrainiert und joggte täglich. Manchmal fuhren wir mit einer großen Gruppe zum Ausflug in die Berge. Während die Letzten den Busparkplatz verließen und sich noch unschlüssig waren, wie sie die 500 Höhenmeter am besten bewältigen würden, sprintete »Kongo« an allen vorbei und winkte bald schon vom Gipfelkreuz. Er war der große Hit dieser Freizeit, vor allem bei den Mädels, und das schmeichelte diesem Junggesellen Anfang vierzig natürlich auch.

Hinter dem Namen »Kongo« verbarg sich eine bewegte Lebensgeschichte: Victor Jonathan Paul wurde 1931 in einem kleinen Ort im tiefsten Afrika im Ost-Kongo geboren als Sohn einer amerikanischen Missionarsfamilie. Seine Schulzeit begann im Internat Rethy im Kongo, und er schloss sie in den USA an der Wheaton Academy ab. Danach studierte er Hoch- und Tiefbau in Wheaton. Mit dem medizinischen Korps kam er als Soldat der US-Armee 1954 nach Wiesbaden. 1959 besuchte er das Philadelphia-Bible-College und reiste 1962 wieder in den Kongo, um den bekannten Lepra-Arzt Dr. Becker in Oicha zu unterstützen. Er reparierte die medizinische Ausrüstung und nahm an evangelistischen Veranstaltungen teil.

Sein Vater verstarb sehr früh. Vic selbst erzählt, dass er eines Tages von Ältesten der kongolesischen Gemeinde während des Gottesdienstes nach vorne gerufen und als Nachfolger seines Vaters für dessen Dienst der Evangelisation gesegnet wurde. Man betete für ihn. Etwas überrascht von der ihm zugedachten Aufgabe dachte er: »Nicht jedes Gebet wird auch erhört.« Aber es würde anders kommen.

Verschiedene Umstände brachten Vic auch immer mal wieder nach Deutschland zurück. Dort kam er mit dem Missionswerk »Wort des Lebens« (WDL) am Starnberger See in Verbindung.

Seit 1969 nutzte WDL das Schloss Unterallmannshausen am Ostufer des Starnberger Sees, um junge Leute aus Deutschland zu christlichen Freizeiten einzuladen. Hier verweilte »Kongo« in den Sommermonaten, um die afrikanische Regenzeit zu überbrücken.

Die Seeburg am Starnberger See wird seit 1971 zusätzlich zum Schloss Unterallmannshausen von WdL genutzt.

Ein Höhepunkt der Freizeit war seine Dia-Show über Afrika. Er erzählte Geschichten von seiner Arbeit im Kongo bzw. Zaire, aber auch, wie er mal mit einem Passagierschiff dritter Klasse auf dem Nil mehrere Wochen durch den Sudan nach Uganda gereist war. Oder wie er vom Hafen Mombasa am Indischen Ozean aus die 2 000 Kilometer lange Strecke über Kenia und Uganda nach Zaire fuhr, vorbei an riesigen Elefantenherden auf roter Staubstraße.

Und immer wieder erzählte er mit einer besonderen Leidenschaft von den vielen Menschen, die darunter litten, die Liebe Gottes noch nicht kennengelernt zu haben. Es gebe kaum Menschen, die sich für sie einsetzten. Es gebe einfach zu wenig Missionare. Er berichtete, die Leute in Zaire vermuteten hinter jeder Krankheit einen Hexenzauber und Mütter würfen auch schon mal aus lauter Angst vor bösen Geistern ihre kleinen Kinder in den Fluss.

Er fühlte sich berufen, doch vor allem fühlte er sich sehr hilflos. Es klang für mich immer etwas naiv, wenn er laut davon träumte, einmal mit einem Team von jungen Christen aus Deutschland durch Afrika zu reisen, um die Menschen dort mit Jesus Christus bekannt zu machen – und das allein deswegen, weil der Name Jesus so außergewöhnlich sei und Menschen auch in unseren Tagen wirklich verändern könne.

Im Anschluss an so einen Missionsabend führte ich ein langes Gespräch mit ihm. Ich erzählte ihm, dass ich Automechaniker bei Mercedes war und gerade einige Monate Spezial-Ausbildung auf Unimogs absolvierte. Bei dieser Gelegenheit erwähnte ich auch, dass ich regelmäßig mit den Unimogs und sonstigen Allradfahrzeugen auf verschiedenen Truppen-Übungsplätzen die Geländetauglichkeit testete. Schnell war der Bogen zu den schlammigen Pisten im tiefsten Afrika gespannt und uns war klar: So ein Unimog musste her.

Schon wenige Wochen später hatte »Kongo« einen weiteren Verbündeten gefunden: Wilfried Weber, einen Feinmechanikermeister aus Esslingen. Wir trafen uns zusammen mit einem Zivi auf dem Schrottplatz in einem Bundeswehrdepot in Jülich. »Kongo« hatte zuvor an einer Versteigerung der Vebeg[3] teilgenommen und dreieinhalb Unimogs waren in seinen Besitz übergegangen. Das war ein mutiger Schritt. Mit dem wenigen Geld, das er zur Verfügung hatte, kaufte er sich dann für umgerechnet 25 Euro auch noch einen von der Bundeswehr ausgemusterten VW-Käfer aus dem Baujahr 1957. Die teuerste Investition neben der TÜV-Abnahme war damals die Warnblinkanlage, die in Deutschland gerade Pflicht geworden war und noch eingebaut werden musste. Sie kostete noch einmal so viel Geld wie der gesamte Wagen.

Alles ausgegeben

»Kongos« gesamtes Vermögen war nun investiert und ich fragte ihn, wie er sich denn unter diesen Umständen die weitere Finanzierung von Transport und Einsatz vorstelle. Es erschien mir durchaus vernünftig, vor Antritt einer so großen Reise durch zehn Länder, bis in den tiefsten Busch von Afrika, die eine oder andere kritische Frage zu stellen. Die knappe Antwort, die ich erhielt, prägte sich bei unserem kleinen Team schnell ein: Wenn wir den ersten Schritt unternehmen, dann wird Gott alles Weitere tun. Ich hatte so meine Zweifel an dieser Sicht der Dinge, aber die Zeit drängte und es gab viel zu tun, also fing ich keine Diskussion darüber an.

Zuerst restaurierten wir den Unimog 404, ein Ambulanzfahrzeug mit Blaulicht und großen roten Kreuzen rundherum. Unsere Werkstatt befand sich in den Kellerräumen und im Turmzimmer der alten Burg am Starnberger See, die heute von WdL genutzt wird. Dazu kamen ein Schuppen am Waldrand und der Hinterhof dieser Missionszentrale. In der land-

---

[3] Verwertungsunternehmen des Bundes, das ausgesondertes Material der Bundeswehr verkauft.

schaftlich so reizvollen Umgebung trafen sich junge Menschen aus ganz Deutschland, um nicht nur einen schönen Urlaub zu verbringen, sondern auch persönliche Erfahrungen mit Gott zu machen.

Das Gründerteam: Wilfried Weber, Victor Paul und Horst Kommerau (v. li., 21. November 1972)

Wir montierten an unserem Unimog gerade größere Kraft-stofftanks, als die Sekretärin der Buchhaltung auf den Hof gestürmt kam und uns einen Überweisungsträger zeigte, auf dem die unglaubliche Summe von damals 10 000 DM, also gut 5 000 Euro, eingetragen war. Verwendungszweck: Das Kongo-Team! Und das Ganze von einem anonymen Spender. Das war eine ersehnte Bestätigung für »Kongos« Investitionen und mehr noch: eine Summe, die das bis dahin investierte Geld übertraf. Da standen wir dann in unseren Arbeitsanzü-gen mit ölverschmierten Händen und dankten Gott für dieses

Wunder, mit dem er innerhalb so kurzer Zeit den »zweiten Schritt« getan hatte. Dass Gott sich zu dieser Aktion irgendwie bekannt hatte, war für mich der entscheidende Anstoß. Von meiner Firma erhielt ich auf mein Ansuchen hin sechs Monate unbezahlten Urlaub.

In den nächsten Tagen wurden die notwendigen Visa besorgt, die Reiseroute ausgearbeitet und die Fähre von Genua nach Tunis für unseren Unimog und vier Mann Besatzung gebucht.

Eine Feuerwand, der man nicht ausweichen kann

Nachdem wir also mit der Fähre nach Tunis gereist waren, ging es über die Hoggar-Piste – die bekannteste Nord-Süd-Verbindung dieser Wüste – quer durch die Sahara. Wir fuhren durch ganz Algerien, Niger, Nigeria, dann weiter ostwärts über Kamerun und die Zentralafrikanische Republik. Ein Erlebnis dieser Fahrt ging mir besonders nahe. Wir waren irgendwo im Steppengebiet zwischen Kamerun und der Zentralafrikanischen Republik. Während der Trockenzeit brennen die Eingeborenen dort für die Jagd oft die weiten Grassteppen nieder. Tiere wie Hasen und Antilopen flüchten vor dem Feuer den Jägern entgegen, die mit gespanntem Bogen auf sie warten. Oft fressen solche Feuer sich über Tage und Wochen hinweg durch die Steppe.

So kam es, dass wir plötzlich von Weitem eine Feuerwand sahen, die direkt auf uns zukam. Die staubige Straße war mit tiefen Schlaglöchern übersät und führte mitten durch diese Wand aus Rauch und Feuer. Da die beiden 800-Liter-Benzintanks an den Seiten unseres Fahrzeugs obendrein nicht völlig dicht waren, wurde uns angst und bange. Etwa 50 Meter vor der Feuerwand hielten wir an, und bevor wir noch einen Entschluss fassen konnten, war »Kongo« schon abgesprungen und vorausgelaufen, um uns durch die schmale feuerfreie Zone der Piste zu lotsen. Er signalisierte uns freie Fahrt und lief mit raschen Schritten vor uns her. Kaum hatte unser schwerfälliges Fahrzeug Fahrt aufgenommen, wechselte »Kongo« plötzlich vor uns die Straßenseite, rutschte aus und stürzte direkt vor dem Fahrzeug auf die Fahrbahn. Ein Ausweichen oder Bremsen war mit dem völlig überladenen Lkw unmöglich. Als wir endlich zum Stehen kamen, sprangen wir mit kreidebleichen Gesichtern aus dem Fahrzeug und stürzten auf unseren Freund zu, der sich mühsam aus dem Straßenstaub aufrappelte. Für mich ist es bis heute ein Wunder, dass die schweren Räder Zentimeter an seinem Kopf vorbeirollten und er bis auf ein paar kleine Schürfwunden unverletzt blieb. Mitten auf der Piste, hinter der Feuerwand, drängten wir uns zusammen und dankten Gott mit zitternden Knien und nassen Augen für seine Hilfe. Erst viel später wurde mir die Tragweite dieses Unfalls bewusst. Hätten wir unseren Freund an dieser Stelle überrollt, dann wäre unsere Reise schon hier zu Ende gewesen. Unser Bruder Victor war es doch, der alle Beziehungen in Zaire hatte, die entscheidenden persönlichen Kontakte und überhaupt die Vision für unser ganzes Unternehmen.

Über die Grenze

Es ging weiter über ein gigantisches Gebirge und durch den Dschungel immer tiefer Richtung Süden in die Zentralafrikanische Republik, zur Hauptstadt Bangui. Weitere 600 Kilometer löchrige Staubpiste führten uns schließlich nach Bangasu. Die Piste endete an einem breiten braunen Grenzfluss. Mehrere Einbäume deuteten auf den kleinen Grenzverkehr hin. Am anderen Ufer lag das Riesenland Zaire. Schon seit Beginn unserer Reise beteten wir immer wieder für die Einfuhr unseres Fahrzeugs. Die Anspannung unter uns vier Männern war riesig, denn vor uns lag die letzte Etappe unserer Reise. Victor wusste natürlich mehr als wir über die Bedingungen, die in diesem Land herrschten. Er wollte uns wohl nicht verunsichern, aber man merkte auch ihm an, dass er sehr nervös war.

Die erste Anspannung fiel ab, nachdem wir in einer kleinen Hütte die Formalitäten für die Ausreise erledigt hatten. Nun standen wir etwa 100 Meter weiter am Fluss, an dem der Feldweg, den man Trans-African-Highway nannte, im Wasser endete. Einige Afrikaner liefen zusammen. Man hörte die Trommeln am anderen Ufer und nachdem wir mit Autobatterie und Dieselkanister per Einbaum den breiten Fluss überquert hatten, konnten wir den Motor der etwa dreißig Jahre alten Fähre zum Laufen bringen und die Überfahrt wagen.

Ein Unimog auf dem Weg in den Kongo.

Dem Kapitän und seinen fünf Besatzungsmitgliedern schenkten wir jeweils ein Oberhemd aus unserer Gebrauchtkleiderkiste. Sie waren so dankbar, dass sie gleich fragten, wann wir das nächste Mal vorbeikommen würden. Es stellte sich sogar heraus, dass der zuständige Fährmann ein Christ war. Victor nutzte gleich, als wir über die beiden Mahagoni-Balken trockenen Fußes auf das Land rollten, die Gelegenheit, mit den dort versammelten Schaulustigen in Bangala zu reden. Wir wurden sehr freundlich begrüßt. Man brachte uns Früchte und lud uns zum Tee ein. Es stellte sich heraus, dass es eine kleine Gemeinde gab und vor längerer Zeit ein Missionar hier tätig gewesen war. Das hatte zu unserer Freude sichtbare Spuren hinterlassen.

Trotzdem fuhren wir dann mit großem Herzklopfen etwa einen Kilometer hinauf bis zum Schlagbaum. Wir waren auf eine kostspielige Einreise gefasst, denn wir wollten den Unimog an Ort und Stelle verzollen. Genaue Einzelheiten weiß ich nicht mehr, nur dass wir nach Erledigung der Formalitäten mit dem Zollbeamten noch gemeinsam beteten. Wir bekamen unseren Unimog samt Ladung für umgerechnet 140 Euro Zollgebühr ins Land.

Am Äquator links abbiegen

Es gibt viele Geschichten über die heutige Demokratische Republik Kongo. Es ist das zweitgrößte Land Afrikas mit ca. 360 verschiedenen Sprachen. Der nichtafrikanische Teil der Welt verbindet mit diesem Land wohl in erster Linie den Regenwald und Pygmäenstämme, die heute noch im Dschungel mit dem Speer Elefanten jagen, aber zu diesem Land gehört auch ein ungeheurer Reichtum an Mineralien und Bodenschätzen wie Gold, Diamanten, Kupfer und Edelhölzer. Die Namen Lumumba[4] und Mobuto[5] sind weit über die Grenzen Afrikas bekannt geworden. Nachdem die Belgier 1960 das Land in die Unabhängigkeit entlassen hatten, verloren in den folgenden Jahren der »Kongowirren« und schließlich nach der Machtergreifung Mobutus viele aus der Bildungsschicht und auch viele Ausländer ihr Leben. Das Land hat in vielen Gebieten bis

---

[4]   Patrice Lumumba, erster Ministerpräsident der von Belgien unabhängigen »Demokratischen Republik Kongo«.
[5]   Mobutu Sese-Seko übernahm nach einem Militärputsch 1960 die Macht und wurde 1997 gestürzt.

heute keine nennenswerte Infrastruktur. Das Gesundheits- und Schulwesen wurde häufig nur von Missionaren der verschiedensten Denominationen mit den geringen Spenden aus der westlichen Welt am Leben gehalten. Nicht selten handelten die Missionare unter Einsatz ihres Lebens.

Nach 30 Tagen Fahrt erreichten wir unser Ziel in Zaire, eine Missionsstation der Afrika-Inland-Kirche. Diese Organisation war bereits 1895 von dem Missionar mit Namen Peter Cameron Scott als überkonfessionelle Gemeinschaft gegründet worden und ist in Kenia, im Südsudan, in Uganda und Tansania sehr bekannt.

Ich hatte es vorher nicht glauben können, dass unser zwölf Jahre altes Fahrzeug die 10 260 Kilometer lange Strecke über versandete Wüstenpisten in der Sahara und verschlammte Urwaldpfade im Dschungel so unbeschadet überstehen könnte. Was mich aber am meisten beeindruckte, waren die zahlreichen Gebetserfahrungen, die wir während der Reise machten. Da, wo Grenzen geschlossen waren, Tankstellen ausverkauft, das Wasser knapp wurde und wir mit technischen Problemen am Ende unserer Weisheit waren, sahen wir immer wieder, dass Gottes Segen auf dem Auftrag lag, den sich das Kongo-Team gegeben hatte. Heute wie damals beeindruckt es mich immer wieder, was Missionare zu leisten imstande sind. Wenn wir zu einer Missionsstation kamen, war es für mich immer ein besonderes Erlebnis, die Menschen kennenzulernen, die unter schwierigsten Bedingungen Monate und Jahre für das Reich Gottes arbeiteten. Ich fragte mich: Was sind das eigentlich für Menschen, die diesen schweren Dienst auf sich nehmen?

Als Erstes fiel mir auf, dass es keine Übermenschen und auch keine Abenteurertypen waren, die wir trafen, sondern ganz einfach gläubige, auf festem Fundament gegründete Christen, die Gottes Wort ganz wörtlich nahmen und bereit waren, ihr Leben dafür einzusetzen. Oft leiden Missionare für diesen Auftrag und sind auch bereit, dafür zu sterben. Es sind Jünger Jesu, die nach dem Wort leben: »Gehet hin in alle

Welt und predigt das Evangelium aller Kreatur und seid meine Zeugen« (nach dem Evangelium des Markus 16,15). Einige dieser Glaubenszeugen sind bereit, in die verlassensten Ecken der Erde zu ziehen, die Sprache der dort Ansässigen zu lernen, mit den Einheimischen zu leben, ihnen beim Gartenbau, bei der Viehzucht und bei medizinischen Projekten zu helfen und vor allem dem Auftrag von Jesus gehorsam das befreiende Evangelium zu verkündigen. Dieser Dienst erfordert viel Weisheit und Geduld und die Bereitschaft, ein mehr als unbequemes Leben zu ertragen. Vor allem die Isolation macht Missionaren oft schwer zu schaffen. Wochen und Monate vergehen ohne den geringsten Kontakt mit der Familie, der Heimat, der gewohnten Umgebung. Von den Briefen, die hoffnungsvoll ausgesandt werden, wird kaum ein Zehntel beantwortet. Entmutigung macht sich breit. Ist man daheim bereits völlig vergessen? Dazu kommt das Heimweh. Da tröstet es, mit einem Team oder einem guten Partner zusammen zu arbeiten. Für Einzelgänger ist das Leben auf missionarischen Außenposten oft unerträglich hart, obwohl gerade sie die erstaunlichste Leistung vollbringen. Eine der unabdingbaren Voraussetzungen für diesen Dienst ist die Bereitschaft zur Demut. Nur wer bereit ist, mit den Einheimischen, im wörtlichen und übertragenen Sinne, aus einem Topf zu essen, ihre Sprache zu sprechen und als Lernender verständnisvoll Einblick in ihre Kultur und Eigenarten zu gewinnen, wird akzeptiert. Als Ausländer und erst recht als missionierender Ausländer wird man sehr kritisch beobachtet. Die Afrikaner haben oft einen scharfen Blick dafür, ob das Tun und Handeln mit den schönen Predigten und Reden übereinstimmt. Oft dauert es Jahre und Jahrzehnte, bis die Mühe eines Missionars erste Früchte trägt.

Die Mühen, die all diese Menschen im Dienst des Evangeliums bisher auf sich nahmen, haben vielfältige Frucht getragen. Afrikaner wurden zur Jüngerschaft herausgefordert und angeleitet. Gemeinden wurden gegründet, Schulen gebaut und die Bildung der Einheimischen gefördert.

Ein technisches Problem der Missionsstationen fiel mir während unserer Reise besonders auf. Jeder dieser Missionare benutzte irgendwelche technischen Hilfsmittel, sei es ein Auto, ein Motorrad, ein Generator, eine Wasserpumpe, eine Kreissäge oder ein Funkgerät. Aber natürlich waren die wenigsten von ihnen gelernte Mechaniker oder verfügten über angemessene technische Fachkenntnisse. So waren viele sehr dankbar für unser Angebot, ihnen bei Reparaturen zu helfen, und es sprach sich schnell herum: »Da kommt ein Mechaniker aus Germany.«

»Kongo« setzte nun die von seinen Eltern begonnene Arbeit fort. Denn wir waren ja nicht nur nach Zaire gekommen, um den Unimog abzuliefern. Wir sollten auch an zwei Evangelisationsfeldzügen im Osten Zaires teilnehmen.

Ein Stück Seife als Weihnachtsgeschenk

Zum ersten Mal feierten wir im Dezember 1972 Weihnachten unter Palmen, gemeinsam mit einigen Missionaren der Station Nyankunde im Nordosten von Zaire. Das Funkgerät lief heiß in diesen Tagen, da wir mit verschiedenen Missionsstationen Kontakt aufnahmen, die dann wiederum ihre Gemeinden informierten, dass Anfang Januar ein groß angelegter Evangelisationsfeldzug beginnen sollte: »Vic Paul ist wieder im Land und er kommt diesmal mit mehreren Lastwagen und einigen farblosen Helfern.«

Wir stürzten uns in die Arbeit. Unser Unimog wurde neu überholt und geputzt. Ein weiteres Fahrzeug, ein höchst abenteuerliches Gefährt, ein alter Pick-up von Ford mit zersprungener Windschutzscheibe und Wellblechdach, wurde für den großen Einsatz hergerichtet. Die Federn waren gebrochen und es gab keine Stoßdämpfer mehr. Diese für die Reise notwendigen Teile fand ich dann aber in einem abgewrackten Lkw, der schon tief ins Gras eingewachsen war.

Zwei Basisteams in Nyankunde

Auf dem Dach montierten wir starke Lautsprecher, flickten die Reifen, packten in jeden Hohlraum möglichst viele Traktate und Bibeln. Bei allen Arbeiten hatten wir immer eine ganze Schar von Zuschauern um uns herum, die jeden Handgriff, den wir taten, interessiert beobachteten und in Kisuaheli, Lingala und anderen Sprachen kommentierten. Im Allgemeinen begegnen die Einheimischen den Missionaren sehr respektvoll und höflich. Viele sind der Ansicht, dass jeder Weiße außergewöhnlich reich und intelligent sein muss. Dementsprechend hoch und unerfüllbar sind zuweilen die Erwartungen, die an einen Missionar gestellt werden. Vor allen Dingen soll er ein Helfer in finanziellen Schwierigkeiten sein und kostenlose Transporte anbieten. Letztlich liegt das auch daran, welchen Eindruck man als Weißer vermittelt. Man kann nicht leugnen, dass unter dem Vorwand der Mission in der Vergangenheit schwere Fehler gemacht wurden und auch heute nicht immer alles zum Besten damit steht. Trotzdem ist das kein Grund, am Missionsauftrag des Neuen Testaments generell zu zweifeln.

Am Neujahrstag 1973 starteten wir zu unserer Missionstour. Mit Martinshorn und Blaulicht – beides noch aus Bundeswehrzeiten an unserem Unimog vorhanden – sowie dem Gesang aus den Lautsprechern rollten wir von der Station in Richtung Süden. In verschiedenen Dörfern nahmen wir unterwegs noch einheimische Evangelisten mit, die mit einem Bündelchen und einem Blechblasinstrument am Straßenrand auf uns warteten. Jedes Mal wurden sie feierlich mit Gebet und Gesang von ihrer Gemeinde verabschiedet. Unser zivilisiertes Campingmobil war schon nach kürzester Zeit nicht mehr wiederzuerkennen. Es glich einem rollenden Hühnerstall und oben auf dem Dach wurden Gepäckstücke, Bananenstauden und manche Ziege transportiert. Spätestens jetzt merkte ich, dass es sehr nützlich gewesen wäre, Englisch oder Französisch zu sprechen. Wilfried Weber und ich waren jetzt zusammen mit zehn Afrikanern unterwegs. Vic Paul besuchte zusammen mit einem weiteren Team ein anderes Gebiet. Während die Afrikaner einheimische Sprachen wie Kisuaheli, Bangala, Kinguana usw. sprachen, mühten wir uns mit einigen Sprachfetzen ab und lernten jeden Tag einige Vokabeln dazu.

Wir besuchten die verschiedenen Dörfer auf unserer Route und hielten fast täglich drei bis fünf Veranstaltungen ab. Was mich dabei am meisten beeindruckte, war das große Interesse der Afrikaner an dem Programm. Sie konnten stundenlang zuhören. Natürlich erregten wir Weißen bei diesen Straßenveranstaltungen besonders viel Aufsehen, vor allem in den Gegenden, in denen man selten Europäer sah. Aber die Prediger waren in der Mehrzahl Afrikaner, die Weißen waren vor allem im Hintergrund tätig.

Im März 1973 machten wir uns auf die Rückreise über Juba im Südsudan. Weil Uganda zu gefährlich war, flogen wir über Entebbe in Uganda und weiter nach Nairobi in Kenia mit anschließender Rückkehr nach Deutschland – nach einem sehr erlebnisreichen Einsatz, der jeden von uns in besonderer Art und Weise geprägt hatte. Der Unimog wurde einem einheimischen Pastor übergeben, den ich darin wochenlang geschult hatte.

2. Schwerwiegende Entscheidungen

Ein kurzer Aufenthalt und eine lange Reise

Als ich dann in Deutschland wieder bei meiner Firma arbeitete, kehrten meine Gedanken immer wieder nach Afrika zurück. Einige Monate gingen ins Land. In meinem Urlaub baute ich einen weiteren Unimog zusammen. Missionsveranstaltungen sprachen mich nach wie vor immer stark an. Ich war jedoch nicht sicher, ob es die Stimme des Herrn war, die zu mir sprach, oder bloße Abenteuerlust. Ich verbrachte Monate in einer sehr zwiespältigen Stimmung. Meine Arbeit gefiel mir gut und von meinem Arbeitgeber bekam ich ein Top-Angebot. Ich besaß einen schnittigen Wagen, an dem ich mein Vergnügen hatte, aber ich fühlte deutlich, dass das nicht alles sein konnte. Immer öfter drängte sich mir die Frage nach der Zukunft auf. Ich hatte mich zur Meisterschule angemeldet, aber die hatte eine lange Warteliste.

So meldete ich mich eines Tages zu einer Wochenendfreizeit und bat meine Freunde, doch gezielt dafür zu beten, dass ich bald erkennen könnte, was Gottes Wille für mein Leben ist. In der stillen Zeit an diesem Wochenende schlug ich meine Bibel auf und kam an die Stelle aus 1. Petrus 4: »Weil nun Christus im Fleisch gelitten hat, so wappnet euch auch mit demselben Sinn; denn wer im Fleisch gelitten hat, der hat aufgehört mit der Sünde, dass er hinfort die noch übrige Zeit im Fleisch nicht den Begierden der Menschen, sondern dem Willen Gottes lebe. Denn es ist genug, dass ihr die vergangene Zeit zugebracht habt nach heidnischem Willen ... Das befremdet sie, dass ihr euch nicht mehr mit ihnen stürzt in dasselbe wüste, unordentliche Treiben, und sie lästern.« Immer wieder gingen mir diese Worte durch den Kopf. Das ganze Wochenende lang. Auf einmal wusste ich, dass die übrige Zeit meines Lebens nicht mehr mir gehört, sondern im Dienst des Herrn zu stehen hat. Ich trug das Datum in meine Bibel ein.

Einige Tage nachdem ich von diesem Wochenende nach Hause gekommen war, kündigte ich in meiner Firma, verkaufte mein Auto und war wenige Wochen später mit drei Lastwagen und sieben Mann Besatzung unterwegs auf der mir von der ersten Reise bekannten Route, die uns diesmal über 14 000 Kilometer weit nach Kenia führen sollte. Die Abfahrt war am 11. Juni 1974 mit zwei Unimogs und einem Mercedes LG 315, den wir »Goliath« genannt hatten, weil er im Verhältnis zum Unimog so groß war. Er war das Geschenk eines gläubigen Geschäftsmannes. Die Ladung bestand aus Blechblasinstrumenten, Ersatzteilen, einem landwirtschaftlichen Unimog, Fahrrädern, Lebensmitteln und den verschiedensten anderen Bedarfsgütern. Mit an Bord hatten wir diesmal auch eine Krankenschwester. Wilfried Weber hatte einige Tage vor der Abfahrt in Deutschland geheiratet. Seine Frau Ursel war Stationsschwester in Stuttgart und die Tour durch Wüstenhitze und Tropenregen war für dieses Paar eine ideale Hochzeitsreise.

Die Fahrt dauerte 66 Tage und führte uns durch zwölf Länder. Es ging wieder über die Hoggar-Piste nach Zentralafrika, aber dann über Zaire, Ruanda und Tansania nach Kenia. Es war eine sehr kräftezehrende Reise, vor allem wegen der hohen Temperaturen, die zu dieser Jahreszeit in der Sahara herrschten. Zeitweise stieg das Thermometer auf 60 °C. Nur im Äquator-Gebiet regnete es häufiger. Dort gab es jeden Tag eine Schlammschlacht mit unseren schwerfälligen Wagen. Glücklicherweise konnten wir uns gegenseitig immer flottmachen.

Die Route war diesmal etwas anders geplant als bei der ersten Reise, da es aufgrund von Unruhen unmöglich war, Uganda zu durchqueren. Wir passierten in Ost-Zaire die Grenze nach Ruanda und umfuhren den riesigen Victoriasee.

Die kürzeste fahrbare Strecke von Tansania nach Kenia führte dann durch den Serengeti Nationalpark, was eines der wildreichsten Gebiete der Welt ist und 1981 zum UNESCO-Weltnaturerbe ernannt wurde. Die Befahrung war auch damals schon gebührenpflichtig und da sich der Tarif nach der Größe des Fahrzeugs richtete, verlangten die Massai am Eingangstor eine gesalzene Gebühr von uns. Wie sollte der Parkwächter auch wissen, dass wir nach 60 Tagen Transafrika-Tour nicht mehr das geringste Interesse an afrikanischen Nationalparks hatten? Schließlich ließ er sich jedoch überzeugen, dass wir den Serengeti nur durchqueren, nicht anschauen wollten. Er machte uns einen sehr günstigen Eintrittspreis. Dafür versprachen wir ihm, die Augen zuzumachen, wenn es etwas Interessantes an Tieren zu sehen gäbe.

Wir erreichten Nairobi mit letzter Kraft. Einige von uns hatten stark an Gewicht verloren. Alle waren erschöpft. Den letzten Rest hatte uns gegeben, dass etwa 90 Kilometer vor unserem Ziel noch ein Getriebeschaden an einem unserer Unimogs auftauchte. Aber in Nairobi warteten schon dutzende reparaturbedürftige Autos auf uns, die von den Missionaren dort für uns abgestellt worden waren. Das Ehepaar Weber kehrte, wie geplant, zum Bibelschulstudium nach Deutschland zurück.

Wir anderen blieben und machten uns nützlich, indem wir die Mitglieder eines Freizeitprogramms von »Wort des Lebens« zu deren Camps transportierten. Oft fuhren wir mit 50 bis 60 Personen auf der Ladefläche eines einzigen Lastwagens eine Strecke von über 500 Kilometern von Nairobi nach Ukunda am Meer.

Dort bauten wir einige Häuser und errichteten ein Freizeitgelände auf dem Grundstück einer ehemaligen Hühnerfarm direkt am Indischen Ozean. Die kenianische Küste ist nicht nur dort von paradiesischer Schönheit und die Unterwasserwelt ist unvergleichlich. Kein europäischer Strand kann da auch nur annähernd mithalten.

Missionstraining

Bei meinem nächsten Europa-Aufenthalt verbrachte ich drei Monate in London und besuchte die Abbey School, eine Sprachschule im Nordwesten Londons, in der man Englisch lernen kann. Im Frühjahr 1976 war ich auf einer Kurzbibelschule bei den Fackelträgern.

Eine weitere Afrikatour war uns aus finanziellen Gründen zunächst nicht mehr möglich. Stattdessen erhielt ich das Angebot, bei einem gläubigen Geschäftsmann in Amerika ein paar Lastwagen zu reparieren, wofür er mir im Gegenzug eine Privat-Pilot-Lizenz finanzieren wollte. Selbst Flugzeuge fliegen zu können, war schon immer mein Traum, außerdem konnte man das ja vielleicht langfristig in Afrika einsetzen. Ich nahm mit den Leuten Kontakt auf, war mir allerdings noch nicht sicher, ob es der Wille Gottes war, dass ich nach Amerika reiste, und betete daher ganz gezielt für die Finanzierung der Reise.

Dann und wann wurde ich zu Missionsveranstaltungen eingeladen, um dort einige Bilder aus Afrika zu zeigen, und war daher viel in Deutschland unterwegs. Ich erinnere mich noch genau, dass ich gerade in dieser Phase, in der mich Amerika beschäftigte, in Bielefeld eingeladen war. Dort hielt ich einen Missionsabend und übernachtete danach bei einer gläubigen Familie. Wir führten noch bis spät in die Nacht gute Gespräche miteinander. Bevor ich mich am Morgen verabschiedete, gab der Hausherr mir das Opfer mit, das an dem vergangenen Abend gesammelt worden war. Dazu gab er mir noch einen Scheck über 500 DM, und das mit den Worten: »Für dich ganz persönlich, wo immer du es brauchen kannst.« Tief beeindruckt und gerührt fuhr ich zur nächsten Station in der Nähe von Hildesheim, wo ich vor einem Frauengebetskreis einen Bericht gab. Als ich mich verabschiedete, steckte mir eine ältere Dame einen Briefumschlag mit 300 DM in die Tasche. Ich musste ihr versprechen, das Geld für mich persönlich zu verwenden. Nun hatte ich also 800 DM geschenkt bekommen. Das Flugticket nach Amerika kostete genau 799 DM! So kam es, dass ich wenige Tage später nach Amerika flog.

Dort lernte ich dann Stanley Harmon kennen, als ich in Maine auf seinem Schrottplatz – ich meine Fuhrpark – einer ganzen Flotte alter Baufahrzeuge gegenüberstand. Nein, war ich enttäuscht! War das wirklich kein Missverständnis? Dennoch fing ich gleich am nächsten Morgen an, die Lkws instand zu setzen. Es dauerte eine Weile, bis ich mich mit den auf die amerikanische Maßeinheit Zoll geeichten Werkzeugen zurechtfand. Aber dann reparierte ich ein Auto nach dem anderen. Am Abend gab es theoretischen Unterricht in dem Flugzeughangar und schon am nächsten Tag kam der Fluglehrer und gab mir die erste Einweisung. Ich büffelte wie nie zuvor, lernte Vokabeln und nutzte jede freie Minute, um mich mit der Metrologie vertraut zu machen. Navigation interessierte mich sehr. Nach drei Monaten kehrte ich mit einer stolzen Bilanz nach Deutschland zurück: sechs Lkws repariert, zwei Flugzeugmotoren überholt und eine amerikanische Privat-Pilot-Lizenz mit 90 Flugstunden und 170 Landungen in der Tasche, zuzüglich ein paar hundert Dollar an Spenden, sowie ein aufgefrischtes Englisch.

Letzteres war wohl im Rückblick das Wichtigste für meine Karriere. Obwohl die Aussichten, als Missionspilot zu arbeiten, durchaus gut waren, brachte ich es nicht übers Herz, unser Team zu verlassen. Es war ein innerer Kampf, der sich über sehr lange Zeit hinzog. Aber ich wusste um meine Berufung. Es gab auch sehr viele Bestätigungen, dass ich an meinem Platz im Kongo-Team genau richtig war.

Zum Beispiel herrschte auch damals überall auf den Missionsstationen in Afrika ein akuter Mangel an Kfz-Mechanikern. Heute wie damals lässt sich immer mal wieder die eine oder andere Fachkraft für die Mission begeistern, aber insgesamt herrscht ein großer Bedarf. Die Erfahrung hat auch bei

Partnermissionen gezeigt, dass ein Fuhrpark ohne zuverlässige Betreuung sehr viel Geld verschlingt.

Ein neuer Standort

In Deutschland hatte sich in der Zwischenzeit der Freundeskreis des Diguna-Teams vergrößert und der kleine Schuppen am Starnberger See reichte schon lange nicht mehr aus, um die mittlerweile immer größer werdende Fahrzeugflotte instand zu setzen und für die nächste Reise vorzubereiten.

Im Wald parkten nun unsere alten Bundeswehrfahrzeuge, teilweise gut versteckt unter Tarnnetzen, und das sorgte auch bei den Anwohnern für Spekulationen.

In dieser kritischen Phase ergab sich eine neue Entwicklung: Familie Loh aus dem Dill-Kreis bot uns eine ehemalige Fabrikationshalle an, die wir mietfrei zur Verfügung haben sollten, sowie ein Gebäude, das renoviert und als Mannschaftsunterkunft verwendet werden konnte. Das war ein verlockendes Angebot. Allerdings lag das Gelände in einem neuen Gebiet, in dem wir fremd waren und in dem ein Freundeskreis erst aufgebaut werden musste. Aber unser Vertrauen auf den Herrn war gewachsen. Wir erwarteten voller Hoffnung, dass er uns Freunde schickte, und wir fanden mehr, als ich je erwartet hätte. Da lernten wir beispielsweise einen Unternehmer kennen, dessen Herz für die Mission schlug. Wenn er selbst etwas nicht in seinem Betrieb hatte, motivierte er andere, es uns zu geben. Mit dieser Hilfe konnten wir die ersten großen Lkw-Tanks in seiner Firma zusammenschweißen und bekamen Farbe zum Lackieren. Innerhalb weniger Wochen fanden wir Gemeinde, Geschwister, Freunde und mehr Verständnis, als wir je erwartet hätten. So waren die Voraussetzungen für die Produktion weiterer Fahrzeuge günstig. Familie Rappen sorgte für das Team und für die Ausbauarbeiten an der Industriestraße 16 in Haiger, wo sich nun die Heimat des »Kongo-

Teams« in Deutschland befand. Es dauerte auch nicht lange, bis ein neuer Konvoi bereit war, auf die Reise nach Afrika geschickt zu werden – unsere mittlerweile dritte.

Die neue Zentrale in der Industriestraße in Haiger.

Der neue Standort in Haiger war auch in den kommenden Jahren voller Überraschungen. Einmal traf ich bei meinen Besorgungen in der Stadt einen Bruder aus der Gemeinde. Er hatte beobachtet, dass ich mit ungeeignetem Schuhwerk durch den Schnee gelaufen war. Wenig später saß ich in seinem Schuhgeschäft und bekam ein Pärchen nagelneuer Schuhe geschenkt. Er wusste nicht, dass eine Woche zuvor ein Afrikaner in Nairobi mir meine einzigen Sonntagsschuhe abgeschwatzt hatte. Fast jedes Mal, wenn wir in den darauffolgenden Jahren mit unserem Team nach Afrika ausreisten, durfte sich jeder Missionar in diesem Geschäft ein Paar Schuhe aussuchen. Das war ungeheuer ermutigend und der Eigentümer kann bestätigen, dass sein Betrieb in all den Jahren nicht in Existenznot kam.

Wir haben sehr schnell diesen neuen Standort in Mittelhessen schätzen gelernt. Außerdem begegneten wir vielen engagierten Christen, die uns freundlich in ihre evangelischfreikirchliche Gemeinde aufgenommen haben. Bis heute profitieren wir von einer große Schar treuer Beter. Gott selbst wusste, was wir benötigen.

3. Die dritte Reise

Afrika ruft

Die Unimogs waren für unseren Bedarf schon längst zu klein geworden, und als uns ein Bruder aus Frankberg einen alten Mercedes-Fünftonner mit Allradantrieb zukommen ließ, waren wir von diesem Modell sofort überzeugt. Seine größere Kapazität bedeutete mehr Evangelisten, mehr Trinkwasser, mehr Bücher, mehr Verpflegung, mehr Kraftstoffvorrat bei einem günstigeren Spritverbrauch. So luden wir diesmal einen kleinen Unimog, einen Traktor, Stromaggregate, Kleidung, Fahrräder, Musikinstrumente und vieles andere mehr auf, und bald schon waren wir unterwegs zur dritten Transafrika-Reise.

Das Reisen wurde von Jahr zu Jahr schwieriger. Zum einen betraf das die Finanzierung: Die Kosten der Mittelmeerüberquerung waren gewaltig gestiegen und neben dem *Carnet de Passage* – dem internationalen Zolldokument für Fahrzeuge – benötigte man nun für die Durchquerung von afrikanischen Ländern auch eine Bankbürgschaft und 30 Passfotos von jedem Mitreisenden!

Tunesien brachten wir glücklich hinter uns, aber bei der Einreise nach Algerien überraschte uns die Polizei mit einer Straßengebühr von 600 Dollar. Wenn es wenigstens eine Straße gegeben hätte, für die es sich zu zahlen gelohnt hätte! Einen so hohen Betrag an diese ziemlich zweifelhaften Burschen zu berappen, würde uns ziemlich wehtun. Wir verhandelten bis spät in die Nacht hinein und schliefen schließlich im Hof des Polizeigebäudes. Wir waren mit dem Geld immer sehr sorgfältig umgegangen. Diese Leute, die da 600 Dollar für nichts und wieder nichts von uns verlangten, sahen in uns wohl eine Delegation aus Westeuropa, die zweifellos wohlhabend sein musste – so wohlhabend wie die Teilnehmer der Paris-Dakar-Rallye –, wenn sie über solche fantastischen blau-weißen Geländefahrzeuge verfügte!

Zwei Tage verbrachten wir auf dieser Grenzstation und waren alle schon recht missmutig gestimmt, als wir am dritten Morgen unsere Bundeswehr-Einsatzverpflegung aßen und dann wie immer zur Andacht zusammensaßen. Der Text für diesen Morgen war Lukas 6,30, und da stand: »Wer dir das Deine nimmt, von dem fordere es nicht zurück.«

Danach wussten wir, was wir zu tun hatten. Zähneknirschend bezahlten wir die geforderte Summe und waren eine Stunde später in Richtung Süden unterwegs. Wir trösteten uns mit der leisen Hoffnung, dass diese »Mautgebühren« vielleicht eines Tages zum Ausbau einer Straße verwendet werden würden, die dann anstelle der damaligen Hoggar-Piste durch die Sahara führen könnte.

Während die Hoggar-Piste im Norden wenigstens teilweise asphaltiert war, gab es weiter südlich einen ca. 2 000 Kilometer langen Streckenabschnitt mit ganz gleichmäßigen kleinen Bodenwellen. Bei den Saharareisenden hieß sie daher die »Waschbrett-Piste«.

Früher hatte ich den größten Sandkasten dieser Welt – die Sahara – für eine langweilige Einöde gehalten. Aber schon bei meiner ersten Saharadurchquerung durfte ich feststellen, dass es sich hier um eine aufregend schöne Landschaft handelt.

Man begegnet riesigen Wanderdünen aus Sand, dann dehnt sich wieder Hunderte Kilometer weit eine völlig ebene Fläche aus, spiegelglatt wie ein See. In diese trostlose Einöde bringt nur die flimmernde Luft und die daraus entstehende Luftspiegelung etwas Abwechslung. Dann plötzlich tauchen wieder völlig kahle Gebirge auf, auf denen kein Baum und kein Strauch wächst. Eine Einöde – und dennoch staunten wir immer wieder, wie großartig sich die Schöpfung gerade hier in diesem wüsten Landstrich zeigt. Vor allem die Sonnenauf- und -untergänge sind ein wunderbarer Anblick, wenn die

Sanddünen oder die Felsmassive des Hoggar-Gebirges in allen Regenbogenfarben schimmern.

Eine Vergnügungsreise ist eine Saharadurchquerung freilich dennoch nicht. Oft orientierten wir uns nur an älteren Lkw-Spuren im Sand. Die einheimischen Spediteure sind Meister darin, auf diese Weise ihren Weg zu finden – mit der zusätzlichen Orientierungshilfe von auf dem Weg entsorgten alten Öltonnen, zerfetzten Reifen und gelegentlich auch Autowracks. Wir allerdings holten immer wieder den Kompass heraus, um die Fahrtrichtung zu prüfen. Die Temperatur im kleinen Führerhaus des Unimog lag fast ständig über 60 Grad, und der Zeiger der Motortemperatur stand immer kurz vor dem Siedepunkt, während der Wagen sich durch den weichen Sand kämpfte. Wenigstens gerieten wir nicht in die Gefahr, jemals im Stau stecken zu bleiben: Mehrmals täglich ein fremdes Fahrzeug zu sehen, wirkte auf uns bereits wie ein Gedränge!

Zum Frühstück musste auf dieser Reise jeder eine Scheibe Christstollen essen, bevor er das Schwarzbrot kosten durfte. Eine liebe Frau aus Mannheim hatte nämlich über 40 Christstollen für unsere Reise gebacken. Diese Leckerei ist unbegrenzt haltbar, allerdings nur bei europäischen Temperaturen. In Nordafrika vertrocknet auch der langlebigste europäische Kuchen. Dafür tropfte die Margarine flüssig aus den Tuben …

Die Hauptsache war für uns natürlich, genug Wasser an Bord zu haben. Damit gingen wir immer sehr vorsichtig um, denn auf der rund 3 000 Kilometer langen Route (das entspricht etwa der Strecke Hamburg–Lissabon) können unvorhergesehene Verzögerungen Reisende in sehr böse Schwierigkeiten bringen.

In Tamanrasset, der südlichsten Oase Algeriens, rollten wir mit unserem Konvoi an die einzige Tankstelle. Eine Oase ist – tatsächlich wie in den Geschichten von »Tausendundeiner Nacht« – auch heute noch ein heiß ersehnter Lichtblick im öden Grau-Braun der Sahara. Nur dort gibt es Palmen und

Wasserstellen, und heutzutage gibt es in den meisten Oasen auch eine Polizeistation, eine Tankstelle und ein Postamt. Damals war auch ein kleiner Campingplatz für Touristen eingerichtet worden. Diese Fahrerlager sahen eher aus wie kleine Schrottplätze, bevölkert von ölverschmierten Gestalten, die ihre strapazierten Fahrzeuge wieder flottmachten, um in Richtung West- oder Zentralafrika weiterreisen zu können. Die Esel und Kamele der Einheimischen grasten unter den Palmen, Ziegen streunen überall herum, und immer noch machten Karawanen hier halt, die wie vor Jahrhunderten auf Kamelen oder zu Fuß in der Wüste unterwegs sind.

Wir waren erstaunt, als wir bei der Ankunft an der Tankstelle sahen, dass hier schon eine ganze Fahrzeugschlange wartete. Wir trafen Touristen wieder, die wir schon am Anfang der Strecke im Norden des Landes getroffen hatten. Man sagte uns, dass Benzin und Diesel nicht erhältlich seien, aber noch in dieser Woche ein Kraftstofftransport mit einer neuen Lieferung erwartet werde. Kerosin (Petroleum) habe er noch, erklärte der Tankwart, doch das nütze uns ja wohl nichts.

Die Vielstoffmotoren unserer Ex-Militärfahrzeuge hatten jedoch gegen eine kleine Abwechslung im Futter nichts einzuwenden, und so füllten wir unter den staunenden Augen eines internationalen Grüppchens von Saharareisenden unsere Tanks mit ein paar tausend Liter Kerosin zu einem unglaublich billigen Preis, der für uns eine Kostenersparnis von mindestens 300 Dollar bedeutete.

Bald darauf rollte unser Konvoi weiter in Richtung Niger. Die Landschaft, die wir durchquerten, war eine grausame Savanne, eine Grassteppe mit kaum weniger hohen Temperaturen als in der Wüste, aber unsere Fahrzeuge hielten wacker durch. In Nigeria gab es dann wieder Asphaltstraßen, und so konnten wir dieses Land sehr zügig durchqueren. Dafür hatten wiederum im Norden von Kamerun tropische Regenfälle die Straße stark aufgeweicht, und so wühlten wir uns Stück für Stück durch die Schlammlöcher und hinterließen tiefe Spuren, an denen sich vermutlich viele Monate später noch andere Fahrer orientieren konnten.

Auf dem Wege besuchten wir einige Missionsstationen und kamen dann zur Hauptstadt der Zentralafrikanischen Republik, Bangui, wo gerade vier Feiertage abgehalten wurden, weil der Staatschef sich zum Kaiser krönen ließ.

Dass man sich einer afrikanischen Stadt nähert, bemerkt man zunächst am Auftauchen der Polizeikontrollstelle, die durch ein paar leere Fässer oder dicke Holzbalken mit durchgeschlagenen langen Nägeln gekennzeichnet ist. Hat man die Kontrolle passiert, so verwandelt sich die Piste für gewöhnlich bald danach in eine asphaltierte Straße, und wenig später tauchen am Straßenrand die zahllosen kleinen Hütten und Werkstätten der armen Leute auf. Mit einem Schlag ist die Straße gedrängt voll von überfüllten Lkws und Kleinbussen, viel Fußvolk ist in Richtung Stadtzentrum unterwegs. Nach der trostlosen Öde einer Wüstenreise wirkt der Betrieb, der hier herrscht, geradezu beängstigend. Kinder winken und pfeifen den Fahrzeugen zu, Obst- und Gemüsehändler bieten ihre Waren in kleinen Verkaufsständen entlang der Fahrbahn an, andere Händler sind mit Handkarren unterwegs – es herrscht das Chaos! Dann erreicht man die Innenstadt mit immerhin Kreuzungen und Kreisverkehren (aber nur selten Verkehrsschildern oder Ampeln) und oft hoffnungslos verstopften Straßen, durch die man sich nur im Schritttempo durchkämpfen kann. Immer wieder springen ungebetene Passagiere auf die Ladefläche, oder sie hängen sich einfach an die Ladebordwand und lassen sich mitnehmen.

In Bangui wurde unsere Geduld hart auf die Probe gestellt. Wir konnten die Stadt nicht wieder verlassen, ohne unsere Papiere und Pässe bei der zuständigen Behörde abgestempelt zu haben. Wegen der Festtage war aber niemand erreichbar. Wir saßen fest! Auf dem Parkplatz vor einem großen Hotel stellten wir unsere Wagenburg zusammen und begannen,

Wäsche zu waschen, Briefe zu schreiben und uns von den Strapazen der vergangenen Wochen etwas zu erholen.

Es dauerte aber gar nicht lange, bis wir Besuch bekamen. Ein sehr vornehm aussehender Herr im schicken Safari-Anzug erkundigte sich freundlich nach Ziel und Zweck unserer Reise. Er entpuppte sich als Diamantenspezialist aus Südafrika, der geschäftlich in Bangui zu tun hatte. Offensichtlich freute er sich sehr, wieder einmal mit Europäern reden zu können, und lud uns spontan zum Abendessen ins Hotel ein.

Bei der Gelegenheit konnten wir nach langer Zeit wieder einmal nach Herzenslust duschen. Auch das kalte Büfett mit einheimischen Leckerbissen wie Hähnchen mit Reis, Kochbananen, Ziegen-, Antilopen- und Affenfleisch und einer Auswahl der köstlichen afrikanischen Früchte war eine willkommene Abwechslung nach einer wochenlangen Diät aus bröckligem Christstollen und Schwarzbrot mit flüssiger Margarine.

In unserer Ausrüstung befanden sich ein Filmprojektor für das Schmalfilmformat »Super 8« und einige Filme über die Evangelisationsarbeit in Zaire und Ostafrika. So boten wir dem freundlichen Südafrikaner an, zum Dank für seine Gastfreundlichkeit etwas über unsere Arbeit zu erzählen. Er lud seine Nachbarn und Geschäftsfreunde ein, Elektrizität war auch gerade mal vorhanden, und so hielten wir unseren ersten Missionsvortrag in Bangui.

Nach der Veranstaltung, an die sich noch lange Diskussionen anschlossen, verbrachten wir die klare mondhelle Nacht unter den Moskitonetzen im Innenhof zwischen unseren geparkten Fahrzeugen. Es war die Nacht vom 5. auf den 6. Dezember. Gegen zwei oder drei Uhr morgens wurde ich von einem Geräusch aufgeschreckt.

Bewegte sich da nicht ein Fuß auf dem Trittbrett meines Lkws?

Ich hatte richtig gesehen! Jemand war gerade dabei, durch das aufgeschlitzte Plexiglas des Seitenfensters unsere noch nicht getrockneten Wäschestücke und einen Teil der persönlichen Ausrüstung aus dem Führerhaus zu zerren. Ich begriff, dass wir von einer Horde jugendlicher Diebe umgeben waren. Ich pfiff aus Leibeskräften Alarm!

Erst etwas später entdeckten wir, dass die unter den Matratzen abgestellten Schuhe, die Taschenlampen neben dem Kopfkissen und andere Gegenstände längst weg waren. Dennoch machten wir uns auf die Suche und konnten schließlich im Gebüsch unweit des Parkplatzes einiges wieder auflesen, was die nächtlichen Besucher wohl auf der Flucht verloren hatten. Was für ein Unterschied zur Nikolausnacht, wie ich sie aus Deutschland in Erinnerung hatte, wo die Schuhe mit Süßigkeiten gefüllt und nicht von Räubern weggeschleppt wurden!

Morgens erschien der Südafrikaner wieder und begleitete uns hilfsbereit zur nächsten Polizeistation, um sich dort beim Chef dafür einzusetzen, dass wir bald unsere Fahrt fortsetzen konnten. Er selbst wartete übrigens schon seit sechs Wochen im Land auf Kraftstoff für seine Fahrzeuge. Zu der Zeit kaufte man auf dem Schwarzmarkt einen Liter Benzin für etwa acht Euro ein.

Wir wurden auch darauf aufmerksam gemacht, dass Motoröl eine beliebte Diebesbeute sei, es werde von den geschickten Langfingern einfach an der nicht abschließbaren Ölablassschraube im Motor entwendet.

Sobald unsere Papiere mit den notwendigen Stempeln und Eintragungen versehen waren, machten wir uns auf den Weg. Zum Abschied gab unser Freund aus Südafrika uns noch einen Briefumschlag mit. Er bedankte sich dafür, dass er uns kennenlernen durfte und dass wir ihm einen interessanten Abend im Hotel bereitet hatten. Unsere Arbeit, meinte er, sei unterstützungswürdig – und im Briefumschlag befanden sich 300 Dollar!

Die 600 Dollar, um die man uns an der Grenze in Algerien geprellt hatte, waren noch weit vor dem Ziel wieder in unseren Händen!

Fahrt durch den Dschungel

Nach ein paar Kilometern Asphaltstraße begann die furchtbarste Etappe unserer Reise: eine ausgewaschene Piste durch den Dschungel Zentralafrikas. Zuerst fuhren wir nur über ein Schlagloch nach dem anderen, aber bald löste sich die ganze Straße auf. Das Wasser der starken Regenfälle fließt immer kreuz und quer und sucht sich seinen eigenen Weg. Wenn diese Lehmstraßen nicht rechtzeitig instand gesetzt werden, gibt es sehr schnell bis zu einem Meter tiefe Schlammlöcher. Die Lkws bleiben darin stecken und müssen ausgegraben werden. Dabei entstehen tiefe heimtückische Gruben, in denen ein VW-Bus leicht bis zum Dach versinken kann.

Eine weitere Besonderheit dieser Etappe waren die Brücken. Auf einer Strecke im Nordosten von Zaire zählte ich insgesamt 122 Brücken, eine beträchtliche Anzahl davon war dringend reparaturbedürftig. Die meisten sogenannten Brücken bestanden aus nebeneinander gelegten Baumstämmen und hatten eine Spannweite von etwa fünf Metern. Einige waren zehn oder fünfzehn Meter lang, und die untersuchten wir mit größter Sorgfalt. Die großen Brücken, die auch auf den Landkarten eingetragen sind, sind sogar hundert oder mehr Meter lang. Wir setzten nie einen Fuß beziehungsweise ein Rad auf sie, ohne vorher gebetet zu haben.

Unter den Brücken schiebt sich gewöhnlich eine lehmige, schwerfällige Brühe dahin, durchsetzt mit umgestürzten Baumstämmen und losen Schlingpflanzen. Lianen treiben im Zeitlupentempo in der Flut und sammeln sich zu schwimmenden Inseln, die träge von Ufer zu Ufer schlingern und die dösenden Krokodile stören. In der Regenzeit sieht das jedoch ganz anders aus: Dann steigen die Flüsse hoch an und verwandeln sich in reißende Wildwasserströme.

3 000 Kilometer lang war die Strecke, die wir, mehr oder weniger immer im Dschungel, zurücklegen mussten. Wir brauchten drei Wochen dafür.

Afrikanische Brücken

600 Kilometer sind es allein von der zentralafrikanischen Landeshauptstadt Bangui zu dem kleinen Grenzstädtchen Bangasu im Osten des Landes. Die Straße dorthin droht beständig zuzuwachsen, oft ist es im Urwald so dämmrig, dass man tagsüber mit Licht fahren muss. Dreißig bis vierzig Meter hohe Bäume und riesenhafte Bambusbüsche verdunkeln den Himmel. Nur selten quält sich hier ein Lastwagen durch, was uns angesichts unserer anstrengenden Reise durchaus verständlich war. Kurz vor dem großen Fluss, dem Ubangi, der gemächlich durch den Dschungel fließt, stießen wir plötzlich auf einen Schlagbaum und ein Schild mit der Aufschrift »Office de Douane«. Wir hatten die Landesgrenze erreicht.

Die Hitze des Tropenwaldes erlaubt keine Hektik – und vor allem keinen übermäßigen Diensteifer. Die Zollbeamten warfen müde Blicke auf unsere Autos und drückten – offenbar mit letzter Kraft – die Ausreisestempel in unsere Pässe.

Wir befanden uns wieder an einem Fluss. Keine Brücke, keine Furt machte es hier möglich, den zweihundert Meter breiten Strom zu überqueren. Wieder mussten wir dem Kapitän der Fähre mit Diesel und Autobatterien helfen, die Fähre flottzumachen, die am gegenüberliegenden Ufer lag. Es verging einige bange Zeit, bis die Fähre endlich langsam auf uns zugeschippert kam. Zuerst wunderte ich mich, warum das kleine Fährschiff bemannt war wie eine Hochseejacht – zehn Mann Besatzung auf dem alten Gestell an Bord! Bei näherem Hinsehen stellte ich fest, dass sie gebraucht wurden, um die riesigen Holzbohlen der Gangway anzuheben. Natürlich versprachen sich einige dieser Helfer auch, von dem Transport unseres Konvois ordentlich zu profitieren.

Als der Bootsmann unsere großen Fahrzeuge erblickte, fing er entsetzt an, wie wild zu gestikulieren. Ich konnte ihn sehr gut verstehen, schließlich hatte ich selbst ernsthafte Zweifel, ob eine höchstens Zehntonnenfähre geeignet war, fünfzehn Tonnen schwere Fahrzeuge zu transportieren! Es gab aber keine Alternative, wenn wir unseren Weg fortsetzen wollten, und so versuchten wir es zuerst mit dem leichtesten der drei Autos.

Mit eingeschaltetem Allradantrieb fuhren wir vorsichtig auf die Holzbohlen. Die Fähre sank beängstigend tief ab. Der Bretterboden splitterte knarzend, hielt aber erstaunlicherweise stand. Nur das Ablegen wollte nicht klappen. Vergeblich spornten unsere Helfer den schweren Motor der eher behelfsmäßigen Fähre zu Höchstleistungen an. Er knatterte und rauchte, aber die Fähre hatte sich so tief im Schlamm eingegraben, dass sie sich nicht von der Stelle rührte. Schließlich hatten wir eine Idee. Wir schoben die Fähre vom zweiten Lkw aus mit Stangen ins Wasser – und brachen in lauten Jubel aus. Es war kaum zu glauben, aber das Ding schwamm, auch wenn man es eher tauchen nennen konnte, denn die Fähre befand sich eher unter als über Wasser!

Nun hieß es: »Volle Kraft voraus!« Zunächst stromaufwärts dicht am Ufer entlang, dann steuerten wir von einem speziell gekennzeichneten Punkt aus mit Volldampf hinüber auf die andere Seite. Die geschickt ausgenutzte Strömung trug uns genau an unseren Anlegeplatz.

Als das erste Fahrzeug auf diesem Weg den Boden Zaires berührte, schrie ich aus tiefstem Herzen: »Preist den Herrn!« Die umstehenden Afrikaner guckten mich verdutzt und erschrocken an. Aber ich hatte wirklich guten Grund, aus voller Kehle zu danken, denn bis zum Abend waren tatsächlich alle drei Fahrzeuge wohlbehalten am anderen Ufer, in Zaire, angekommen.

Grenzüberquerung mit der Fähre

Zum Dank erhielt jedes Besatzungsmitglied der Fähre ein Oberhemd aus unserer großen Kleiderkiste, für den Bootsmann war sogar ein guter gebrauchter Anzug dabei. Die Freude war groß, und man erkundigte sich voll Eifer: Wann wir denn wieder zurückreisen wollten?

Einige hundert Meter von der Anlegestelle der Fähre entfernt befand sich der Grenzposten Zaires. Dort waren natürlich mittlerweile alle zuständigen und nicht zuständigen Leute im näheren Umkreis über unsere Ankunft informiert und warteten nun gespannt darauf, was dieser Konvoi von Weißen so mitbringen würde. Bevor unsere Papiere bearbeitet wurden, schnüffelten die Beamten erst einmal neugierig im Fahrerhaus und auf der Ladefläche herum. Kisten wurden geöffnet, Kostproben von der Bundeswehrverpflegung genommen, Kameras und Fremdwährungen registriert. Als der Chef der Zollstation hörte, dass wir Missionare seien, fragte er sofort, ob wir Penicillin hätten. Geschlechtskrankheiten sind in Afrika sehr verbreitet, und dementsprechend groß war auch damals die Nachfrage nach Penicillin.

Einen Tag später konnten wir die Grenze verlassen. Noch zweimal mussten wir eine ähnlich mühselige Flussüberquerung wagen, und zehn weitere lange Tage quälten wir uns über die einsame Dschungelpiste, ehe wir das erste Etappenziel unserer Reise erreichten. Über 60 Tage hatte unsere Reise von Deutschland aus gedauert.

Große Freude gab es bei den Missionaren in Nyankunde, als wir dort den Traktor abluden. Gespendet hatte diesen Traktor eine Familie aus dem Nordschwarzwald, die mit diesem Gerät ihre Existenz aufgebaut und ihre Felder bestellt hatte und uns dieses hilfreiche Fahrzeug nun zur Verfügung stellte. Es sollte für das landwirtschaftliche Programm eingesetzt werden, das zur Versorgung des örtlichen Krankenhauses diente.

In diesem Krankenhaus, in dem damals Krankenschwestern hauptsächlich aus der Schweiz und den USA tätig waren, wurden täglich rund 1 000 Menschen in der Ambulanz betreut. Da es immer wieder zu Engpässen in der Versorgung von Patienten und ihren Angehörigen kam, hatten die Schwestern ein Stück Land erworben und bewirtschafteten es mit Hilfe der Einheimischen. Kartoffeln, Mais und anderes Gemüse wurden angebaut und zum Selbstkostenpreis an notleidende Patienten und Besucher verkauft.

Afrikanische Krankenhäuser haben nämlich eine Besonderheit: Da der Patient in erster Linie von seiner Familie versorgt wird, die dafür in seiner Nähe leben muss, gibt es neben dem eigentlichen Krankenhausgebäude eine Wasserstelle und mehrere Feuerplätze für die Angehörigen. Bei gutem Wetter wimmelt es dort von Menschen, die Mahlzeiten kochen, ihre Wäsche waschen und sie überall auf den Sträuchern zum Trocknen aufhängen.

Zum Krankenhaus gehörten auch eine Mechanikerwerkstatt und eine Schreinerei, in der von morgens bis abends einfache Särge produziert wurden. Afrikanische Patienten suchen oft erst dann einen Arzt auf, wenn alle anderen Mittel versagt haben. Entsprechend hoch ist die Sterbequote auf den Stationen.

2002 wurde das Krankenhaus Nyankunde im Bürgerkrieg geplündert. Viele Menschen sind einem Massaker zum Opfer gefallen. Wo 1974 eine große Zahl von Missionaren unter verschiedenen Missionsgesellschaften arbeiteten, kam die medizinische Arbeit zum Stillstand. Nur langsam stabilisiert sich die Lage wieder in dieser Region.

Kulturelles

Auch der Ahnenkult ist weit verbreitet. Wenn jemand stirbt, werden die Hütte und das vom Verstorbenen benutzte Handwerkszeug verbrannt, damit die Geister nicht zurückkehren und Schaden anrichten. Denn viele haben die Vorstellung, dass der Geist eines Verstorbenen gefährlich werden kann.

Weitere Probleme bringt die Anforderung an die Männer, die heiraten wollen, mindestens 25 Kühe, 40 Ziegen und viele Liter selbst gebrautes Bier als Brautpreis aufzubringen. Für einen jungen Mann bringt das Erlangen dieser materiellen Güter viele Probleme mit sich. Denn woher nehmen, ohne sich zu verschulden? So schnappt dann meist die Schuldenfalle im Haus der Schwiegereltern zu. Viele zahlen ihr Leben lang solche Schulden ab oder werden sogar Leibeigene.

In einem weiteren Bereich regiert die Angst: Unter anderem durch ständige Viehdiebstähle wird viel Blut vergossen. Mittlerweile sind die meisten Viehhirten mit Kalaschnikows bewaffnet, jenen ursprünglich in Russland entwickelten Handfeuerwaffen. Die Stämme sind untereinander verfeindet und es gibt immer mal wieder eine Gelegenheit, um Rache zu üben. Das nimmt seit Jahrzehnten jeder selbst in die Hand, da hilft kein Gesetz und schon gar nicht die Polizei. So gehen manche gewalttätige Streitigkeiten schon seit Generationen, und damit verbunden ist die ständige Angst.

Mitten in diesem Umfeld versuchen Missionare von Vergebung und Neuanfang zu erzählen. Oft ist das der einzige Durchbruch aus dem Teufelskreis, mit dem Ergebnis des Friedens und der Versöhnung.

Viele Europäer glauben auch heute noch, dass das Leben der Afrikaner paradiesisch sei, solange man ihnen nur mit der Mission vom Leibe bliebe. Die Vorstellung von den glücklichen Wilden, deren heile Welt nur durch die Christianisierung bedroht wird, ist eine Illusion. Vor allem in den von Animismus[6] geprägten Gebieten Afrikas herrscht eine tiefe Sehnsucht nach einem liebenden Gott, nach Befreiung von Dämonenfurcht und quälenden Schuldgefühlen. Europäer machen sich oft keine Vorstellung davon, unter welchen grausamen und trostlosen Lebensumständen Menschen dahinvegetieren, für die jeder Baum und jeder Stein ein Objekt mystischen Schreckens sein kann.

Gerade deshalb ist doch Jesus Christus in die Welt gekommen, um die Botschaft zu bringen: »Wenn euch nun der Sohn

---

[6]   Als Animismus bezeichnet man allgemein den Glauben in Naturreligionen, nach dem übernatürliche Wesen, also Geister oder Seelen, natürliche Körper und Gegenstände bewohnen. Die Vorstellung eines allmächtigen göttlichen Wesens ist diesen Naturreligionen i. d. R. fremd.

frei macht, so seid ihr wirklich frei« (Johannes 8,36). Wie groß ist die Freude dieser Menschen, wenn sie hören, dass Gott sie liebt, dass er sie nicht in ständiger Schuld und Angst sehen will, sondern in der Freiheit als Kinder Gottes, wie es ursprünglich mit dem Paradies geplant war. Diese Freude zu bringen ist der Auftrag und die Botschaft der Missionare. Die kulturell zerstörerischen Wirkungen der westlichen Zivilisation, die oft auch zurecht beklagt werden, gehen nach meinen Erfahrungen nicht von der Mission aus, sondern von den säkularen Einflüssen des Westens wie z. B. dem Tourismus, von TV-Programmen, dem Dollar, dem Handy usw. Oft habe ich mich als Weißer geschämt, wenn ich das ausschweifende Leben europäischer Touristen in Ostafrika beobachtet habe.

Tatsache ist, und davon haben viele Zeitgenossen in der westlichen Welt keine Ahnung, dass es oft nur überzeugte Christen sind, die den ärmsten der Armen helfen, Brunnen, Schulen und Krankenstationen zu bauen und zu betreiben. Kirchen und christliche Gemeinschaften in der westlichen Welt spenden treu und hingebungsvoll, um das zu ermöglichen.

Sicher, die kulturellen Unterschiede sind oft für beide Seiten befremdlich: Afrikaner schmunzeln darüber, wenn sie hören, dass es in Europa Menschen gibt, die ihren Hund an der Leine herumführen, und dass es in den Regalen unserer Geschäfte Shampoo für Hunde und Katzen gibt. Dass die Eier im Supermarkt einen Stempel tragen und dass Hausbesitzer ein kleines Häuschen auf Rädern hinter ihrem Auto herschleppen, um es irgendwo für viel Geld auf einer grünen Wiese vorübergehend aufzustellen.

4. In Afrika unterwegs

Bitte auftanken!

Unsere Reise führte uns weiter nach Kenia. 18 Kilometer außerhalb der kenianischen Hauptstadt Nairobi verfügte das gleiche deutsch-amerikanische Missionswerk »Wort des Lebens«, welches das Schloss Allmannshausen am Starnberger See gekauft hatte, über ein Grundstück mit mehreren Holzbaracken und kleinen Wohnhäusern. Ziel und Zweck dieses seit Anfang der 70er-Jahre laufenden Projektes war die christliche Freizeitarbeit für junge Kenianer im Schulalter. Sie sollten in den Ferien jeweils an einem ein- bis zweiwöchigen Camp teilnehmen können. In dieser Zeit wurde neben Sport, Spiel und Musik das Evangelium verkündigt.

Auf diesem Gelände durften wir vom »Kongo-Team« einen Schuppen und ein Wohnhaus benutzen und nannten diesen Platz bald unser Zuhause. Von hier aus fuhren wir auf Evangelisation nach Nordkenia oder beluden unsere Fahrzeuge mit Kraftstoff, Lebensmitteln und Wasser, um auf die 1200 Kilometer lange Reise über Uganda nach Zaire zu gehen. Zu unserer Überraschung trafen wir dort – ganz im Gegensatz zu den vom Islam oder vom Animismus geprägten umliegenden Ländern – sehr viele christlich denkende Menschen an. Nachdem die von der Anreise stark mitgenommenen Fahrzeuge technisch wieder in Ordnung waren, fuhren wir in das Industriegebiet der Stadt Nairobi, um verschiedene Firmen abzuklappern, wo wir gebrauchte 200-Liter-Blechfässer für den Kraftstofftransport billig, teilweise für nur zehn Euro, erwerben konnten. Am liebsten waren uns Motoröl-Fässer, da wir diese nicht extra zu reinigen brauchten.

Solche Fässer wandern in der Regel auf den großen Fassmarkt. Mit ohrenbetäubendem Lärm ist dort eine Art Kleinindustrie am Werk: Die Afrikaner zerlegen die Blechfässer sorgfältig und verarbeiten die Teile dann zu allen möglichen Gegenständen: Schüsseln, Wasserrinnen, Verkehrsschilder, Dachabdeckungen, Türen, Fenster, Öfen ... In einem typischen Stadtrandbezirk haben die Einwohner vor ihrer Hütte meist ein altes Metallgestell, den Motorblock eines Lkw oder auch nur einen großen Stein stehen, den sie als Werkbank benutzen.

Nachdem wir die Fässer auf ihre Dichte geprüft und zwei Lastwagen mit etwa sechzig Stück beladen hatten, fuhren wir mit dem Motorrad oder dem Pkw durch Nairobi und auch nach Mombasa an der Küste. Nun begann eine mühsame Prozedur. Einfach Kraftstoff einzukaufen – davon konnte hier ja keine Rede sein!

Bevor wir schließlich im Hafen von Mombasa den Export-Kraftstoff für unsere 60 Fässer einkaufen konnten, den wir für unseren Feldzug benötigen würden, war vieles zu erledigen: Zuerst erkundigten wir uns nach dem genauen Preis der Exportware – und vor allem danach, ob zurzeit überhaupt Kraftstoff auf dem Markt verfügbar war, was ja keineswegs immer der Fall war. Danach ging es zur Bank, und weil dort gerade Geld vorhanden war – was bei einem Missionskonto ja auch nicht selbstverständlich ist –, ließen wir uns dort über den Kaufpreis einen Scheck ausstellen, auf dem sich der Vermerk befand, dass er in harter Währung gedeckt sei, dass dieses Geld also irgendwann tatsächlich mal vom Ausland gekommen sein musste. Dann folgten Besuche in der Zentralbank, beim Hauptzollamt, beim Spediteur und, wie immer bei solchen Gelegenheiten, bei mindestens einem Ministerium, bevor wir schließlich in das zuständige Depot fahren durften, um dort alle Fässer mit dem gewünschten Kraftstoff füllen zu lassen. Anschließend wurden die Fässer verplombt.

Als die Einreisepapiere, die Transitlizenz für Uganda vorlagen, prüften wir noch einmal die Gültigkeitsdauer der vorschriftsmäßigen Visa. Länder wie Kenia, die wirtschaftlich und politisch stabil sind, haben hohe Ausfuhrbeschränkungen, vor allen Dingen weil alle umliegenden Länder sehr instabil und sehr arm sind und infolgedessen ihre Währung oft wertlos ist.

Die Fahrzeuge wurden nun mit dem Notwendigsten beladen, das man für eine Sechs- bis Zehntagereise braucht, und wir machten uns auf den Weg Richtung Nordwesten nach Zaire. Bei mehreren dieser Fahrten mussten wir auch die 2 500 Kilometer lange Strecke über den Südsudan wählen, weil es in Uganda noch immer Unruhen gab.

Ende Dezember bis Anfang April ist im Nordosten von Zaire die günstigste Jahreszeit für einen Einsatz – es sind die trockensten Wochen des Jahres und die Straßen sind daher zumindest einigermaßen befahrbar. Schon lange vorher hatten wir oft die zuständigen Missionare entweder auf dem Korrespondenzweg oder durch Botschaften informiert, die man dem Missionsflugzeug mitgegeben hatte. So konnten die passenden Teams zusammengestellt werden, damit ein solcher Evangelisationsfeldzug möglichst reibungslos ablief.

Eine Panne wird zum Segen

Immer wieder erlebten wir, dass ärgerliche Zwischenfälle zu fruchtbaren Begegnungen wurden. So zum Beispiel eine Reifenpanne mitten im finstersten Hinterland:

Ich war mit einem Team einheimischer afrikanischer Evangelisten unterwegs, um entlegene Dörfer im Norden von Kenia, im Sudan und im Nordosten von Zaire zu besuchen. Wir waren schon seit elf Stunden auf Achse, hatten jedoch erst 250 Kilometer zurückgelegt. An sich trotzdem ein guter Schnitt, denn immerhin hatten wir ja schon vier ausgetrocknete Flussbetten durchquert. Zwar hätte ich es gerne noch bis zur Missionsstation am Lojoro River geschafft, aber nach dieser Strecke hieß es zuerst einmal, den Reservereifen zu montieren.

Meine zehn Mitreisenden kletterten vom Wagen. Sofort waren wir von Afrikanern umringt. Während einige den zerfetzten Reifen bestaunten, sammelten andere eilig die großen Gummistücke auf: Als Sohlen für ein paar Schuhe sind solche Abfälle immer gut zu gebrauchen. Die nackten Kinder wagten sich am dichtesten an unser Fahrzeug heran. In einiger Entfernung stand eine Gruppe junger Männer, mit bunten Stofflappen bekleidet und mit Speeren in der Hand. Während sie mit scharfen Augen jede unserer Bewegungen beobachteten, diskutierten sie aufgeregt miteinander.

Während ich die Radmuttern löste, holten meine Mitarbeiter Trompeten und Posaunen aus dem Auto und begannen, Choräle zu spielen. Auf einmal wurde es in der Umgebung lebendig. Frauen, mit einem Lendenschurz aus Ziegenfell bekleidet, mit einem Krug oder einem Bündel Brennholz auf dem Kopf, unterbrachen ihre Arbeit und blieben stehen. Auch die Männer kamen neugierig näher. In Afrika hat man Zeit. Und eine Reifenpanne mit Musik erlebt man schließlich nicht alle Tage!

Nach dem dritten Lied griff einer unserer Leute zu dem Mikrofon der im Wagen eingebauten Übertragungsanlage. Er erklärte den Menschen, die um das Auto herumstanden, in ihrer eigenen Sprache, wer wir waren und was wir hier taten. »Wir sind Christen«, sagte er. »Wir haben in unserem Leben einen Sinn und ein Ziel gefunden und sind nun unterwegs, um auch anderen Menschen davon zu erzählen.«

Dann stellte er die Teammitglieder vor.

Da ist zum Beispiel unser Ekai. Mit strahlend weißen Zähnen und funkelnden Augen berichtet er davon, wie er als Sohn eines Medizinmannes aufwuchs, ohne Gott zu kennen. Als junger Krieger hatte er für seinen Stamm gekämpft und Körperteile getöteter Feinde mit nach Hause gebracht. Aber dann hatte er bei einer Evangelisation in seinem Heimatdorf begriffen, dass Jesus ihn liebt. Das hat sein Leben von Grund auf verändert.

Oder da ist Francis. Er arbeitet als Pfleger in einem Missionskrankenhaus und opferte seinen Urlaub, um mit uns unterwegs zu sein.

»Der Farblose dort«, erklärte der Sprecher und deutete auf mich, »hat diesen Lastwagen von Europa hierher gebracht, damit wir zu euch kommen können. Er arbeitet nicht, um Geld zu verdienen, sondern um Gott zu dienen.«

Dann nahm er seine Bibel und beginnt, seinen Zuhörern von Jesus Christus und seiner Liebe zu uns Menschen zu erzählen. Mir fiel auf, wie gespannt und aufmerksam die Leute zuhörten. Auch die bislang eifrig schwatzenden jungen Männer waren still geworden. Auf ihre Speere gestützt standen sie da und hörten zu.

Vor einer halben Stunde hatte ich mich noch über diese Reifenpanne geärgert, denn immerhin kostete ein Reifen dieser Größe, der in Afrika praktisch nicht zu bekommen war, in Deutschland rund 500 Euro. Dann aber, als ich die vielen Menschen sah, begriff ich: Durch die Panne hatte sich hier die Möglichkeit ergeben, Menschen, die staunend zuhörten, den wahren Sinn des Lebens nahezubringen.

Auf dem Weg in den Südsudan

Am 3. Januar 1977 machten wir uns morgens gegen sechs Uhr mit zwei Lastwagen in Richtung Nordosten auf. Gegen neun Uhr erreichten wir in der Nähe der Grenze zu Uganda und 500 Kilometer vor der Grenze zum Südsudan die letzte größere Stadt in Kenia: Kitale. Hier erst endete die Asphaltstraße, und daher hatte es bisher keine Probleme gegeben. Wir hatten ca. 12 000 Liter Kraftstoff, einige Tonnen Lebensmittel und vieles andere Notwendige und Nützliche an Bord. Mit unseren Papieren gingen wir zur zuständigen Zollstelle, dort wurden die Papiere problemlos abgestempelt. Alles lief wie am Schnürchen. Auf dem Markt kauften wir noch etwas frisches

Gemüse sowie einige Bananen, Milch und Orangen, um uns dann auf die Reise über den Kapenguria-Pass zwischen Kitale und Kapenguria zu machen. Vor uns lag ein vierstündiger Abstieg vom Hochland in die Wüste.

Wir waren dankbar, dass die Straße so trocken war, schließlich führte sie von dem Hochplateau auf 3 000 Metern Höhe hinunter auf 700 Meter. Eine schmale Piste schlängelte sich hier vor uns durch eine faszinierende Bergwelt. Die Straße war so extrem schmal, dass es an kritischen Stellen unmöglich gewesen wäre, auszuweichen. Kam uns ein anderes Fahrzeug entgegen, mussten wir oft mehrere hundert Meter zurücksetzen.

Mit ein paar wenigen kurzen Pausen brachten wir diese Etappe hinter uns und erreichten kurz vor Sonnenuntergang Lodwar, eine kleine Stadt in der Turkana-Wüste.

In Afrika gibt es praktisch keinen Abend: Gegen 19 Uhr wird es fast schlagartig dunkel, innerhalb von einer knappen Viertelstunde bricht finstere Nacht herein. Mit einem Schlag wird es dann angenehm kühl. Wir fuhren in der Nacht noch eine ganze Strecke, weil wir die Zeit nutzen wollten, in der die Temperatur mal nicht wie am restlichen Tag bei 60 Grad Celsius lag. Erst gegen Mitternacht rollten wir mit dem Fahrzeug langsam auf einen Hügel neben der Fahrbahn zu und hielten dort an. Nach der fast siebzehnstündigen Fahrt völlig erschöpft, nur noch von der ständigen Rüttelei auf der Waschbrettpiste wach gehalten, beendeten wir unter sternenklarem Himmel unseren ersten Tag auf der Reise nach Zaire.

Eine angenehme Brise wehte. Moskitonetze brauchten wir hier nicht. Ich lag auf dem Führerhausdach auf meinem offenen Schlafsack und starrte zum Himmel hinauf. Während die Landschaft rundherum fast so eintönig war wie die Sahara – ein leeres Land, in dem man nur hin und wieder kleinen Nomadenstämmen begegnete, die Kamele, Rinder oder Ziegen vor sich hertrieben –, war die Nacht unvergleichlich schön. Nächte in der afrikanischen Wüste sind wohl generell das

Schönste, was man sich vorstellen kann. Die Sterne funkelten auch in dieser Nacht in einer Pracht, wie ich sie selten erlebt habe. Hin und wieder sah man sogar Sternschnuppen. Voll Dankbarkeit sprach ich mit Gott, der mir einen so erfüllten Tag geschenkt hatte.

Schon sehr früh ging es am nächsten Morgen weiter. Eine achtstündige Fahrt lag vor uns, obwohl es bis zur nächsten Station nur 240 Kilometer waren. Am Nachmittag erreichten wir das Dorf Lokichokio und trafen Freunde wieder, denen wir schon öfter in Nairobi begegnet waren, wenn sie dort einmal im Jahr alle wichtigen Einkäufe und Erledigungen durchführten. Außerdem gab es in Lokichokio einen seltenen Luxus: Kaltes Wasser! Wir konnten duschen und bekamen dazu noch eine kräftige Mahlzeit mit heimatlichem Flair: Ravioli aus der Dose.

In gemütlicher Runde saßen wir abends bei einer Petroleumleuchte, als plötzlich der Hund aufgeregt hin und her rannte. Rasch entdeckten wir, dass unter dem Tisch, dort, wo unsere Füße barfuß in Sandalen steckten, gleich drei Skorpione herumkrochen! So wurden wir drastisch daran erinnert, dass man sich überall in Afrika durch festes Schuhwerk vor Schlangen und Skorpionen schützen muss. Die Tierwelt Afrikas ist reich und faszinierend, aber nicht unbedingt immer liebenswert. Sobald die Sonne untergegangen ist, kann man die Hyänen heulen hören. Wo der Boden steinig ist und Sträucher wachsen, leben giftige Eidechsen, Skorpione und verschiedene Spinnen, darunter die gefährlichen »Jägerspinnen«, die unglaublich flink sind und schmerzhafte Bisse zufügen können. Auch Sandvipern und Kobras begegnet man öfter. Eher willkommen waren uns da die zahlreichen Arten von Vögeln, die im Buschwerk entlang der ausgetrockneten Flussläufe leben. Ihr Gezirpe und Gezwitscher ist oft der einzige Laut, der die Stille des Ödlandes belebt.

Am dritten Tag unserer Reise rollten wir auf die Grenze des Südsudan zu. Selten fährt ein Auto durch dieses weite wüstenähnliche Gebiet. Man kann die sogenannte »Straße« nur drei Monate im Jahr – während der Trockenzeit – wirklich befahren. In der übrigen Zeit ist das Gelände durch die heftigen Regenfälle unpassierbar, da es zu einem einzigen riesigen Schlammsee geworden ist.

Am Mittag stand die Sonne fast senkrecht. Das Thermometer zeigte 42 Grad Celsius im Schatten. Es war plötzlich eigenartig still. Man hörte nur die vielen summenden Fliegen, die beständig um unser Fahrzeug schwirrten. Und irgendwann dann gurgelte neben uns das braungelbe Wasser eines Flusses.

Bis hierher war die Reise an diesem Tag wie im Flug vergangen. Wir waren früh am Morgen aufgebrochen und hatten bis zum Mittag schon etwa 40 Kilometer zurückgelegt – eine beachtliche Strecke unter den gegebenen Umständen. Aber mit einem Mal rührte sich unser Lkw nicht mehr von der Stelle. Die mächtigen Räder versanken im Fluss und die Auspuffanlage lief langsam voll mit der schmutzigen Brühe. Einige Eingeborene kamen zögernd herbei, um uns in unserer Notlage in Augenschein zu nehmen.

In dieser Gegend wohnten nicht viele Menschen. Der Südsudan, damals noch zugehörig zum Land Sudan[7], ist bis heute dünn besiedelt. Die Lebenserwartung der Einheimischen des gesamten Sudans lag damals im Durchschnitt nicht höher als bei 35 Jahren. Ich dachte mir: Die Menschen hier wissen nichts von Jesus Christus! In beinahe jedem Dorf gab es eine Anbetungsstätte, wo man versuchte, Dämonen und Totengeister durch Opfer zu besänftigen. Für jeden Krankheitsfall und jeden Todesfall, überhaupt für jedes Unglück musste ein Schuldiger gefunden werden, sodass, mal ganz abgesehen von den politischen Unruhen, allgemein Angst und Bedrückung herrschten.

---

[7] Der Südsudan erklärte am 9. Juli 2011 seine Unabhängigkeit von der Republik Sudan.

Während ich diesen Gedanken nachhing, sah ich, dass allmählich immer mehr Afrikaner – Leute vom Stamm der Tapossa – näher kamen. Sie waren offenbar entschlossen, längere Zeit bei uns zu verbringen, denn sie setzten sich auf ihre kleinen geschnitzten Holzhocker und starrten uns interessiert an. Jede unserer Bewegungen verfolgten sie mit ihren Blicken und diskutierten dabei lebhaft miteinander. Sie waren spärlich bekleidet, die Frauen trugen immerhin Lendenschurze aus Fellen, die Männer jedoch nichts weiter als ihren Schmuck – eine kleine Perlenkette um den Hals – und ihren Speer in der Hand. Fliegen krochen in ihren Augen- und Mundwinkeln herum.

Wir beteten, jeder für sich, und baten Gott um die Möglichkeit, diesen Menschen von ihm zu erzählen. Eine sprachliche Verständigung war nicht möglich. Daher kletterte ich auf den Fahrersitz des Wagens und stellte einen Kontakt zwischen dem Kassettenrekorder und der am Fahrzeug montierten Verstärkeranlage her. Wenige Tage zuvor hatten wir von dem Missionswerk »Bible Alliance« Kassettenbotschaften in dreißig verschiedenen Stammes- und Handelssprachen bekommen. Voller Freude entdeckte ich, dass auch eine Kassette in der Stammessprache der Tapossa dabei war, und legte sie ein. Plötzlich erklang mitten in der Wildnis die Stimme eines Evangelisten in der Muttersprache dieser Leute!

Die erste Reaktion war verständlicherweise Schrecken. Verstört von der lauten Stimme rannten Frauen und Kinder davon. Die Männer blieben stehen. In sicherem Abstand stützten sie sich auf ihre Speere und spuckten vor Aufregung beständig auf den Boden. Langsam aber wagten sich auch diejenigen, die erschrocken geflüchtet waren, wieder herbei und hörten zu. Während wir mit den Bergungsarbeiten für unseren Lkw beschäftigt waren, umgab uns ein Kreis aufmerksamer Zuhörer. Wohl zum ersten Mal in ihrem Leben hörten die Menschen vom Stamm der Tapossa an diesem Nachmittag eine Geschichte aus der Bibel – und das durch diese eigentlich unerwünschte Panne!

Wir befestigten einen Kabelzug am Vorderteil des Fahrzeugs und ein etwa 50 Meter langes Stahlseil an einem Baum. Das Seil spannte sich langsam an, aber plötzlich stellten wir fest, dass nicht das Fahrzeug, sondern der Baum sich bewegte: Er wurde langsam aus der Erde gezogen! Da kurz nach diesem Misserfolg die Nacht hereinbrach, mussten wir unsere Bemühungen unterbrechen.

Diese Nacht verbrachten wir also im Zelt. Aber kurz nach Mitternacht zog in den Bergen ein Gewitter auf. Ein Tropengewitter ist in dieser Gegend normalerweise ein Segen – allerdings nicht, wenn man mit einem Lkw in einem halb vollen Flussbett feststeckt. Es kann schließlich vorkommen, dass ein Fluss innerhalb einer halben Stunde bis zu drei Meter ansteigt und etwa dreißig Meter breit wird.

Rasch bauten wir unser Zelt ab und schleppten unsere Ladung auf den nächsten Hügel, wo sie einigermaßen in Sicherheit war. Und dabei entdeckten wir: Gerade als wir das Zelt zusammenlegen wollten, flüchteten drei etwa 15 cm lange Skorpione, die sich unbemerkt hineingeschlichen hatten!

Wir hatten keine Zeit zu verlieren, denn der Fluss begann bereits anzuschwellen. Nacheinander luden wir eine Tonne Zement, einige Kisten Medikamente, Wellblech, Wassertanks, Verpflegung und anderes Gut ab, um den Wagen aus dem Flussbett ziehen zu können. Später, erst als das Hochwasser sich wieder etwas verlaufen hatte, gruben wir den Wagen mit Spaten und Schaufel aus dem Schlamm und fuhren ihn auf festen Grund.

Nun hieß es, alles wieder aufzuladen, was einen weiteren Tag harter Arbeit bedeuten würde.

An diesem Morgen lasen wir in der Tageslosung aus Psalm 100,3 eine wunderbare Verheißung, von der wir freilich zunächst nicht ahnten, wie sehr sie für unsere gegenwärtige Situation galt: »Erkennet, dass der Herr Gott ist.«

Während wir noch überlegten, wie es mit dem Aufladen der restlichen siebzehn Fässer – jedes wog rund 180 kg – wei-

tergehen sollte, hörten wir plötzlich Motorengeräusche. In dieser verlassenen Gegend, in der oft monatelang kein Auto unterwegs ist, rollten zwei Geländefahrzeuge heran. Am Steuer saßen arabische Geschäftsleute, die uns freundlich fragten, wie sie uns helfen könnten. Nach einer kurzen Lagebesprechung sprangen die Somalis aus ihren Autos und packten beim Beladen unseres Fahrzeugs mit an. In nur zwanzig Minuten war alles aufgeladen, und die Einheimischen setzten ihre Fahrt fort.

Wir dankten unserem Herrn für die Hilfe. Wieder einmal hatte er uns bewiesen, wie vielfältig die Wege sind, auf denen er seine Hilfe schickt.

Landesgrenzen, Zöllner und Sünder

Wir erreichten Kapoeta, den Grenzort im Südsudan. Der Zoll inspizierte unsere Ladung, füllte ein besonderes Transit-Dokument aus und verwies uns an die heutige Hauptstadt Juba, die etwa drei bis fünf Tagesreisen entfernt liegt. Bevor wir jedoch den Grenzort verließen, machten wir noch kurz in Torit Halt – bei dem afrikanischen Pastor Peter Kani, den ich ein Jahr zuvor kennengelernt und mit dem Lkw nach Torit mitgenommen hatte. Er und seine Frau empfingen uns sehr herzlich.

Eigentlich wollten wir nur drei Tage im Südsudan bleiben, um von dort aus weiter nach Zaire zu fahren. Aber die Gemeinden in Torit hatten für uns wenigstens zwei Wochen Einsätze geplant, und so luden wir einen Teil unserer verplombten Benzinfässer ab, lagerten sie hinter dem Haus des Pastors und führten in verschiedenen Städten Veranstaltungen durch. So waren wir noch einige Wochen im Südsudan unterwegs, ehe wir weiterfuhren.

Wie groß war dann aber unsere Überraschung, als beim Zoll in Juba eine Bürgschaft verlangt wurde! Der Chef des

Zollamtes rechnete ungefähr zwei Stunden auf seinem Taschenrechner herum, um unsere Strafgebühren für den Fall auszurechnen, dass wir das Land nicht mit der gesamten Ladung verließen. Er hatte uns im Verdacht, unser Benzin auf dem Schwarzmarkt verkaufen zu wollen.

Als ich sagte, dass wir überhaupt kein Geld hätten, wollte er gleich die ganze Ladung beschlagnahmen. Wieder einmal schrien wir zum Herrn, fest auf seine Verheißung gestützt, dass er Herzen lenken kann wie Wasserbäche! Der Zollinspektor ließ sich schließlich überzeugen, als ich ihm sagte, wir hätten hunderterlei Gelegenheiten gehabt, den Kraftstoff zu verkaufen, hätten es jedoch nicht getan, weil wir die Sendung unbedingt nach Zaire bringen wollten. Schließlich löste sich der ganze Ärger in nichts auf, und er ließ uns weiterfahren.

Vor der Grenze zu Zaire irgendwo im Niemandsland beteten wir noch einmal zusammen, dass die Zollabwicklung nicht so aufwendig und kostspielig sein möge und dass der Herr uns mitsamt der Ladung gut durchbringen möge. Dann standen wir an der Grenzstation der Republik Zaire. Mit Herzklopfen öffnete ich, mein Aktenköfferchen in der Hand, die Holztür zum »Bureau de Douane«.

Die Zollstation befand sich in einem während der Kolonialzeit aus Backsteinen erbauten Haus. Draußen auf dem Vorplatz wehte die Landesfahne. Hinter dem Amtsgebäude befanden sich Häuschen für die Familien der Beamten. Welcher Kontrast zu den jämmerlichen Gegenden, die wir zuvor durchquert hatten! An solchen Zollstationen begegneten wir eleganten Afrikanern im Maßanzug und mit blank geputzten Schuhen, zuweilen schimmerte eine goldene Rolex-Armbanduhr unter der Manschette hervor. Die Chefs waren meist Zivilisten, doch sah man auch viele Soldaten und Polizisten in Uniform. Die Amtsstube wurde von einem riesigen gerahmten Bild beherrscht, auf welchem Le Grand Chef, der große Häuptling, Präsident Mobuto, mit Leopardenfellmütze abgebildet war.

Ein freundlicher Afrikaner begrüßte mich, als ich eintrat. Zwei weitere saßen auf einer Holzkiste und summten vor sich hin. Wie ich bald feststellte, waren alle drei sturzbetrunken, es musste wohl gerade Zahltag gewesen sein.

Ich legte sämtliche notwendigen Formulare auf den Tisch, während zwei der betrunkenen Beamten krampfhaft versuchten, den Lkw zu erklettern, um ihn vorschriftsmäßig zu durchsuchen. Zu meinem Erstaunen konnten wir schon nach zehn Minuten den Zoll hinter uns lassen, ohne auch nur einen Pfennig Zollgebühren für die Ladung bezahlt zu haben. Ich konnte es kaum glauben!

In Isiro trafen wir dann mit den anderen Teams zusammen und machten uns auf den Weg in den Nordosten von Zaire. Es war ein manchmal sehr beschwerlicher Weg. Beispielsweise brauchten wir für die Strecke nach Watsa statt der üblichen vier bis fünf Stunden volle siebzehn Stunden, weil die Brücke über einem breiten Fluss eingebrochen war und wir einen Umweg von 600 Kilometern in Kauf nehmen mussten.

In der Nähe eines Dörfchens namens Banda fand dann unsere erste gemeinsame Veranstaltung statt. Tausende von Zuhörern drängten sich unter den mächtigen Mangobäumen auf dem Gelände der Missionsstation. Über die Lautsprecher waren die Predigten im ganzen Tal zu hören, Trompeten und Posaunen schmetterten. Immer mehr Neugierige und Interessierte liefen zusammen.

Wir besuchten auf diese Art zahlreiche Dörfer und Ortschaften und hielten jeden Tag zwischen drei und fünf Veranstaltungen ab. Die einheimischen Gemeinden hatten großen Eifer an den Tag gelegt und auch organisatorisch Großartiges geleistet.

Es waren schöne, aber doch auch recht harte Tage. Abends um acht Uhr zeigte das Thermometer oft noch über 30 Grad. Überall schwirrten Schwärme von kleinen Fliegen herum, die uns bissen und unsere Geduld schon sehr strapazierten, weil wir mit dem Zerklatschen gar nicht mehr nachkamen. Wir lebten nach landesüblicher Art von Erdnüssen und Bananen, zum Frühstück gab es Trockenfisch oder dicke Bohnen. (Missionare entwickeln oft ein beträchtliches Geschick darin, diese Grundnahrungsmittel auch für den europäischen Geschmack sehr delikat zuzubereiten.)

Vor dem Eingang von Banda gab es eine kerzengerade Straße. Ich hatte mich anfangs über den einsamen Windsack gewundert, der dort etwas abseits aufgehängt war. Eines Tages fingen die Männer an, das Elefantengras an dieser Strecke zu schneiden, das bis zu zwei Meter hoch wächst. Ich erfuhr, dass dieses Straßenstück alle sechs Wochen als Landepiste für das Missionsflugzeug benutzt wurde.

Das Flugzeug brachte Post. Wir freuten uns natürlich alle, einmal wieder von zu Hause zu hören. Dieter Rappen zum Beispiel war zu dieser Zeit des Einsatzes schon einige Monate von seiner Frau getrennt und tat sich nicht leicht damit. So freute er sich immer besonders, wenn Post kam. Vor allem der Brief freute ihn, aus dem er erfuhr, dass seine Frau Bea sich für einen Besuch in Kenia angemeldet hatte. Freunde hatten ihr den Flug finanziert, und nun sollte es ja auch nicht mehr lange dauern, bis der Einsatz beendet war und wir nach Nairobi zurückkehren würden.

Am 7. März abends gegen 18 Uhr trafen wir in Niangara ein, einer kleinen Missionsstation mitten im Urwald. Niangara ist jener Ort, an dem 63 Jahre zuvor die ersten zwölf Christen im Herzen Afrikas getauft wurden. Charles Studd hatte zusammen mit Alfred Buxton an diesem Ort als Pionier entscheidend gewirkt.

Zu unserer Überraschung stießen wir dort auf unsere Freunde Kurt und Martin. Die beiden sind von Beruf Werkzeugmacher und hatten die Trans-Afrika-Reise 1976 mitgemacht. Sie hielten sich schon seit Längerem in Zaire auf und gehörten zu unserem Team. Als wir sie trafen, hatten sie einen Motorschaden an ihrem Lkw: ein Ventil war durchgebrannt und eine Vorkammer defekt. Ein gewaltig überhöhter Ölverbrauch hatte sie gezwungen, den Einsatz vorzeitig abzubrechen, aber hier in der Wildnis konnten wir die Reparatur nicht durchführen. So nahmen wir den defekten Lkw ins Schlepptau und fuhren ca. 700 Kilometer nach Nyankunde zurück. Drei Tage waren wir unterwegs.

Es ergab sich, dass am nächsten Tag ein Missionsflugzeug von Zaire nach Kenia fliegen sollte und noch ein Platz frei war. Da ich ein Visum für mehrere Einreisen besaß, war es mir möglich, für einen Tag nach Nairobi zu fliegen, um dort die notwendigen Ersatzteile für den Lkw in unserem Depot zu besorgen.

Unsere Fahrzeuge liefen auf *Carnet de Passage*, d. h. internationale Zolldokumente, und daher war ihre und damit auch unsere Aufenthaltserlaubnis für Zaire auf drei Monate begrenzt. Man kann mit ausländischen Fahrzeugen in Zaire nicht unbegrenzt fahren, normalerweise müssen sie unmittelbar nach der Einreise verzollt und im Land zugelassen werden. Es gibt aber Ausnahmen, wenn man ein *Carnet de Passage* besitzt. Mit diesem Dokument kann man in verschiedene Länder vorübergehend einreisen.

In der Woche vor Ostern machten Dieter, Kurt, Martin und ich uns mit zwei Lastwagen auf den Weg in Richtung Uganda, um nach Kenia zurückzureisen. Gegen Mittag kamen wir am Schlagbaum in dem Örtchen Mahagi an und eilten zum Grenzposten. Wir hatten keine Schwierigkeiten erwartet, aber nach zwei Stunden saßen wir noch immer im Zollamt. Der Chef der Zollstation bemängelte, dass wir von dem gesetzlich vorgeschriebenen Geldumtausch während unseres Aufenthalts keinen Gebrauch gemacht hatten. Er schob uns schließlich aus seiner Hütte hinaus, nahm sein großes Kofferradio unter den Arm und verschwand auf der anderen Straßenseite in einer kleinen Siedlung afrikanischer Hütten. Solche »Hütten« sind kleine Häuser mit einer Grundfläche von zehn bis fünfzehn Quadratmetern. Beim Bau werden Pfähle in den Boden gerammt und durch kleine Äste miteinander verbunden. Dann wird ein Brei aus Erde gefertigt und auf dieses Holzgerippe geschmiert. Das Dach wird ähnlich wie unsere Schilfdächer mit langen und dicken Gräsern gedeckt. Vor der Hütte befindet sich in der Regel ein sauber gefegter Vorplatz mit einer Feuerstelle, einige Baumstämme dienen als Sitzgelegenheit.

Wir hockten also in diesem verlassenen Dörfchen auf der Treppe der Zollstation und waren verzweifelt. Was sollten wir tun? Zwei Tagesreisen weit zurückfahren und Geld umtauschen, mit dem wir so und so nichts kaufen konnten? Das würde nur unsere mageren Kraftstoffreserven schmälern, und Benzin kostete zurzeit 800 Dollar pro Fass, wenn es in diesen Tagen überhaupt welches zu kaufen gab. Wir beteten, dass Gott uns für diese uns so ausweglos erscheinende Situation eine Lösung schicken sollte.

Während wir noch mit hängenden Köpfen dasaßen, kam plötzlich ein Afrikaner auf uns zugeschlendert und fragte nach »Vic Paul« und »Trompete«. Wir verstanden nur bruchstückhaft, was er sagte, aber schließlich begriffen wir. Er wollte wissen, ob jetzt eine Missionsveranstaltung stattfinde! Das war, ehrlich gesagt, das Letzte, was wir in dieser unangenehmen Situation im Kopf hatten, aber wir gaben ihm eine Trompete, und er begann sofort den Choral »Mächtige Ströme des Segens« zu schmettern.

Innerhalb weniger Minuten rannte das halbe Dorf mitsamt den Kindern der Grenzbeamten zusammen. Wir lernten einen afrikanischen Bruder kennen, der als Evangelist in diesem Ort tätig war, und er versprach uns, den Ältesten der Ortschaft unsere Probleme darzulegen. Bis dahin fand aber erst noch eine Freiversammlung am Schlagbaum auf der Straße vor dem Zollgebäude statt.

Ich werde nie vergessen, wie wir am nächsten Morgen in aller Frühe eine Delegation einheimischer Christen vor unserem Lkw vorfanden. Sie ließen sich unsere Papiere geben und gingen mit uns zum Polizeichef und schafften es tatsächlich, ihm klarzumachen, dass wir auf Einladung von gläubigen

Leuten in Zaire einen Dienst getan hätten, der von einheimischen Geschwistern voll finanziert worden sei und daher auch keinen Umtausch von Geld notwendig gemacht hätte. Eine knappe Viertelstunde später fuhren wir mit gültig gestempelten Pässen weiter ins Niemandsland, in die Ortschaft, aus der unsere freundlichen Helfer kamen. Nach unserem Abschied – man hatte uns noch einige Bananenstauden mitgegeben – fuhren wir auf die Grenze Ugandas zu. Wir hatten von vielen Unruhen, Überfällen und kriegerischen Auseinandersetzungen in diesem Staat gehört und machten uns deswegen so einige Sorgen. Es lief aber alles gut, bis wir am Gründonnerstag die Grenze in Malaba, was schon in Kenia liegt, passieren wollten. Die zuständige Behörde erklärte kurzerhand unsere Zolldokumente für ungültig, und man wollte uns den ganzen Weg wieder zurückschicken! Ob wir wirklich gegen Vorschriften verstoßen hatten oder ob sie nur *Magendo*, also Schmiergeld, von uns haben wollten, wussten wir nicht.

Diese Schwierigkeiten waren nach der langen Reise ein harter Schlag. Wir waren alle in schlechtem Zustand: Kurt hatte heftige Malaria-Anfälle, Martin kränkelte ebenfalls und Dieter sehnte sich nach seiner Frau, von der er schon drei Monate getrennt war. Es standen außerdem ja einige Feiertage bevor und wir wollten sie weder auf den Treppenstufen der Polizeistation hier in Malaba noch im Gefängnis von Kampala verbringen!

Wieder beteten wir und riefen Gott um Hilfe an. Ein paar Stunden vergingen, dann wurde ein sehr freundlicher Polizeichef auf unsere Probleme aufmerksam gemacht und erbarmte sich. Er tat, was in seiner Macht stand. Sogar mit dem Bezirkskommissar telefonierte er. Fünf Minuten vor halb sieben, also kurz bevor an der Grenze das große Stahltor verriegelt werden sollte, ließen sie uns mit unseren zwei Fahrzeugen nach Kenia einreisen.

Schon am nächsten Tag erreichten wir Nairobi. Ein viermonatiger harter Einsatz mit rund 6 000 gefahrenen Kilometern und Hunderten von Evangelisationsveranstaltungen lag hinter uns. Zahlreiche Gemeinden waren dadurch neu herausgefordert und gestärkt worden. Dort war nun ohne Zweifel eine Menge Nacharbeit zu leisten, denn all die Neubekehrten mussten ja unterwiesen und in die Gemeinschaft der Gläubigen integriert werden.

Ein Herz für den Südsudan

Schon als ich Ray das erste Mal traf, war ich beeindruckt von diesem Mann.

Ray ist ein Missionar, der die längste Zeit seines Lebens in Afrika verbracht hat. Über seine Eltern weiß ich nicht viel, aber eine ganze Anzahl Missionare kam schon Anfang des 20. Jahrhunderts vom Indischen Ozean her nach Afrika. Sie zogen immer weiter ins Landesinnere und gründeten überall Gemeinden.

Einige von ihnen kamen aus Amerika oder Kanada und waren ursprünglich Mennoniten, Baptisten oder Presbyterianer. Sie lebten zumeist fast wie die Einheimischen. Wenn sie einen guten Anzug besaßen, dann hing er im Schrank der Missionszentrale in der Hauptstadt und wurde nur angezogen, wenn sie ein- bis zweimal im Jahr mit dem Missionsflugzeug oder Geländefahrzeug zu einer Konferenz kamen.

Es ist schwer zu sagen, was an Ray so besonders war. Was sein Äußeres anging, so sah man ihm an, dass er hart arbeitete und dass seine Haut schon viel Sonne gesehen hatte. Aber was mich vielleicht so beeindruckte, war Folgendes: Obwohl ich schon einige Jahre gläubig war, sah ich alle Christen, die ich kennenlernte, eher kritisch an und hatte bei vielen den Eindruck, dass sie sich lediglich einer frommen Schablone entsprechend verhielten und einfach nur das von Kindheit an eingelernte traditionelle Christentum fein säuberlich zu pflegen versuchten. Aber dieser Ray war anders.

Er war schon viele Jahre im Inneren Afrikas tätig, hatte zahlreiche Gemeinden gegründet, und seine fünf Kinder waren auf dem schwarzen Kontinent geboren und aufgewachsen. Einige studierten mittlerweile in den USA, entweder auf einer Bibelschule oder auf dem College. Als dann auch die jüngste Tochter eine Missionsschule in Kenia besuchte, hatten Ray und seine Frau Betty freie Hand, sich ganz der Pioniermissionsarbeit widmen zu können. Sie waren immer wieder auf der Suche nach dem Willen Gottes, um auch neue Projekte in Angriff nehmen zu können. Nach vielen Jahren des Dienstes in Zaire und später in der Zentralafrikanischen Republik lag ihnen nun der so sehr vernachlässigte Südsudan am Herzen.

Zu dieser Zeit besaß unser Team in Kenia eine ganze Flotte ehemaliger Bundeswehrlastwagen, und unsere Aufgabe bestand darin, den einheimischen Kirchen mit diesen Transportmitteln bei ihrer Evangelisationsarbeit behilflich zu sein. Wir absolvierten eine Reihe von Einsätzen in Kenia und Zaire, und was wir dort erlebten, übertraf einfach jegliche Vorstellungen eines durchschnittlichen deutschen Christen.

Wenn wir mit unseren Ungetümen über die Dorfstraßen fuhren und über die Lautsprecher das Volk einluden, folgte uns auch auf Schritt und Tritt eine schreiende und jubelnde Kinderschar. Schon das äußere Erscheinungsbild der Lkws mit ihrer blau-weißen Lackierung, den überdimensionierten Lautsprechern auf dem Dach sowie dem Blaulicht und dem Martinshorn war hier schließlich eine Sensation! Am Steuer hockte meistens einer von uns: Ein »farbloser« Fahrer, ein junger Mann aus Deutschland, der nach Afrika gekommen war, um für ein oder zwei Jahre als Chauffeur oder sonst in seinem erlernten Beruf zu dienen. Derjenige steuerte den Wagen auf den Marktplatz oder bis vor die Kirche. Die einheimischen Evangelisten schmetterten dann einige flotte Choräle auf ihren Trompeten, und in Kürze waren sie von Hunderten neugierig dreinblickenden Afrikanern umringt. Wie es in Afrika üblich ist, stellt sich zuerst jeder vor und sagt, wer er ist und woher er kommt. Dazu gehörte selbstverständlich auch, dass man darüber Auskunft gab, wie das persönliche Leben mit Gott aussah. Da hörte man oft Sätze wie: »Ich bin gerettet durch das Blut Jesu Christi« oder »Ich bin ein Gotteskind«.

In den ersten Jahren konnten wir eigentlich nur in der Trockenzeit unterwegs sein, da, wie schon beschrieben, in der Regenperiode die meisten Straßen Ähnlichkeit mit einem frisch gepflügten Acker haben und selbst mit Allradantrieb und Ketten kaum befahrbar sind. Als unsere Mannschaft dann wuchs und wir genügend Fahrer aus Deutschland und der Schweiz hatten, konnten wir auch die Monate April bis Dezember nutzen. Außerdem wurde es auch möglich, in die Wüstengebiete vorzudringen. So erstaunlich das klingen mag: In der Wüste ist Regen das größte Problem, denn obwohl diese Gebiete normalerweise sehr trocken sind, kann man gerade dort von einem wochenlang anhaltenden schweren Regen überrascht werden, und das bedeutet ein großes Risiko.

So wurde es fast obligatorisch, dass wir jedes Jahr von Januar bis März in Zaire waren und das übrige Jahr in Kenia gemeinsam mit der Afrika-Inland-Kirche Veranstaltungen durchführten.

Je weiter wir bei unseren Veranstaltungen in den afrikanischen Busch vordrangen, desto stärker wurde uns bewusst, wie sehr diese Gebiete von Aberglauben und tiefer geistlicher Finsternis geprägt sind. Man sieht es diesen armen Menschen oft schon am Gesicht an: Der Ausdruck ihrer Augen ist verängstigt und traurig; oft tragen sie Wunden am Körper, die auf ihre schrecklichen Bräuche zurückzuführen sind. Es gibt Stämme, bei denen der Ehemann zur Hochzeit eine Peitsche geschenkt bekommt; in der Hochzeitsnacht stellt er seine Stärke unter Beweis, indem er die Frau grausam misshandelt.

Die Angst vor dämonischen Einflüssen beherrscht das ganze Leben. Zwillinge gelten als Unglücksbringer, oft wird daher eines der Kinder lebendig begraben, oder es wird blind gemacht, indem man ihm Pfeffer in die Augen streut.

Neugeborene müssen aus abergläubischen Gründen nach der Geburt drei Tage lang dürsten – in dieser mörderischen Hitze! Schon den Kleinkindern hängt man Amulette um den Hals, um sie vor bösen Geistern zu schützen.

In West-Kenia müssen Verstorbene unbedingt auf dem Stammesfriedhof beigesetzt werden, damit der Fluch der Ahnen kein Unglück über die Nachkommen bringt.

Die höchste Autorität ist der Zauberdoktor, der Regenmacher, der von den Dorfbewohnern mit Fleisch und Früchten versorgt wird und dem man Opfer bringt, um ihn günstig zu stimmen. Die Menschen leben in tiefer Furcht vor diesen Hexenmeistern, die sie – wie sie glauben – verfluchen und durch ihren Fluch krank machen, ja sogar töten können.

Und da gibt es Stimmen in Europa, die meinen, solches »Kulturgut« müsse unverfälscht erhalten bleiben!

Ray und Betty war es seit Langem ein Anliegen, verschiedene Stämme im Südsudan mit dem Evangelium zu erreichen. Diese Pläne sollten nun in die Tat umgesetzt werden. Während der Revolutionszeit im ehemaligen Kongo waren viele Kongolesen in den Sudan geflüchtet und dort sesshaft geworden. Neben der Handelssprache Süd-Arabisch und den einheimischen Stammessprachen Zandi und Sango wurde daher auch Bangala gesprochen, das Ray fließend beherrschte. Die sprachlichen Voraussetzungen waren also gegeben.

Ray drängte darauf, noch vor Ablauf der Trockenzeit eine Ladung Baumaterial einzukaufen, die wir dann in den Südsudan bringen sollten. Sein Anliegen war, in diesem Gebiet neben einer kleinen Missionsstation mit Schulgebäude und Garten auch einige Gemeinden entstehen zu lassen. Er war bereit, einigen Gemeindemitgliedern Lesen und Schreiben beizubringen. Ein solches Projekt würde erfahrungsgemäß auch die Regierung genehmigen.

Jeden Abend saß Ray in unserer kleinen Holzhütte und rechnete und überlegte, was er noch anschaffen musste, wo es am billigsten zu bekommen sei und wie viel davon auf unseren Lkw passen würde. Wir gehörten zu einem kleinen, persönlichen Freundeskreis von Ray, der seine Bemühungen unterstützte. So hatten wir uns grundsätzlich dazu bereit erklärt, für sein Unternehmen den Transport zu machen.

Nun waren zwei Fragen zu klären: Wer fährt den Transport? Und: Wie kommen wir von Nairobi, der Landeshauptstadt Kenias, zum Dörfchen Katri, das etwa 1300 Kilometer entfernt im Südsudan liegt?

Ich fühlte von Neuem eine heftige innere Abneigung gegen den fliegenverseuchten, glühend heißen Südsudan. Ich hatte die zermürbenden Tage in Juba noch nicht vergessen, während derer ich gedacht hatte: Mission ja – aber bitte nicht in einem solchen Land, solange es irgendwo auf der Welt noch eine angenehmere Gegend gibt!

Ich hoffte insgeheim darauf, dass es in unserer Mannschaft Mitglieder gab, die den Südsudan noch nicht kannten und daher auch keine Abneigung haben würden, dorthin zu fahren. Als wir aber unsere Pässe einreichten, um das notwendige Visum für den Südsudan zu erhalten ..., da wurde zum allgemeinen Erstaunen *nur mir* ein Visum erteilt. Eine Erklärung für diese unerwünschte Auswahl war vielleicht, dass ich bereits einen sudanesischen Stempel im Pass hatte. Für mich allerdings war es vor allem anderen ein Zeichen, dass Gott bedingungslosen Gehorsam von mir forderte.

Aus Uganda hörte man damals fast täglich von Unruhen und Schießereien. Uns blieb keine andere Wahl, als in Kenia die Route über die Turkana-Wüste zu nehmen, die ich schon auf meiner ersten Reise in den Südsudan teilweise passiert hatte.

Eine Fahrt durch diese Wüste gilt als Expedition und die Reise zeigte uns, warum: Die »Straße« entpuppte sich als rohe Piste, die 1300 Kilometer lang und nur auf 400 Kilometern asphaltiert war. Das Gebiet ist von zahlreichen ausgetrockneten und oft versandeten Flussläufen durchzogen. Man warnte uns und gab uns den Rat, mindestens vier Reservereifen mitzunehmen. Es war an sich ein guter Rat, den man uns da gab, denn die steinigen Passagen in der Turkana-Wüste fraßen unglaublich viele Reifen und die Gefahr des Reifenverschlei-ßes wurde auch durch die hohen Temperaturen und unsere schwere Ladung nicht geringer. Bloß – wir hatten ja nur noch zwei Ersatzreifen für jeden Wagen.

Nichtsdestotrotz starteten Ray und ich an einem Montag-morgen um vier Uhr früh mit dem voll beladenen Fahrzeug, einem »Goliath«, in Richtung Norden, die Strecke war ganz ähnlich geplant wie bei meiner ersten Reise in den Südsudan. Die Straße auf dieser Route führte uns wieder zuerst über das 3100 Meter hohe Gebirge Timboroa Forest. Man über-quert in diesem Gebiet den Äquator. In Kitale erledigten wir wieder die Ausreiseformalitäten und fuhren erneut über den Kapenguria-Pass.

Kurz vor Sonnenuntergang erreichten wir eine Oase, in der wir die Nacht verbrachten. Am nächsten Morgen waren wir schon sehr früh unterwegs. Allerdings zwang uns der nächste Fluss zu einem Halt. Er führte etwa einen Meter tief Wasser, und meine Hoffnung auf ein zügiges Vorankommen schwand bei diesem Anblick. In diesem Fall kam uns aber zugute, dass sich in jedem größeren Ort ein Regierungscamp befand, in dem Arbeiter mit ihren Fahrzeugen stationiert waren, um regelmäßig die Pisten instand zu setzen. Der nächstgelegene Ort war Lodwar, und hier gab es tatsächlich eine Planierraupe und Leute vom Straßenbau, die bereit waren, uns mit dieser Planierraupe durch den Fluss zu ziehen. So konnten wir nach einigen Stunden unsere Fahrt fortsetzen.

Gegen Mittag jedoch erreichten wir einen weiteren Fluss. Während wir noch den Untergrund prüften, hörten wir ein Motorrad näher kommen. Ein junger Europäer hielt an und stellte sich uns vor. Er kannte sich mit den Besonderheiten der Flüsse in dieser Gegend aus und sagte uns, am nächsten Morgen werde der Wasserstand bereits gesunken sein. Wir erfuhren, dass er katholischer Priester im nächsten Ort war, und er lud uns ein, über Nacht seine Gäste zu sein. Erst ärgerte ich mich über diese Verzögerung. Später jedoch erkannte ich, welchen Sinn sie gehabt hatte: Unsere bis nach Mitternacht dauernden Gespräche mit dem jungen Priester waren zweifellos fruchtbar gewesen.

Am nächsten Morgen war der Wasserstand, wie unser Gastgeber gesagt hatte, tatsächlich auf Knietiefe gesunken, und wir konnten den Fluss mit unserem Allradfahrzeug durchqueren. Aber natürlich: Wir waren kaum 50 Kilometer gefahren, als wir schon wieder stecken blieben! Wieder erbitterte mich die verlorene Zeit – was hätte doch alles erledigt werden können! Warum mussten wir hier im Dreck festsitzen?!

Einige Einheimische aus dem Nachbarort hatten sich um uns versammelt, sahen uns interessiert zu und gaben gute Ratschläge, während ich arbeitete. Etwas ungeduldig wandte ich mich an meinen Freund, der hinter dem Fahrzeug mit einigen Afrikanern sprach, und stellte fest, dass er gerade mit einem jungen Mann betete. Wie er mir nach der Flussdurchquerung erzählte, hatte er einen Menschen zum Herrn geführt, der voller Fragen war, noch dazu in einer sehr schwierigen persönlichen Situation.

Wir hatten den Fluss wieder einmal nur als Hindernis gesehen, und Gott hatte wieder einmal gewirkt in einer Art und Weise, die uns Menschen oft schwer verständlich erscheint. Aber hatten wir ihm nicht die Führung dieser Reise anvertraut? Immer wieder habe ich das erlebt, dass es mit zu den schönsten Ereignissen unseres Lebens gehört, wenn wir zu Gottes Wegen Ja sagen.

Dieser junge Afrikaner, den Ray zum Herrn führen konnte, lebte in einem Dorf, in dem sich sogar eine kleine Missionsstation befand. Allerdings hatte er nie den Mut aufgebracht, mit den Missionaren dort persönlich zu sprechen. Wir luden ihn ein, sich der dortigen Gemeinde anzuschließen. Ein paar Tage später konnten wir dem Pastor unser Erlebnis erzählen, als er unsere Missionsstation besuchte, und ganz gezielt für den Mann beten.

Wir waren etwa 200 Kilometer weitergefahren, als sich vor einem kleinen Berg die Straße plötzlich teilte. Wir hielten an. Ich fragte Ray, welche Richtung wir nehmen müssten, denn ich setzte voraus, dass er bei seinen vielen Jahren Afrika-Erfahrung den Weg kannte. Ray allerdings hatte geglaubt, *ich* würde mich auskennen – und wollte mir die Entscheidung überlassen! Ich war verärgert und enttäuscht. Zum ersten Mal entstanden Spannungen zwischen uns. Schließlich blieb uns nichts anderes übrig, als die beiden Wege zu prüfen und fest-zustellen, welcher von ihnen häufiger befahren war. Fragen konnten wir in dieser Wildnis ja keinen – die wenigen Vieh-hirten, die man dann und wann sah, suchen normalerweise erschrocken das Weite, wenn sie einen Farblosen in einem so großen Lkw sehen.

Wir knieten also auf dem Boden und maßen die Profiltiefe aus. Gott gab es, dass der Weg, den wir schließlich wählten, tatsächlich der richtige war!

Wir erreichten die nächste Missionsstation gerade noch rechtzeitig, bevor schwere Regenfälle niedergingen. Erst drei Tage später konnten wir unsere Fahrt fortsetzen. Wir hörten, dass ein kleiner Landrover versucht hatte, das nächstgelegene Flussbett zu durchqueren. Er war von der starken Strömung umgestürzt und weggerissen worden, sodass alle fünf Insassen ertranken. Das Wrack des Fahrzeuges wurde von der starken Strömung noch kilometerweit flussabwärts geschwemmt.

Nach vierzehn Tagen Fahrt erreichten wir endlich die klei-ne Missionsstation Katri im Südsudan. Zoll hatten wir an der Grenze diesmal nicht viel bezahlen müssen, nachdem wir dem Zöllner eine Gefälligkeit erwiesen hatten: Er war in die Provinzhauptstadt versetzt worden und hatte dringend eine Transportgelegenheit für seinen Hausrat gesucht, und so trans-portierten wir seine Möbel samt einer Ziege auf unserem Last-wagen. Kurz vor Mitternacht erreichten wir das kleine Zeltlager, wo zwei Bibelschüler, ein Nachtwächter und Betty, Rays Frau, uns freundlich mit einem überaus guten Essen begrüßten. Betty erwartete uns schon lange. Sie war mit dem Flugzeug von Nairobi in den Südsudan geflogen und hatte nicht gedacht, dass man für diese Strecke, die ein Flugzeug in drei Stunden zurücklegte, mit den Lastwagen volle vierzehn Tage brauchte!

Beim ersten Gespräch mit dem Häuptling und der zuständigen Kirchenleitung im Südsudan ging es um die Frage nach dem geeigneten Platz für eine Missionsstation. Da in Afrika das Vorhandensein von Wasser eine entscheidende Voraussetzung ist und auf den Bergen angenehmere klimatische Verhältnisse herrschen als im Tal, wurde ein Platz auf den Imatong-Bergen gewählt. Großzügig, wie die Afrikaner sind, stellte der Häuptling einfach seinen Fuß auf einen Stein, wies mit der Linken in Richtung Berge und der Rechten in Richtung Tal und sagte: »Dieses Stück Land könnt ihr haben und für eure Zwecke benutzen!« Daraufhin gab er dem Kirchenältesten und dem Missionar die Hand und besiegelte damit die Schenkung.

Ray hatte die Gewohnheit, etwa eine Stunde vor Sonnenaufgang aufzustehen, sich eine Tasse Kaffee zu kochen und in der Bibel zu lesen, um Weisung für den neuen Tag zu erhalten. Wenn dann gegen sechs Uhr seine Arbeiter ankamen, gab er ihnen regelmäßig eine halbe bis Dreiviertelstunde vor Arbeitsbeginn Bibelunterricht. Erst danach wurden Bäume geschlagen, Ziegel geformt, ein Garten für die Pflanzung von Salat, Gurken, Tomaten, Karotten, Zucchini und Mais angelegt und auch einige Buschhütten für die Unterkünfte gebaut.

Gegen Mittag schickte er die Arbeiter dann nach Hause, da von ihnen nach dem Mittag sowieso keine Leistung mehr zu erwarten war – nach einer Pause waren sie nicht mehr an die Arbeit zu bringen. Deshalb begann Ray die Arbeit früh am Morgen und es wurde bis Mittag durchgearbeitet – so wie es auch bei den meisten afrikanischen Banken und Behörden gehandhabt wird.

Eines Abends saßen wir am Feuer beisammen und hörten am Kurzwellensender »Die Stimme Amerikas«, Nachrichten aus den USA. Zwei junge Katzen, die zum Inventar unseres Feldlagers gehörten, spielten schon seit einiger Zeit höchst vergnügt mit einer toten Ratte, die im Container zwischen den Maismehlsäcken gelebt hatte und kürzlich in eine Falle geraten war. Ich amüsierte mich darüber, wie ausdauernd die beiden Kätzchen spielten: Die Ratte wurde auf den Baum geschleppt und wieder hinuntergeworfen, in den Busch gezerrt und wieder zum Feuer zurückgeschleift.

Als wir da so saßen, kamen zwei Einheimische vorbei, mit Pfeil, Bogen und anderen Jagdgeräten bewaffnet. Offenbar kehrten sie von einer erfolglosen Jagd in ihr Dorf zurück. Wir wechselten ein paar Worte, und auch die Sudanesen beobachteten interessiert das Spiel der Katzen. Dann fragte plötzlich einer der beiden etwas verlegen, ob er die Ratte haben könne? Ray hielt die Frage für einen Scherz und willigte lachend ein. Schnell holte der Sudanese die Ratte, packte sie in seinen Beutel und verabschiedete sich. Etwas verdutzt fragte ich den einheimischen Nachtwächter, was das zu bedeuten habe. Er ließ mich wissen, dass es sich um ein Abendessen handle …

Jeden Samstagnachmittag wurden die Kinder aus der nächsten Ortschaft zu einer Kinderstunde eingeladen, wo sie Lieder lernten und aufmerksam den biblischen Geschichten lauschten. Es gab einen besonderen Anreiz dazu: Wer den drei Kilometer langen Weg zur Kinderstunde zu Fuß auf sich nahm, wurde anschließend mit dem Auto heimgefahren. Anfangs waren es nur zehn bis fünfzehn Kinder, die von dem Angebot Gebrauch machten, aber die Sache sprach sich herum, und zuweilen mussten wir achtzig bis neunzig Kinder nach Hause fahren!

Das persönliche Zeugnis von Ray und Betty, und sicher auch die täglichen Andachten für die Arbeiter, hatten einen konkreten positiven Einfluss: Sechs der Tagelöhner wurden später selbst Pastoren. Sie brachten Gottes Wort in diese Region, auch nachdem die ausländischen Missionare wegen des Krieges das Land verlassen mussten.

Auf neuen Wegen

Bisher hatten wir jedes Jahr etwa drei bis vier Monate lang ausschließlich in der Trockenzeit unsere Verkündigungsarbeit durchgeführt. Meistens war ich anschließend wieder zurückgekehrt, um dann in Deutschland einen neuen Konvoi sowie eine geeignete Mannschaft vorzubereiten. Aber wenn man hier in Afrika die ganze Arbeit sah, die zahlreichen Einladungen, die enttäuschten Gesichter, wenn wir nach so kurzer Zeit schon wieder nach Deutschland fahren wollten – dann war klar, dass hier etwas Grundsätzliches geschehen sollte.

Nie hätte ich erwartet, dass es für einen Mechaniker, Elektriker, Werkzeugmacher oder Schreiner, ja, eigentlich für jeden halbwegs begabten Bastler so viel Arbeit in Afrika gäbe. Wir waren Anlaufpunkt vieler Missionare und Gemeindemitglieder, die ihre Autos zu uns in die Reparatur brachten.

Aber das führte uns auch schnell an unsere Grenzen. Die Gartenlaube, die wir auf dem Grundstück von »Wort des Lebens« in der Nähe von Nairobi benutzten, war für uns längst zu klein geworden. Zeitweilig mussten einige von unseren Leuten aus Raumnot schon im Lkw wohnen. Deshalb nutzten wir bald zusätzlich ein kleines Holzhaus von etwa 60 Quadratmetern, das ein inzwischen in seine Heimat zurückgekehrter Amerikaner auf dem Gelände gebaut hatte. In diesem Häuschen – das auf Pfählen erbaut war – gab es zwar Fenster und Türen, einen Linoleumboden und ein Badezimmer, aber sonst fehlte es an so ziemlich allem, angefangen von einer Kücheneinrichtung bis hin zu Betten und Gardinen. Mit unserem Taschengeld von 25 Euro pro Mann und Monat waren wir natürlich auch nicht in der Lage, eine Wohnung einzurichten. So benutzten wir unsere mitgebrachten Campingmöbel, zimmerten uns einen

Tisch und saßen, wenn wir Besuch hatten, auf Kanistern und Werkzeugkisten.

Barbara, die Sekretärin von »Wort des Lebens« in Nairobi, besaß einen VW-Käfer. Ob es nun tatsächlich, wie sie behauptete, an den katastrophalen Straßen mit den vielen Schlaglöchern lag oder an ihrem wüsten Fahrstil – es kam der Tag, an dem ihr VW-Käferchen alle viere von sich streckte. Ich sah auf den ersten Blick, dass der Rahmen gebrochen war. Für europäische Verhältnisse ein hoffnungsloser Fall! Wenn man jedoch weiß, was es in Afrika bedeutet, ein Auto zu haben, und wie unerschwinglich die Anschaffungskosten für einen Neuwagen sind, dann lässt man nichts unversucht, um zu retten, was zu retten ist. So nahm ich es auf mich, den Rahmen zusammenzuschweißen. Aus Dankbarkeit nähte Barbara uns Gardinen fürs ganze Haus, und als sie später zu einem anderen Projekt wechselte und Afrika verließ, erbten wir den größten Teil ihres Hausrates. Wir hatten viele Missionare kennengelernt, die irgendwo in der Wildnis auf Missionsstationen tätig waren und manchmal nur ein- bis zweimal im Jahr zu einer Konferenz, einer Besprechung oder Einkäufen in die Hauptstadt kamen. Oft waren sie dort auf die ziemlich teuren Gästeunterkünfte der Missionsgesellschaften und auf die noch teureren Hotels angewiesen. Wenn wir allerdings mit unserem Lkw in ihrem Gebiet arbeiteten, waren wir selbstverständlich bei den Familien zu Gast und wurden herzlich aufgenommen und versorgt. So war es eigentlich nichts anderes als unsere Schuldigkeit, dass wir ihnen in Nairobi unser Haus anboten und ihnen manchmal bei ihren Erledigungen halfen, indem wir ihnen unsere Fahrzeuge zur Verfügung stellten. Für uns war es selbstverständlich, dass wir von diesen Missionaren kein Entgelt für die Unterkunft verlangten. Wie oft aber verblüfften und beschämten uns unsere Gäste, indem sie uns nützliche Geschenke für den Haushalt mitbrachten!

Andere Spenden kamen dazu, sodass wir nach einem Jahr fast »europäisch« eingerichtet waren. Wieder einmal musste ich darüber nachdenken, wie treu doch der Herr für alles sorgte!

In diesem Sommer 1978 bewegte mich immer wieder die Frage, wie das alles weitergehen sollte. Es wäre optimal, dachte ich, wenn wir das ganze Jahr über in Afrika evangelisieren könnten! Dann müssten allerdings auch gleich mehr Mitarbeiter her, da ich die Instandsetzungsarbeiten allein einfach nicht mehr schaffte. Außerdem begann sich eine Trennung von unserem Träger abzuzeichnen. Das Missionswerk »Wort des Lebens«, für das wir die letzten sechs Jahre gearbeitet hatten, hatte als Hauptziel die Freizeitarbeit. Das heißt, Menschen sollten die Gelegenheit bekommen, an einem attraktiven Ort ihren Urlaub zu verbringen und dabei mehr über Gott zu erfahren. Wir vom Kongo-Team sahen unsere Aufgabe jedoch zunehmend darin, in entlegene Gegenden zu gehen, die Menschen aufzusuchen und ihnen das Evangelium zu bringen. Gerade die geografisch schwer zugänglichen Gebiete hatte uns der Herr ans Herz gelegt. Wir hatten immer wieder erleben dürfen, dass in besonderer Weise für all unsere finanziellen und materiellen Bedürfnisse gesorgt wurde, wenn wir in diesem Auftrag unterwegs waren. Im Sommer 1978 fanden daher viele Gespräche und Überlegungen statt, und wir begannen, uns die Frage zu stellen: Sollten wir es wagen, unser Kongo-Team auf eigene Beine zu stellen? Waren wir von der Organisation her dazu in der Lage? Es gab tausend offene Fragen, und wir waren zu dem Zeitpunkt räumlich so weit voneinander getrennt. Vic war in Amerika, Wilfried in Deutschland und ich in Afrika!

Der Gedanke an eine Trennung von »Wort des Lebens« stimmte mich traurig. War ich nicht durch diese Freizeitarbeit zu einem echten christlichen Leben gekommen? Und hatten dieses Werk und seine Mitarbeiter nicht eine sehr große Bedeutung für mich? Selten habe ich in meinem Leben so viel Zeit im Gebet verbracht wie in diesem Sommer 1978. Eines Morgens las ich dann in Jeremia 4,3 die Verheißung: »Pflüget ein Neues und säet nicht unter die Dornen!«

Das Wort traf mich. Ich konnte nicht aufhören, darüber nachzudenken. Ich fragte mich: War das nun vielleicht Gottes Antwort?

Auf gefährlichen Wegen

In Deutschland wurde gerade ein weiterer Konvoi vorbereitet. Wilfried hatte seine Bibelschule absolviert und war dabei, vier Lastwagen zusammenzubauen, um sie durch die Wüste nach Afrika zu transportieren. Mitte Juli verließ er mit sieben Mann, darunter einige Bibelschüler, und den vier Lastwagen Deutschland. Sie hatten eine überaus beschwerliche Reise, da sie einen Teil davon während der Regenzeit hinter sich bringen mussten. Vor allem aber standen sie unter Zeitdruck. Das Praktikum der Bibelschüler dauerte nur von April bis September, sie sollten von der Hauptstadt Bangui in der Zentralafrikanischen Republik aus nach Deutschland zurückfliegen, um dort die Bibelschule fortzusetzen. Die Engländer, die an dieser Reise teilnahmen, blieben zusammen mit dem Lkw »Boas« in Obo in der Zentralafrikanischen Republik auf der Missionsstation von Don Linquist.

In der Zwischenzeit waren einige Hilferufe von Missionaren aus dem Südsudan eingetroffen. Da wir einen Lkw benutzten, der immer noch nicht verzollt war, entschied ich mich, dieses Fahrzeug vorerst im Südsudan einzusetzen. Es lag uns sehr viel daran, dass in dieser Region, in der seit sechzehn Jahren Bürgerkrieg herrschte, jetzt die Frohe Botschaft verkündigt werden sollte.

Am 9. Juni morgens um zwei Uhr starteten Kurt und ich mit dem bis unters Dach voll beladenen Lkw »Josua« in Richtung Nordwesten. Gegen 5.45 Uhr erreichten wir die kleine Stadt Nakuru, gegen 9.30 Uhr waren wir in Eldoret, und um 11.45 Uhr kamen wir bereits in Kitale an. Gegen 17 Uhr hatten wir den Pass hinter uns gebracht und einen gefährlichen

Zwischenfall überstanden. An einer besonders schmalen Stelle war uns eine Kuh ins Auto gerannt und daraufhin verendet.

Die Straße war sehr trocken, auch in der Wüste hatte es nicht geregnet. Unter diesen günstigen Umständen konnten wir die 900 Kilometer lange Strecke in zwei Tagen bewältigen. Da wir die zweite Nacht gerne bei unseren Freunden in Lokichokio verbringen wollten, bemühten wir uns, noch vor Sonnenuntergang dort zu sein.

In Lodwar bettelte wieder eine Menge Leute um eine Mitfahrgelegenheit. Da unser Platz begrenzt war, nahmen wir nur zwei Anhalter mit. So saß schließlich ein Moslem aus Somalia neben mir im Führerhaus. Er hatte eine Menge Gepäckstücke bei sich und einen 20-Liter-Kanister, den er die ganze Zeit über auf dem Schoß hielt.

Der Mann sprach fließend Englisch. Er kannte schon unsere blau-weißen Autos und war sehr daran interessiert, zu erfahren, was wir eigentlich mit unseren Lkws in dieser verlassenen Gegend zu tun hatten.

Ich sagte ihm: »Wir erzählen von Jesus, um den Menschen in Ost-Afrika den Weg in den Himmel zu zeigen.«

Etwas ärgerlich antwortete er, dass das ohne Mohammed und das Studium des Koran unmöglich sei, außerdem müssten die täglichen rituellen Pflichten genau eingehalten werden.

Meine Frage, ob er denn sicher sei, wo er nach dem Tod hinkomme, konnte er nur zögernd und nicht eindeutig antworten: »Wenn Allah will und mir wohlgesonnen ist und nichts weiter dazwischenkommt, könnte es sein, dass ich in den Himmel komme.«

An diesem Punkt hakte ich ein, um ihm von der festen Zusage des Wortes Gottes zu erzählen. Das Neue Testament sagt in Johannes 3,36: »Wer sich an den Sohn hält, hat das ewige Leben. Wer nicht auf den Sohn hört, wird niemals das Leben finden« (GNB).

Mein neuer Mitfahrer hatte viel Unglaubwürdiges am Christentum gesehen und hielt mir das entgegen. Leider musste ich ihm in einigen Punkten recht geben. Die Sache mit der festen Hoffnung, die ein Christ haben kann, ließ ihn jedoch nicht mehr los.

Wir unterhielten uns auch über Einigkeit, über die Problematik der häufigen Stammeskriege. Ich erzählte ihm, wie wir in Europa versuchten, unsere Grenzen mehr und mehr abzubauen. Da stellte mir doch dieser Afrikaner die Frage, ob denn nicht auch das eine Deutschland eher zwei Deutschland seien? Wie sähe es denn da mit der Einigkeit aus? Ich musste mir anhören, wir Europäer seien offenkundig trotz unserer überaus großen Intelligenz nicht in der Lage, unsere eigenen Probleme zu lösen.

Nach etwa sechs Stunden Fahrt stieg er aus. Ich schenkte ihm zum Abschied ein Neues Testament, und er versprach, darin zu lesen.

Wir erreichten bald Lokichokio. Dieses Dörfchen im Grenzgebiet zwischen dem Südsudan, Uganda und Kenia verfügte außer der Missionsstation, die wir ja schon häufiger auf unseren Reisen besucht hatten, auch über ein kleines Krankenhaus, einen Polizeiposten und eine »Kaserne«, die hier allerdings aus einem Zeltlager besteht.

Schon in der Vergangenheit waren wir immer wieder davor gewarnt worden, diesen Ort nach Sonnenuntergang anzufahren. So hatten wir uns auch diesmal fest vorgenommen, etwa zehn Kilometer vorher irgendwo an der Straße anzuhalten, um zu übernachten. Aber diese Straße hatte sich seit unserem letzten Besuch drastisch verändert. Es hatte starke Regenfälle gegeben, dadurch sahen die Flussläufe ganz anders aus, als wir sie in Erinnerung hatten. Wir verloren die Orientierung und plötzlich sahen wir im Scheinwerferlicht schon die ersten Hütten vor uns. Jetzt blieb uns natürlich nichts anderes übrig, als direkt zur Polizeistation zu fahren.

Dort war, als man unser Motorengeräusch gehört hatte, bereits Alarm ausgelöst worden. So rollten wir langsam bis zur Blechhütte des Polizeichefs. Wir stellten den Motor ab, ließen die Scheinwerfer brennen, stiegen aus und stellten uns vorne ins Scheinwerferlicht. Dabei blickten wir in ein Dutzend Gewehrläufe – hinter Büschen und Hütten hatten Soldaten Stellung bezogen und warteten jetzt auf eine Erklärung von uns.

Ein heftiger Sturm von Fragen folgte, erst in Suaheli, dann in Englisch: »Wer seid ihr? Wo kommt ihr her? Was ist in dem Fahrzeug?« Mit dem Gewehr im Anschlag kamen Soldaten auf uns zu, durchsuchten das Fahrzeug und überprüften unsere Papiere. Dann erlaubten sie uns, die Fahrt zur Missionsstation fortzusetzen.

Wie wir uns in dieser Situation verhalten sollten, wussten wir, weil einige Monate zuvor Kurt und Martin Ähnliches erlebt hatten, als sie bei Dunkelheit nach Lokichokio gekommen waren. Es musste schon sehr spät gewesen sein, denn die Soldaten schliefen bereits auf ihren Feldbetten unter freiem Himmel und waren völlig überrascht, als Alarm gepfiffen wurde.

Zu allem Unglück schaltete der Fahrer im ersten Schreck nicht nur den Motor, sondern auch die Scheinwerfer aus, sodass plötzlich alles im Dunkel lag. Daraufhin feuerten die Soldaten einige Schüsse in die Luft ab und riefen unseren Leuten zu, sie sollten sofort die Hände hochnehmen und sich zur Identifizierung ins Scheinwerferlicht stellen. Solche Begegnungen können schnell ein böses Ende nehmen und wir dankten Gott von Herzen für die Bewahrung.

In den darauffolgenden Nächten regnete es viel, dennoch setzten wir unseren Weg nach Lokotok fort. Alle zwanzig bis dreißig Kilometer befand sich ein Polizeiposten an der Straße, kenntlich gemacht durch einen Strich oder eine Bambusstange auf der Fahrbahn. Wir mussten jedes Mal anhalten, um uns registrieren zu lassen und alle wichtigen Daten in ein Buch einzutragen.

Am frühen Nachmittag durchquerten wir einen kleinen Fluss. Das Wasser war nicht tief; der Untergrund jedoch so

weich, dass wir sofort mit der Hinterachse tief im Schlamm versanken. Kurt meinte, es seien doch nur noch sechs Kilometer bis zur Station, und da er in den vergangenen Tagen ohnehin wenig Bewegung gehabt hätte, machte er sich auf, zu Fuß zur Missionsstation Lokotok zu gehen.

Niedergestochen

Während wir anderen auf Hilfe warteten, holte ich die Kamera aus dem Staukasten und war gerade dabei, die ersten Aufnahmen zu machen, als ich plötzlich von einer wilden Wespe gestochen wurde. Entsetzt bemerkte ich, dass ein ganzer Schwarm in der Nähe war, und rannte um mein Leben! Genau über der Stelle, wo unser Fahrzeug im Schlamm steckte, befand sich in einem hohen Baum ein ganzes Wespennest!

Wespen in Afrika sind etwas ganz anderes als Wespen in Europa. Sie sind viel aggressiver und man kann sich noch so ruhig verhalten: Sobald sie einen sehen, gehen sie zum Angriff über. Nachdem ich innerhalb kürzester Zeit ein Dutzend Stiche abbekommen hatte, schlich ich möglichst vorsichtig zum Fahrzeug zurück. Ich wollte von den Wespen unentdeckt ins Führerhaus gelangen, um dort die lebensrettende Sprühdose mit Insektenkampfmittel an mich zu bringen. Doch kaum hatte ich die Tür erreicht, entdeckte mich der ganze Schwarm und flog prompt einen Sturmangriff auf mich!

Ich fand die Sprühdose, aber zu meinem Schrecken war der Auslöser abgeknickt und dadurch die ganze Dose unbrauchbar geworden. Während ich hektisch mit dem Taschenmesser daran herumwerkelte, um ihn in Ordnung zu bringen, senkte ein Dutzend weiterer Wespen ihre Stachel in mich. Aber dann endlich gelang es mir, den Auslöser zu reparieren, und ich konnte meine Angreifer mit dem Spray vertreiben.

Ich wartete auf Kurt. Der hatte, wie ich später erfuhr, zur gleichen Zeit eine nicht weniger unheimliche Begegnung mit der afrikanischen Tierwelt gehabt: Auf der Straße hatte ihn eine ganze Herde Schimpansen aufgehalten, glücklicherweise aber nicht angegriffen.

Der Missionar von Lokotok hatte sofort seinen Landrover geholt und war, mit Männern und Geräten vollgepackt, zur Bergungsaktion aufgebrochen. Die Fahrt muss fürchterlich gewesen sein. Von der eigentlichen Straße war nur ein Trampelpfad übrig geblieben. Bei der Durchquerung eines Baches kippte das Fahrzeug um und landete mit dem vollen Gewicht auf Kurts Arm, den er gerade aus dem Fenster gehalten hatte. Der Arm war glücklicherweise nicht gebrochen, aber für die nächsten paar Tage auch für nichts zu gebrauchen.

Und dann passierte, was ich bereits hatte kommen sehen: Kaum tauchte der Landrover auf, stürzten sich die wutentbrannten Wespen auch schon auf den neuen Feind. Unsere Helfer mussten die Flucht ergreifen! Erst kurz nach Sonnenuntergang konnten wir dann mit den Bergungsarbeiten beginnen.

Wir erreichten trotzdem noch in derselben Nacht die Missionsstation, wo man uns sehr freundlich aufnahm und unsere Wespenstiche behandelte. Am meisten hätten wir uns auf ein kühles Bad gefreut, nachdem wir über fünf Tage bei brütender Hitze unterwegs gewesen und total verstaubt und durchschwitzt waren. Daraus allerdings wurde nichts. Die Missionarsfrau reichte uns einen Kanister, in dem noch etwa zwei Liter Wasser waren, und sagte: »Leider ist Wasser bei uns zur Zeit sehr knapp. Es hat schon seit Monaten nicht mehr geregnet.« Trotzdem waren wir von Herzen dankbar, dass wir gut angekommen waren.

Die nächste Frage der Missionare galt dem Postsack. Bis spät am Abend saßen die Mitarbeiter der gesamten Missionsstation am Tisch und lasen bei Kerzenschein und Petroleumlicht die Briefe von ihren Freunden und Angehörigen.

Honig auf der Ladefläche

In den darauffolgenden Tagen luden wir unser Baumaterial ab und stellten eine Blechhütte auf, in der wir Kraftstoff, Kisten mit Büchern und verschiedene andere Dinge zwischenlagern konnten. Dabei mussten wir uns beeilen, denn wir wollten rechtzeitig wieder in Kenia sein. Wir hatten dort vor, zusammen mit der »Gefährdetenhilfe« – einem Team junger Christen aus dem Oberbergischen Land, die unter straffälligen Jugendlichen in Gefängnissen arbeiten und alle zwei Jahre bei evangelistischen Einsätzen in Afrika mithalfen – in Gefängnissen und Schulen einen Einsatz durchzuführen. Zwar hatten wir theoretisch noch eine ganze Woche Zeit, um die 1400 Kilometer zu bewältigen, falls aber nur ein einziger kräftiger Regenguss niederging, konnte uns das für vier Wochen festsetzen.

Täglich kamen Einheimische vorbei und fragten, wann denn unsere Lastwagen wieder in Richtung »großer Stadt« fahren sollten. Schon vor Sonnenaufgang hatten sich schließlich dreißig bis vierzig Leute versammelt, die auf eine Mitfahrgelegenheit hofften. Da es sonst keine Verkehrsmittel gab, waren die Fahrzeuge von uns Missionaren sehr gefragt, denn die Einheimischen zahlten oft hohe Preise für eine Mitfahrgelegenheit.

Einmal hatten wir einen alten Mann mitgenommen, der einen großen, bis zum Rand mit Honig gefüllten Tonkrug aus seiner eigenen Imkerei auf den Markt in die Stadt bringen wollte. Nun gab es bei fünfzig bis sechzig Passagieren auf der Ladefläche aber nur Stehplätze, und es schaukelte gewaltig. Nach einigen Kilometern Fahrt brach plötzlich ein wildes Geschrei los, denn das Tongefäß mit dem Honig war durchgebrochen und der klebrig-flüssige Inhalt hatte sich sofort unter den Füßen der Mitreisenden verteilt! Auf der Ladefläche des Lkw, an den Seitenwänden, an der Plane, an sämtlichen Streben, am Trittbrett – kurzum, am ganzen Lkw klebte Honig! Abgesehen davon, dass der eine oder andere Fahrgast in der schlüpfrigen Masse immer wieder ausrutschte und hinfiel, gab es auch kein

Wasser, um die Bescherung abzuwaschen. Es war nur eine Frage der Zeit, bis die ersten Bienen die Verfolgung aufnahmen. Sehr bald hatten wir keinen einzigen Fahrgast mehr an Bord, dafür blieb uns ein aufgeregter Bienenschwarm hartnäckig auf den Fersen!

Ich suchte den Polizeiposten in Torit auf, um die Genehmigung für die Ausreise zu bekommen. Auf dem Vorplatz saßen zwei Tramper. Man trifft sie überall in Afrika, allerdings nur selten in der Wildnis des Südsudans. Ich war gerade in den Lkw gestiegen, um zurück zur Missionsstation zu fahren, als einer dieser Leute – ein Neuseeländer – auf mich zugelaufen kam und darum bat, nach Kenia mitgenommen zu werden. Ich versprach ihm, ihn am nächsten Morgen bei Sonnenaufgang mitzunehmen.

Am Nachmittag besuchte mich der Tramper auf der Missionsstation und erzählte mir, dass der Bus aus dem Norden angekommen sei, der einmal im Monat diese Strecke fahre. Mit diesem Bus waren zwei seiner Freunde angekommen, die wiederum noch zwei Freunde getroffen hätten, und alle wollten sie weiter nach Kenia. Wenn sie rechtzeitig am nächsten Morgen da wären, sagte ich ihm, wollte ich alle sechs mitnehmen.

Der nächste Morgen kam. Es war noch dunkel, als sich fünfzehn Passagiere an meinem Lkw versammelten: Die sechs Tramper – und eine Gruppe Afrikaner. Ich fragte sie, warum sie mitfahren wollten. Bis zur Grenzstadt war es immerhin eine achtstündige Reise. Der Erste erklärte, er wollte seinen Bruder besuchen. Der Zweite musste zur Behörde. Der Dritte auf den Markt. Der Vierte druckste eine Weile herum, bis er mit seinem Bekenntnis herausrückte: »Sir – einmal im Leben mit dem Auto fahren!«

»Und wie kommst du wieder zurück?«, fragte ich verblüfft.

»Ich laufe, das ist kein Problem. Zum Wochenende bin ich schon wieder hier!«, versicherte er mir munter, während ich dachte: Die Strecke ist 120 Kilometer lang!

Wir fuhren los in Richtung der Grenze zu Kenia und mussten wieder alle zwanzig bis dreißig Kilometer bei den Polizeiposten anhalten, um uns registrieren zu lassen. Ich bemerkte jedes Mal Scharen von Schaulustigen. Als wir dann gegen Abend im Grenzort ankamen und ich den hinteren Verschlag des Lkw öffnete, erwartete mich eine Überraschung: War am Morgen von fünfzehn Anhaltern die Rede gewesen, so waren es jetzt 38 Mann, die wieder abstiegen!

Nachdem die Formalitäten an der Grenzstation erledigt waren, kampierten wir die Nacht im Niemandsland. Besorgt beobachteten wir immer wieder die Wolken. Doch obwohl links und rechts von uns oft kräftige Regenschauer niedergingen, kamen wir mit trockenen Reifen durch das kritische Gebiet mit den zahlreichen Flussläufen und erreichten schließlich wohlbehalten die befestigte Straße.

Der Einsatz mit der Gruppe der »Gefährdetenhilfe« konnte planmäßig beginnen. Gleichzeitig wurden nun auch konkrete Pläne geschmiedet, das Kongo-Team bald selbstständig zu machen.

5. Ein neues Kapitel fürs Kongo-Team

Vorbereitungen

Vic hatte in der Zwischenzeit in Amerika ein paar neue Freunde getroffen. Zwei ehemalige Missionarinnen, die früher einmal im Sudan tätig gewesen waren, hatten einen Verein und einen Gebetskreis gegründet, in dem sie seit vielen Jahren das Anliegen der Verkündigung des Evangeliums im Südsudan vor Gott brachten. Sie wollten gerne Literatur und Bibeltexte, die auf Kassette gesprochen waren, unter dieses Volk bringen, aber sie selbst waren aus gesundheitlichen Gründen nicht mehr dazu in der Lage.

In unseren Augen war es eine klare Fügung Gottes, dass Vic gerade zu diesem Zeitpunkt mit ihnen in Kontakt gekommen war.

Die beiden Amerikanerinnen stellten uns zur Verfügung, was wir brauchten: Kassetten mit Bibeltexten in verschiedenen afrikanischen Sprachen, dazu Handkurbelkassettenrekorder, denn da es in unseren Reisegebieten weder Stromnetze noch Batterien gab, waren die afrikanischen Evangelisten meist mit solchen handbetriebenen Rekordern unterwegs. Außerdem erhielten wir von den beiden Frauen Literatur und auch die nötigen finanziellen Mittel zum Ausbau unserer Arbeit.

Mitte September kam Ursel Weber mit ihren Kindern im Flugzeug nach Kenia. Am Abend des 30. September kamen dann Wilfried Weber, Hans Penner und Fritz Bode nach zweieinhalb Monaten Fahrt in Kabete/Nairobi in Kenia an. Nun konnten wir endlich einige drängende Fragen gemeinsam besprechen und uns Gedanken über die Zukunft machen.

Am 4. Oktober 1978 fand mit den verantwortlichen Brüdern von »Wort des Lebens« ein Gespräch statt, in dem wir uns dafür entschieden, den Zweig »Mobile Evangelisations-arbeit« selbstständig zu machen.

Jetzt musste umgehend in Deutschland ein neuer Verein gegründet werden sowie ein Freundeskreis aufgebaut und die Gemeinnützigkeit beantragt werden, um finanziell bestehen zu können. Wir trommelten unser kleines Team zusammen und ließen jeden für sich selbst entscheiden, ob er diesen Weg mitgehen wollte. Es war ein schmerzlicher Schritt in die Unge-wissheit. Wie schon zu Beginn dieser Arbeit konnten wir ihn nur im vollen Vertrauen auf den Herrn tun. Diesmal hatten wir jedoch einige Erfahrungswerte im Hintergrund, die unser Gottvertrauen in den letzten Jahren beträchtlich gestärkt hat-ten. Wir wussten mittlerweile, dass der lebendige Gott sich zu seiner Arbeit bekennt.

Nun standen wir vor einer Unmenge an praktischen Proble-men. In Kenia musste ein neues Grundstück mit neuen Gebäu-den gesucht werden. Für unser kleines Holzhaus, das wir vor etwa einem Jahr mit Fluggepäck und Campingausrüstung von den Autos eingerichtet hatten, brauchten wir jetzt zum Umzug einen ganzen Lastwagen, um alle die Dinge abtransportieren zu können, die sich im Verlauf der kurzen Zeit angesammelt hatten. So reich waren wir gesegnet worden!

Ein neues Missionswerk

Am 2. Oktober 1978 gegen 19 Uhr stieß die Maschine der Egypt Air durch eine dichte Wolkendecke und setzte auf dem Frankfurter Flughafen auf. Wilfried und ich waren wieder in Deutschland.

Zwei Tage später traf auch Vic aus New York ein, und ich bat zwei Älteste unserer Gemeinde und einen langjährigen Freund der Arbeit zu uns, um gemeinsam über die nächsten Schritte zu beraten. Zur Erstellung der Vereinssatzung wurde uns ein gläubiger Notar empfohlen, bei dem wir bald einen

Termin bekamen. Es hat mich sehr bewegt, wie wir damals bei Dr. Langenbach in Solingen im Büro saßen, über Ziele und Zweck, Rechte und Pflichten des Vereins sprachen. Wilfried und ich bedankten uns und wollten schon gehen, als Dr. Langenbach uns aufhielt.

»Meine Herren«, sagte er, »bevor wir auseinandergehen, sollten wir die ganze Sache noch im Gebet vor unseren Herrn bringen und das Unternehmen unter seinen Segen stellen.«

Sieben Personen zur Gründung eines Vereins hatten wir schnell beisammen. Aber wer sollte die Geschäftsführung übernehmen? Da setzten wir unsere ganze Hoffnung auf einen ehemaligen Reisebürokaufmann, der zusammen mit Wilfried die Bibelschule besucht hatte. Er war jedoch in einer Gemeinde in Bremen für die Kindermissionsarbeit verpflichtet, und sein Vorgesetzter war überhaupt nicht damit einverstanden, dass wir einen seiner wichtigsten Mitarbeiter wegholen wollten. So kehrten wir etwas enttäuscht von unserem Besuch in Bremen nach Haiger zurück.

Am 21. November gründeten wir im Hause von Herrn Hans Gerd Frick, dem Mann, der uns fünf Jahre zuvor den ersten Fünf-Tonnen-Mercedes-Lkw geschenkt hatte, in Frankenberg an der Eder den Verein »Diguna e. V. – Die Gute Nachricht für Afrika«.

Bevor wir uns am nächsten Morgen auf den Weg zur Bank machten, um ein Konto zu eröffnen, sah ich unsere Post durch und fand einen Brief einer älteren Dame. Neben persönlichen Zeilen hatte sie 30 DM in den Umschlag gesteckt. Mit diesem Geld eröffneten wir unser Konto.

Die Dame bei der Bank schaute uns etwas erstaunt an, denn weder der Wohnsitz noch der neue Name »Diguna e. V.« konnten schriftlich belegt werden, aber immerhin konnten wir 30 DM einzahlen.

Wir wussten ja noch nicht, ob wir in Haiger bleiben konnten oder ob »Wort des Lebens« die Räumlichkeiten bald anderweitig verwenden wollte. Vic und Wilfried reisten in der darauffolgenden Woche nach Kenia zurück, um ein geeignetes Stück Land außerhalb der Landeshauptstadt Nairobi für unser Diguna-Zentrum ausfindig zu machen, während ich in Haiger versuchte, die Geschäftsführung zu managen.

Zunächst einmal standen Vortragsreisen auf dem Programm, denen ich mit Herzklopfen entgegensah, denn ich hatte immer wieder den Eindruck, mit dieser Aufgabe überfordert zu sein. Dennoch hatte ich eine Menge Einladungen aus Bremen und auch aus dem Schwabenland. Wie mit den Vortragsreisen, so fühlte ich mich in dieser Anfangsphase mit der ganzen Missionsleitung, zum Beispiel dem finanziellen Bereich. Schon damals lag unser monatlicher Bedarf zwischen 3 000 und 5 000 DM, wie sollte denn dieser finanzielle Bedarf durch einen neuen Freundeskreis von heute auf morgen abgedeckt werden?

Das deutsche Büro von Diguna hatte bescheidenste Anfänge. Von der Bundeswehr ersteigerten wir eine alte Schreibmaschine, unser Briefbogen wurde entworfen. Aus dem Gästezimmer wurden kurzerhand die Betten hinausgeräumt, ein alter Schrank wurde zum Aktenschrank umgerüstet und an der Wand eine Afrikakarte aufgehängt. Es war mir nämlich immer etwas peinlich, wenn ich zu offiziellen Gesprächen mit zum Beispiel den Leuten der Krankenkasse zusammen auf der Bettkante sitzen musste.

Ich hatte einige Filme im Schmalfilmformat »Super 8« von Afrika mitgebracht und konnte damit in den verschiedenen Gemeinden in Deutschland Vorträge über unsere Erlebnisse in Afrika halten. Die Resonanz bei diesen Filmvorführungen war doch recht positiv. Die Zuschauer zeigten sich beeindruckt von den Schlammszenen im Urwald und den in Staubwolken gehüllten Pisten, und so gewannen wir rasch neue Freunde dazu.

Als ich nach zwei Wochen Reisedienst nach Haiger zurückkehrte, lag ein riesiger Stapel unbeantworteter Post auf dem Schreibtisch. Etwas beklommen ging ich zur Bank, um unsere

Kontoauszüge zu holen. Erleichtert durfte ich feststellen, dass mittlerweile ein Dutzend Kontoauszüge vorhanden waren und unser Kontostand von 30 DM auf eine vierstellige Summe angestiegen war. Und das innerhalb von so kurzer Zeit!

Diguna e. V. heute

Der Auftrag dieses Werkes ist es heute wie damals, gerade die Menschen mit dem Evangelium bekannt zu machen, die in völlig abgeschiedenen Gebieten wohnen.

Diguna führt damit die Arbeit des legendären »Kongo-Teams« fort und kann inzwischen auf eine erfreuliche Leistungsbilanz zurückblicken: Seit 1972 wurden sechs Konvois mit mehr als 25 Fahrzeugen auf dem Landwege von Deutschland nach Ostafrika gebracht. Die billigen Kraftstoffpreise in Nordafrika machten es zunächst möglich, günstig zum Einsatzgebiet zu kommen. In späteren Jahren sah die Lage dann allerdings etwas anders aus: Die Kosten für eine Mittelmeerüberquerung stiegen um das Fünf- bis Zehnfache, es sind immer mehr Krisengebiete entstanden, die man nicht durchqueren kann, und es gibt Containerhäfen, über die man handelsübliche Seefrachtcontainer heute oft recht günstig verschicken kann.

Seit 1978 befindet sich die deutsche Zentrale von Diguna in Haiger im Lahn-Dill-Kreis.

Seit April 1985 verfügt Diguna über ein eigenes Gelände mit mehreren Gebäuden. Hier können Mitarbeiter für ihren Einsatz im Missionsland vorbereitet werden.

Die schwer zugänglichen Gebiete des schwarzen Kontinents sind auch heute nur mit geländegängigen Fahrzeugen zu erreichen. Daher werden weiterhin in Deutschland ausgesonderte Bundeswehrfahrzeuge angekauft und in der Werkstatt in Haiger so präpariert, dass sie den Verhältnissen afrikanischer »Straßen« gewachsen sind. Die Umbauarbeiten an den Fahrzeugen werden von Kurzzeitmitarbeitern unter der Anleitung von Fachpersonal durchgeführt. Gleichzeitig gehört dieses Umbauprogramm zur Vorbereitung der Mitarbeiter für den schwierigen Einsatz in Afrika, denn dort muss sich jeder Fahrer mit dem Fahrzeug, das er betreut, bestens auskennen.

In Container verpackt werden zerlegte Lkws und Ersatzteile sowie Literatur und andere wichtige Missionsgüter auf die lange Reise geschickt. Auf der Diguna-Station in Kenia werden die Fahrzeuge dann wieder zusammengebaut, um bei den Evangelisationsfeldzügen eingesetzt zu werden.

18 Kilometer außerhalb der Landeshauptstadt Nairobi liegt in der Steppe die Basis-Station von Diguna. Hier befinden sich Unterkünfte für die Mitarbeiter, eine Werkstatt und Lagerräume. Von dieser Zentrale aus werden Fahrzeuge und Ausrüstung überwacht und instand gehalten. Der Aktionsradius beträgt ca. 3000 Kilometer.

Eine weitere Basis befand sich in Bogoro in Ost-Zaire nahe der ugandischen Grenze. Auch hier arbeiteten unsere Teams bei Evangelisationsprogrammen der Kirchen, so zum Beispiel der CECA (Communauté Evangélique au Centre de l'Afrique)[8] mit. Die Feldzüge in Kenia und Zaire werden aufgrund von Einladungen einheimischer Gemeinden, Evangelisten oder Missionare durchgeführt. Auch andere ost- und zentralafrikanische Kirchen haben Diguna inzwischen um Mitarbeit gebeten. Das Team stellt die technischen Hilfsmittel und übernimmt die Organisation und Finanzierung. Die Verkündigung selbst wird von Missionaren und den afrikanischen Evangelisten durchgeführt. Diguna baut Bibelschulen, Ambulanzstationen, Radiosendeanlagen, Flugzeuglandestreifen, Missionsstationen und hilft beim Transport von Ausrüstung und Versorgungsmaterial.

Hunderte von Blasinstrumenten wurden in den vergangenen Jahren in Deutschland angeschafft (zum großen Teil ge-

---

[8] Auf Deutsch: Evangelische Gemeinschaft Zentralafrika.

brauchte Instrumente, die von christlichen Musikern gespendet wurden) und zu den Einsatzorten gebracht. Der musikalische Eifer der Afrikaner ist grenzenlos, und so gehören Trompetenschulung und die Instandhaltung und Reparatur von Blasinstrumenten unbedingt mit zum Programm. Bis heute sind wir wohl das einzige Missionswerk, das neue, aber auch reparaturbedürftige Posaunen sammelt.

Besuch bei den Pygmäen im Kongo

Durch die Hilfe verschiedener Missionen sind wir in der Lage, Literatur, Bibel-Korrespondenzkurse, Schallplatten und Kassetten in vielen Stammes- und Handelssprachen zur Verfügung zu stellen. Interessierten afrikanischen Christen wird eine sechsmonatige Evangelisten-Trompetenschule angeboten, um mehr einheimische Gläubige anzuregen, ihr eigenes Land zu missionieren. Diesem Ziel dient auch ein Freizeitprogramm für kenianische Schüler und Studenten, die in ihren Ferien zusammen mit unseren Teams geschult werden und anschließend Freiversammlungen in den afrikanischen Städten und auch in den Dörfern durchführen. So erreichen wir manchmal in wenigen Wochen Tausende von Schülern. Viele wurden in den vergangenen Jahrzehnten mit dem Evangelium konfrontiert. Wir treffen sogar immer wieder gläubige Lehrer oder Schulleiter, die selbst früher bei unseren Schuleinsätzen zum Glauben an Jesus Christus kamen. Das öffnet uns wiederum viele Türen.

»Es ist soweit«

Ohne Familie Rappen wäre unser Team wohl überhaupt nie zustande gekommen. Familie Loh hatte uns eine Werkshalle im Industriegebiet zur Verfügung gestellt und gleichzeitig auch ein ehemaliges Sozialgebäude angeboten, in dem wir Unterkünfte und Büro einrichten konnten. Während Dieter Rappen dieses Gebäude immer weiter ausbaute, sorgte seine Frau Bea unermüdlich dafür, dass die Mannschaft pünktlich etwas zu essen bekam. Selbst wenn nachmittags oder spätabends noch Gäste eintrafen, was nicht selten der Fall war, scheute sie keine Mühe, ihnen eine leckere Mahlzeit aufzutischen. Das sprach sich bald herum, und innerhalb weniger Monate waren bei den Mahlzeiten oft fünfzehn bis zwanzig Leute am Tisch versammelt! Doch sie waren natürlich nicht nur bei Tisch da, sondern auch in der Werkstatt und auf dem Gelände, und so ging die Arbeit flott voran. Die meisten waren junge Leute, die von uns gehört hatten und bestimmt auch aufgrund intensiven Gebets zu uns geführt worden waren. Auch ein junger Mann, der kurz zuvor aus Russland ausgesiedelt war, hatte von uns gehört und interessierte sich für unsere Arbeit. Ich zweifelte an seinen Fähigkeiten, in unserem Team mitzuarbeiten: Ich hatte entsetzt festgestellt, dass er nicht einmal richtig telefonieren konnte! Aber als er nach einer Probewoche nach Hause fuhr, verabschiedete er sich mit den Worten: »Will ich mich kündigen am Montag, komme ich gleich zurück.« Er arbeitete dann jahrelang bei uns mit.

Mein wichtigstes Gebetsanliegen in der ersten Zeit nach der Gründung von Diguna war die Bitte um eine Bürokraft. Oft saß ich bis spät in die Nacht hinein und schrieb Briefe, machte die Buchhaltung und wickelte Ferngespräche ab, um den billigen Nachttarif zu nutzen. Als ich dann einmal abends an meinem Schreibtisch saß und so richtig erschöpft und fertig war, betete ich und bat den Herrn, jemand anderem diese Aufgabe zu übergeben. Ich hatte doch keinerlei Ausbildung oder Übung in Büroarbeiten, und zudem wuchs mir die Doppelaufgabe von Büro und Werkstätte über den Kopf.

Mein Gebet wurde erhört: Einige Tage später meldete sich eine Sekretärin mit den idealen Voraussetzungen bei uns. Sie arbeitete halbtags und wollte in ihrer freien Zeit etwas anderes tun, und so war sie bereit, zweimal pro Woche die Buchhaltung und Korrespondenz für uns zu erledigen.

Inzwischen sonderte die Bundeswehr wieder einmal Fahrzeuge aus. Ich besichtigte einen Mercedes LG 315 in Böblingen, der einen Getriebeschaden hatte, ansonsten aber einen ganz ordentlichen Eindruck machte. Dieser Lkw-Typ war Ende der 50er-Jahre entwickelt worden und hatte Vierradantrieb. Er war als Mannschaftstransportwagen genutzt worden und damit ideal für unsere Bedürfnisse. Aber das Eigengewicht erwies sich mit sieben Tonnen als etwas zu hoch für unsere Zwecke.

Am Abend nach der Besichtigung war ich bei einer christlichen Familie zu Gast, und als ich mich verabschiedete, steckte mir der Hausherr einen Scheck zu mit der Bemerkung: »Für den Lkw in Böblingen, wenn du ihn ersteigern willst.«

Den Abend darauf erlebte ich bei einem anderen Besuch das Gleiche – und als ich nach Haiger zurückkam, da befand sich in der Post ein Scheck über 3 000 DM! So konnte ich für drei weitere Lkws ein Angebot machen, und wir bekamen sie zum günstigen Preis von 2 000 bis 3 000 DM (der Neupreis eines

Lkw dieser Klasse betrug damals 40 000 bis 50 000 DM). Ein viertes Fahrzeug kauften wir in Wetzlar zum Schrottpreis von 1 100 DM.

Als ich mit roten Überführungskennzeichen diesen Sieben-Tonnen-Lkw und meinen VW Golf oben drauf nach Haiger zurückfuhr, besuchte ich einen Freund, der eine Autowerkstatt in Leun besitzt. Berthold Keller hatte uns schon vor Jahren geholfen, als wir einige alte Unimogs bei ihm unterstellen und seinen Werkstatthof für unsere Arbeit hatten benutzen dürfen. Als ich dann nach Haiger weiterfahren wollte, gab er mir einen Briefumschlag mit genau dem Betrag, den ich für die Autos ausgegeben hatte. So waren innerhalb kürzester Zeit vier Lkws finanziert!

Wir trafen bereits die Vorbereitungen für eine weitere Transafrika-Reise – da hörten wir, dass für eine Durchquerung Ägyptens jetzt 90 000 DM Bürgschaft hinterlegt werden müssten. Wo sollten wir diese hohe Summe hernehmen? Es gehörte zu unseren Prinzipien, nicht mit Außenstehenden über unsere finanziellen Sorgen zu sprechen. Wir beteten immer wieder, aber die Sache stockte. Alle Vorbereitungen waren getroffen, die Visa-Anträge ausgefüllt, ja sogar die Bürgschaftsformulare zum Unterzeichnen fertig vorbereitet. Es fehlte nichts weiter als jemand, der eine solche Summe aufzubringen vermochte!

Dann kam ein Telefonanruf. Ein Geschäftsmann, der unsere Arbeit schon seit vielen Jahren kannte, erkundigte sich nach diesem und jenem, und er merkte so nebenbei an: Falls wir wieder einmal eine Reise unternehmen wollten und eine Bürgschaft bräuchten, dann könnte er das über sein Geschäft abwickeln.

Eine Bürgschaft bräuchten wir schon, antwortete ich zögernd, aber die verlangte Summe sei unwahrscheinlich hoch – 90 000 DM, und noch einmal 15 000 DM für die ADAC-Grenzdokumente.

Er antwortete, wenn es soweit sei, solle ich mich doch einmal melden.

Ich sagte: »Es ist soweit.«

Schon einen Tag später war unsere Bürgschaft unter Dach und Fach. Beim Abschied erhielt ich noch einmal einen Scheck, mit dem die gesamte Reise finanziert wurde.

Bei der Botschaft der Republik Sudan dachte der zuständige Angestellte zuerst, er hätte sich verhört, als ich ihm erklärte, dass wir sein Land von der ägyptischen Seite her durchfahren wollten. Es gibt im Norden des Sudan eine Eisenbahnlinie, und dass jemand auf dem Landwege mit Lastwagen die Nubische Wüste durchqueren wollte, war sehr ungewöhnlich.

Nachdem wir für jeden Fahrer 1000 DM Kaution hinterlegt hatten, beantragte der Botschaftsangestellte schließlich in der Landeshauptstadt Khartoum eine polizeiliche Genehmigung für unseren Konvoi. Es dauerte zwei Monate, bis Antwort kam, aber dann ging alles sehr schnell.

In der Wartezeit bereiteten wir unsere Fahrzeuge vor. Es waren insgesamt sechs, auch ein Unimog und ein VW-Geländewagen gehörten mitsamt der 30-Tonnen-Ladung zu unserer sorgfältig geplanten sechsten Transafrika-Reise.

Schritt für Schritt durch Afrika

Etwa ein Jahr nach der Gründung des neuen Missionswerkes, mit dem wir am Nullpunkt begonnen hatten, waren wir nun wieder mit einem optimal ausgerüsteten Konvoi unterwegs. Wir hatten im vergangenen Jahr keine Schulden gemacht: Der Herr hatte dafür gesorgt, dass uns alles Nötige zugekommen war.

Kurz vor Weihnachten verließen wir also Haiger. Unsere erste Station war Rohrdorf im Schwarzwald, wo wir unsere Fahrzeuge noch mal bei Familie Kübler, Fuhrunternehmer und Afrikakenner, inspizierten und betankten. Dann ging es weiter zum Starnberger See, wo wir uns von den Mitarbeitern von »Wort des Lebens« verabschiedeten. Am nächsten Tag fuhren wir Richtung Brenner-Pass. Wir waren in Hochstimmung. Alles lief großartig, und zu Weihnachten würde in Venedig bereits die Mittelmeerfähre nach Alexandria auf uns warten.

Unsere glänzende Stimmung änderte sich schlagartig, als unsere Fahrzeuge am Brenner auf die Waage mussten und die bayrischen Zollbeamten bei allen Fahrzeugen dreißig- bis vierzigprozentige Überladung feststellten. Ein blaues Formular wurde ausgefüllt und wir bekamen gleich drei Bußgeldbescheide.

Hier konnten wir nicht verhandeln, wie wir es in Afrika immer wieder getan hatten. Dort kam es vor, dass wir nach einer Viertelstunde lebhafter Debatten dem Beamten ein Neues Testament in die Hand drückten und er uns noch fröhlich nachwinkte. Hätten die österreichischen Grenzer kein Erbarmen mit uns gehabt, so hätten wir wohl eine Woche später noch einmal von unseren Freunden in Deutschland Abschied nehmen müssen!

Die Weihnachtsfeiertage verbrachten wir auf einem Autobahnrastplatz in Italien, um dann gleich nach den Feiertagen die Fähre im Hafen von Venedig zu erreichen. Als die Fähre auslief, blickten wir zurück: Im Abendrot schimmerte die verschwindende Küste Europas und vor uns lag eine dreitägige Reise nach Alexandria. Diese Überfahrt war für uns alle die erste echte Erholung nach einigen Monaten harter Arbeit.

Seltsame »Vögel« trafen wir auf dieser Fähre – Weltenbummler, Urlauber, Rucksacktouristen und Aussteiger. Es gab Gelegenheit zu wertvollen Gesprächen, und wir konnten in mancherlei Hinsicht ein Zeugnis geben, waren doch die letzten zwölf Monate nicht spurlos an uns vorübergegangen. Die Ereignisse dieser Zeit hatten tiefe Eindrücke in unserem Leben hinterlassen und uns um manche Erfahrung reicher gemacht, die wir nun anwenden konnten. Wir hatten die Gewissheit, dass Gott selbst mit uns war, und dass diese Reise auf wunderbare Weise seinen Willen bestätigt hatte. Deshalb waren wir zuversichtlich, was auch immer auf uns zukommen möchte.

Vor Sonnenuntergang am Silvesterabend 1979 liefen wir im Hafen von Alexandria ein. Pkws, Busse und Campingwagen konnten den Hafen sofort verlassen, aber wir mit unseren vier Lkws standen bis spät in die Nacht am Schlagbaum und bekamen schließlich Abstellplätze im hinteren Hafenteil zugewiesen. Man machte uns klar, dass uns größere Schwierigkeiten beim Zoll bevorstünden. Ein Touristenbesuch in Ägypten mag in der Regel völlig unproblematisch sein, aber dass jemand das Land als Konvoi durchqueren wollte, das war den Behörden unbegreiflich.

Es wurde uns nicht erlaubt, bei den Fahrzeugen zu bleiben. Wir mussten, nur mit dem notwendigsten Reisegepäck in der Hand, den Hafen verlassen. So suchten wir in den letzten paar Minuten des ablaufenden Jahres 1979 ein billiges Hotelzimmer in der großen Stadt. Überall gab es erstaunte Gesichter, als an Silvester kurz vor Mitternacht fünf Mann mit Gepäck an der Rezeption standen! Schließlich setzte das Taxi uns in der Altstadt ab, wo wir im vierten Stock eines Hotels ein Zimmer zugewiesen bekamen, in dem für fünf Mann drei Betten bereitstanden. Wir hätten es wohl kaum genommen, wären wir nicht so müde gewesen.

Es folgten lange, zermürbende Tage, die wir in endlosen Debatten bei Behörden, im Büro eines Clearing-Agenten einer Speditionsgesellschaft, ohne die man in Afrika nicht zurechtkommt, und in den verschiedensten Amtsräumen der Nationalbank von Kairo verbrachten, wo dann schließlich unsere Bankbürgschaft eröffnet wurde, das aber auch erst, nachdem man uns um ein Haar um das Geld betrogen hätte.

Volle dreizehn Tage verbrachten wir im Hafen – die Angestellten an der Pforte hielten uns wahrscheinlich schon für neue Kollegen! In der Zwischenzeit wurden unsere unbewachten Fahrzeuge auch noch geplündert: Die Kiste mit Weihnachtsplätzchen, die eine Jugendgruppe uns als Geschenk mitgegeben hatte, verschwand wohl in den Mägen ägyptischer Diebe.

Endlich war es dann soweit. Unsere Fahrzeuge wurden verplombt, wir bekamen Polizeibegleitschutz, die Bürgschaft war eröffnet. Wir durften den Hafen verlassen!

Drei Tage später waren wir unterwegs zur Grenze des Nord-Sudan. In Assuan tankten wir an einer Tankstelle 4 700 Liter Kraftstoff zu einem Preis von elf Pfennigen pro Liter. Der Tankwart machte wohl das Geschäft seines Lebens, denn als er unseren letzten Tank gefüllt hatte, schloss er seinen Laden und ging nach Hause. Die enorme Kostenersparnis beim Kraftstoff war aber auch so ziemlich das Einzige, worüber wir uns in Ägypten freuen konnten. Alles andere schien sich gegen uns verschworen zu haben!

Wir mussten beim Gouverneur vorsprechen, um eine Genehmigung zur Durchquerung der Wüste zu bekommen, da die »Nil Navigation Agency« Bedenken hatte, ihre Schiffe seien möglicherweise nicht tragfähig genug, unseren Konvoi zu transportieren.

Der Gouverneur bestand darauf, dass sie stabil genug seien, der Präsident der Schifffahrtsgesellschaft wurde ins Büro beordert, der ganze Hafen war in Aufruhr. Dann kam der spannende Augenblick, als die Probe aufs Exempel gemacht wurde und jeweils zwei Fahrzeuge vorsichtig auf ein Fährschiff rollten. Die dicken Bohlen und Eisenträger bogen sich, ein paar Bretter brachen durch – aber die Schiffsplanken hielten stand. Die ganze Barkasse war nur um wenige Zentimeter länger als unser Fahrzeug. Wären wir auch nur ein Stückchen weiter gerollt, so hätte das Boot Schlagseite bekommen und wir wären vermutlich alle im Hafenbecken ertrunken oder später, vom schmutzigen Wasser infiziert, an Bilharziose oder Typhus erkrankt.

Aber es funktionierte! Vier Fährschiffe, aneinander vertäut, fuhren auf die gewaltige Wasserfläche des 600 Kilometer langen Assuan-Stausees hinaus. Endlich konnten wir Ägypten verlassen, wenn auch unter nahezu so dramatischen Begleitumständen wie die Israeliten zu Moses Zeiten.

Drei Tage und Nächte waren wir auf diesem künstlichen Meer unterwegs. Auch auf dieser Fähre gab es viele Gespräche mit den anderen Passagieren, und wir fanden immer wieder dasselbe: So verschieden diese Menschen auch waren – die meisten von ihnen suchten eine Antwort auf die Frage nach dem Sinn des Lebens.

Die Behörden in Wadi Halfa, der nördlichsten Siedlung des Sudan, waren nicht wenig überrascht, als sie die ungewöhnliche Schiffsfracht ankommen sahen. Polizei und Zoll kamen an Bord, es ging ihnen vor allem erst mal um die Frage, ob wir eine Durchreisegenehmigung für den Sudan hätten.

Gott sei Dank – diese Genehmigung hatten wir in weiser Voraussicht besorgt. Ich hielt dem Beamten das in arabischer Sprache abgefasste Schriftstück unter die Nase. Er überflog es, schlug die Hacken zusammen und hieß uns formell willkommen im Sudan.

Die nächste Herausforderung bestand darin, mit den Fahrzeugen vom Schiff an Land zu kommen. Die Distanz zwischen Bordwand und Ufer (an dem es keine Kaimauer gab) betrug zwölf Meter.

Die Gangway kam für unsere Lkws natürlich nicht in Frage, und so mussten wir in dieser Nacht alle verfügbaren Holzbohlen und Stahlträger zusammenschleppen und eine Brücke schlagen, über die wir dann mit unserem ersten fünfzehn Tonnen schweren Fahrzeug an Land gelangten.

Kaum hatten die Vorderräder auf sudanesischem Grund und Boden Halt gefunden, als die Hinterachse auch schon einen halben Meter tief in den unbefestigten Grund sank. Ein eiserner Poller, an dem die Schiffe vertäut lagen, war die einzige Möglichkeit, ein Drahtseil zu befestigen, um das Fahrzeug aus dem Schlamm zu ziehen. Wir versuchten es – da gab der Poller nach und zog sich langsam aus dem Boden! Es blieb uns nichts anderes übrig als die altbewährte Methode, das Fahrzeug mit Muskelkraft auszugraben. Die Nacht verging über diesen Bemühungen; erst im Morgengrauen konnten wir das Fahrzeug auf festes Land stellen. Gegen Mittag hatten wir den ganzen Konvoi beisammen.

Und wieder einmal hieß es: Auf zum Zoll! Uns war unbehaglich zumute: Würde es wieder so schlimm werden wie in Ägypten? Da unsere Fahrzeuge mit Gütern beladen waren, war unsere Durchreise für die Behörden eine kommerzielle Angelegenheit, und so musste auch hier in irgendeiner Form eine Bürgschaft oder Garantie geleistet werden. Kein Zöllner wollte das Risiko eingehen, uns ohne diese Garantie ins Land zu lassen – es war wohl auch schon vorgekommen, dass Ausländer irgendwo an einem geeigneten Platz ihre ganze Ladung verkauft und sich dann aus dem Staub gemacht hatten.

Zu unserer großen Erleichterung waren die Sudanesen sehr korrekt. Sie boten uns zwei Möglichkeiten an. Die eine war, eine Bankbürgschaft als Garantie bzw. eine Kaution zu besorgen. Jemand von uns sollte mit dem nächsten Zug, der noch Ende der Woche abfahren sollte, zur Landeshauptstadt fahren, wofür man etwa eine Woche Reisezeit rechnen müsste. Von dort aus könnte man telefonieren oder ein Telex nach Deutschland schicken, um entsprechende Dokumente anzufordern, und so hätten wir in spätestens drei bis vier Wochen den Hafen verlassen können.

Mir sank der Mut. Unser Team stand im Halbkreis, und ich bemerkte, dass jeder von ihnen betete.

Dann hörte ich die zweite Alternative, und die erwies sich als durchaus annehmbar. Die Ladelisten sollten versiegelt werden, und in meinem Pass wurden die wichtigsten Merkmale des Konvois eingetragen, sodass ich das Land nur wieder verlassen konnte, wenn auch die Fahrzeuge mit mir ausgeführt wurden. Wir entschieden uns natürlich für diese Lösung und waren nur drei Stunden später schon wieder unterwegs.

Etwa einen Kilometer weiter, bei der örtlichen Polizeistation, fuhren wir in den Hof, um unsere Pässe stempeln zu lassen. Unser Erscheinen versetzte die Station in helle Aufregung. Wir waren wohl die ersten Gäste aus Europa, die nach langer

Zeit wieder einmal in dieses Land kamen. Wir kamen sofort dran, zeigten unsere Straßengenehmigung und die Polizisten salutierten. Wieder einmal wurde uns klar, wie sehr Papiere mit großen, prachtvollen Stempeln unser Wohl und Wehe bestimmten! An einem Brunnen befüllten wir unsere Wassertanks mit etwa fünfhundert Litern Wasser, holten uns gute Ratschläge für die Durchquerung der nun vor uns liegenden Sahara und machten uns dann auf den Weg.

Von der Polizeistation führte eine ziemlich breite Staubpiste schnurstracks Richtung Süden. Ich war begeistert. Wenn die Straße so bis zur Landeshauptstadt Khartoum weiterging, konnten wir die Strecke sicher in nur zwei Tagen zurücklegen! Aber es dauerte nicht lange, bis wir erstaunt feststellten, dass neben der Piste ein Windsack hing. Dann kam auch noch eine Stelle, wo sich alle Fahrzeugspuren auf der Piste im Kreis drehten. Wir befanden uns auf dem Flugplatz und die herrliche Straße war die fünf Kilometer lange Landebahn gewesen!

Erst auf halber Strecke zwischen Flugplatz und Polizeistation entdeckten wir dann ein paar kümmerliche Spuren im Sand neben einer sich endlos dahinziehenden Telefonleitung. Das war sie wohl, die Piste Richtung Süden! Die Spuren im Sand waren der Trans African Highway von Kairo bis Kapstadt.

Die Strecke führte zeitweise an der Eisenbahnlinie entlang, die Wadi Halfa über Atbara mit Khartoum verbindet. Die Schienen blieben neben dem Kompass unser wichtigstes Orientierungsmittel, und gelegentlich benutzten wir sie auch als Straße, wobei wir über die sandbedeckten Bahnschwellen als festem Untergrund recht zügig vorwärtskamen. Wir konnten dergleichen problemlos tun, da ohnehin nur alle vierzehn Tage ein Zug hier verkehrte.

Allerdings wagten wir nicht, auf den Schienen weiterzufahren, als wir zu einem kleinen Bahnhof in einer Oase kamen. Wir mussten vom festen Untergrund herunter, und es kostete uns etwa neun Stunden harter Arbeit, im Schritttempo um den Bahnhof herumzukurven, wobei sich die Räder immer wieder in den Sand wühlten.

Erst kurz vor der Landeshauptstadt kamen wir dann wieder in den Luxus einer Asphaltstraße.

Unterwegs in der Nubischen Wüste

Dem Lauf des Nil folgend fuhren wir immer weiter Richtung Süden. Am 50. Tag unserer Reise gab es eine böse Panne. Das Getriebe des Lkws DANIEL, der schon in Deutschland Schwierigkeiten beim Schalten gemacht hatte, flog mit einem lauten Knall auseinander. Zwölf Liter Öl liefen in den Wüstensand aus, und das 600 Kilometer von Juba entfernt!

Es blieb uns keine andere Wahl, als eine Abschleppstange zwischen DANIEL und unseren Dreiachser-Magirus zu hängen und so das kaputte Fahrzeug hinter uns herzuschleppen. Man kann sich die Staubwolke kaum vorstellen, die bei einem solchen Manöver aufgewirbelt wird. Der Fahrer im geschleppten Fahrzeug musste eine Maske tragen und ständig die Scheibenwischer betätigen, um seinen Vordermann überhaupt sehen zu können.

Schließlich erreichten wir eine Missionsstation in Juba. Von dort aus, so hofften wir, könnten wir Funkkontakt mit Kenia aufnehmen, damit die notwendigen Ersatzteile aus unserem Lager dort geschickt würden. Wir beteten, dass sich eine Lösung für dieses Problem finden würde. Am darauffolgenden Tag lernten wir einen jungen Kanadier kennen, »Long John« genannt, der im Sudan in der Entwicklungshilfe arbeitete. Er hatte eine Idee: In der Kaserne dieser Stadt, so erklärte er uns, stünden viele solche Fahrzeuge, wie wir sie benutzten, sicherlich könnte man doch dort Ersatzteile bekommen! Uns erschien die Idee weitaus weniger Erfolg versprechend als ihm. Nach allem, was wir von Deutschland her wussten, war das unmöglich; wir hätten nach unserer Vermutung dafür einen langwierigen Behördenweg gehen müssen, und »krumme Touren« kamen für uns nicht infrage.

Wir sprachen mit recht wenig Hoffnung beim Kommandanten der Kaserne, Achmed Mohammed, vor. Wie sich herausstellte, hatte er aber dieselben Probleme wie wir: Seine fünf Fahrzeuge vom Typ unseres kaputten DANIEL waren alle nicht einsatzbereit, weil dringend benötigte Ersatzteile fehlten, wie z. B. Keilriemen, Filter, Zylinderkopfdichtungen und Ähnliches. Ich bot ihm daraufhin an, ihm mit einigen Ersatzteilen auszuhelfen, wenn er uns ein Getriebegehäuse zur Verfügung stellen könnte. Seine Augen leuchteten auf, er war sofort einverstanden. Wir setzten einen Vertrag auf, und noch am selben Nachmittag tauschten wir unser defektes Getriebe gegen ein gut erhaltenes gebrauchtes Exemplar ein.

Am Rande der Massai-Steppe

Nach weiteren 1 000 Kilometern Fahrt erreichten wir Nairobi, wo der Rest unserer Mannschaft schon Vorbereitungen getroffen hatte, ein kürzlich erworbenes Stück Land außerhalb von Nairobi zu unserem neuen Zentrum herzurichten. Ein Mannschaftsgebäude und die Werkstatt befanden sich bereits im Rohbau. Mit der Verstärkung aus Deutschland konnten wir jetzt denen, die schon am Werk waren, kräftig unter die Arme greifen.

Unsere Missionszentrale in Mbagathi von oben.

Wilfried Weber beschreibt den Anfang von Mbagathi wie folgt:

Kurz nach der Gründung von Diguna wird dringend ein eigenes Grundstück in Kenia benötigt, und zwar schnell, denn bis Juni 1979 sollen wir das Gelände von »Wort des Lebens« in Kabete verlassen. Fast unmöglich in so einem Land! Da kann nur der Herr eingreifen, und deshalb riefen wir zum Gebet auf!

Ende Januar finden Vic und ich einen geeigneten Platz. Weit und breit fast keine Anwohner, einfach Steppe, und man hofft, dass das Land günstig zu kaufen ist, denn unsere Finanzen sind sehr begrenzt. Wir erkundigen uns auf dem Amt. Der Beamte schaut erstaunt auf: »Woher wissen Sie, dass dort Land verkauft wird?!«

Wir antworten: »Wir fragen einfach – wissen tun wir gar nichts!«

Der Beamte: »Der Eigentümer kam vor wenigen Tagen und meldete, dass er dort hundert Acre[9] verkaufen will!« Da staunten wir aber!

Wir suchten den Mann auf: Ein feiner alter Massai-Christ, der sich freute, Land an Christen verkaufen zu können.

»Wie viel Acre wollen Sie?«

Vic antwortete: »Ungefähr elf!«

Mr Pasha meinte: »Ich hatte mir schon vorgenommen, dass ich nur Stücke ab dieser Größe verkaufe!«

Wieder staunten wir. Der Handel wurde zu einem sehr günstigen Preis abgeschlossen. Wenige Wochen später erfuhren wir, dass ein Geschäftsmann den Rest der hundert Acre kaufte. Gott plant genau auf seine Zeit!

Wieder beteten wir intensiv, dass die Landurkunde bald ausgestellt werde, denn ohne Dokument würde es zu riskant sein, den Bau der Gebäude zu beginnen. Wir hatten den Eindruck, dass uns die Zeit davonläuft. Wie sollen wir bis Juni Unterkünfte für eine Familie mit zwei kleinen Kindern und ein zehnköpfiges Team fertigstellen? Doch im April erhielten wir die Besitzurkunde – ein Wunder! Und im Juni zogen wir in den Rohbau ein. Gott erhört Gebete!

---

[9] Aus Großbritannien stammende Maßeinheit. 100 Acre entsprechen gut 40 Hektar bzw. knapp 405 000 Quadratmetern.

Von Kriegern umzingelt

Einer der Missionsfeldzüge, die 1980 unternommen wurden, führte uns ins Land der Massai, in den Süden Kenias, nahe der Grenze zu Tansania.

Die Sonne stand fast senkrecht am Himmel. Die Temperatur war unerträglich, die trockene Luft flimmerte über der Ebene, und die entfernten Berge sahen wir während der Fahrt infolge der Luftspiegelungen doppelt. Die endlosen Weiten rundum waren mit Dornensträuchern bewachsen. Zahlreiche ausgetrocknete Flussläufe, in denen jetzt hohes Buschwerk wuchs, erstreckten sich über das dürre Land. Nur einige aufgeschreckte Gazellen und Hasen brachten etwas Leben in die triste, baumlose Landschaft. Von Zeit zu Zeit tauchten auch ein paar Strauße auf, die, von unserem Motorengeräusch erschreckt, den Kopf hoben und wie erstarrt stehen blieben. Hin und wieder sahen wir auch weiß gebleichte Knochen auf dem Weg – letzte Überreste eines nächtlichen Raubzuges der zahlreichen Löwen, die es in Massailand gibt.

Wir waren bereits seit sechs Stunden unterwegs. Unser einheimischer Führer schien den Weg, der für uns Europäer nicht im Geringsten erkennbar war, genau zu kennen. Wir mussten uns völlig auf diesen Mann verlassen. Er orientierte sich an Rinderspuren oder Trampelpfaden im Sand. Manchmal war der »Weg« nur einen Meter breit, und wir mussten erst einmal die vertrockneten Äste und das Gestrüpp mit Buschmessern abhacken, um mit dem Lkw überhaupt durchzukommen.

Unser Team war eines von sechs, die sich von unserer Missionsstation in Mbagathi auf den Weg gemacht hatten, um dieses Gebiet zu erreichen. Vier Wochen lang wollten wir hier Einsätze durchführen, hatten aber Zweifel, das so ohne Weiteres überhaupt tun zu können. Wir hatten nicht nur deutsche und kenianische Christen bei uns, sondern auch den Leiter einer Gemeinde aus Massailand sowie zwei Übersetzer. Die Mannschaft saß auf der Ladefläche unter der an den Seiten hochgerollten Plane und genoss im Schatten dieses Sonnendachs den erfrischenden Fahrtwind. Die fünfzehnköpfige Gruppe sang. Einige beteten für die vor uns liegenden Treffen und für die Menschen, die in diesem Gebiet lebten.

Weit und breit war kein Dorf zu sehen, kein Anzeichen einer menschlichen Siedlung zu erkennen. Dennoch wussten wir, dass sie hier leben: das Volk der Massai.

Sie leben in einem Gebiet, das 80 000 Quadratkilometer, also etwa so groß wie Österreich, ist. In Kenia und Tansania sind es zurzeit etwa 120 000 Massai. Die Massai selbst sagen von sich, sie seien das einzige Volk, das wirklich mit Vieh umgehen könne. Beispielsweise beginnen sie eine Begrüßung mit den Worten: »Ich hoffe, deinem Vieh geht es gut.« Sie ernähren sich hauptsächlich von der Milch und dem Blut ihrer Tiere. Was für uns so abstoßend klingt, hat für die Menschen dieses Volksstammes eine Bedeutung: Sie meinen, wenn sie regelmäßig Blut trinken, bekämen sie davon besondere Kräfte.

Bekannt sind die Massai auch als kriegerisches Volk: Ein kleiner Massai-Junge wird bereits ab dem vierten Lebensjahr »Moran«, also Juniorkrieger genannt. Jeweils nach sieben Jahren erhält er dann einen neuen Titel. Er wird »Juniorältester«, dann »Seniorältester« und schließlich »Seniorkrieger«. Neben der Beschneidung spielen dabei verschiedene Riten eine Rolle. Noch heute gibt es wohl Gegenden, in denen ein Moran erst dann vom Stamm als Krieger anerkannt wird und sich eine Frau nehmen darf, wenn er einen Löwen mit dem bloßen Speer getötet hat.

Das wohl auffallendste äußere Merkmal der Massai sind aber die aufgeschlitzten und künstlich in die Länge gezogenen Ohrläppchen, die manchmal bis auf die Schultern herabhängen.

Unser Führer Ole zeigte plötzlich in die Ferne und gab uns zu verstehen, dass wir nun bald am Ziel seien. Wir konnten uns kaum vorstellen, in dieser Einöde Menschen anzutreffen, aber am frühen Nachmittag erreichten wir in der Nähe eines ausgetrockneten Flussbetts eine Schatten spendende Gruppe von Schirmakazien, Eukalyptusbäumen und großen Kakteen. Rinderspuren ließen erkennen, dass Menschen in der Nähe wohnten.

Ein junger Massaikrieger

Ole kündigte unsere Ankunft an, indem er über unseren Lautsprecher ein paar fremdartige Laute in die Gegend rief und diesen Ruf mehrmals wiederholte.

Es dauerte nicht lange, und einige rot bemalte Gestalten tauchten auf. Sie trugen drei Meter lange Speere und rote tischtuchähnliche Umhänge um die Schultern. Dass es Krieger waren, war ihnen schon von Weitem anzusehen, denn außer den Speeren waren sie auch noch mit Buschmessern und seltsam geformten hölzernen Schlagstöcken bewaffnet. Mit finsterem Gesichtsausdruck kamen sie auf uns zu. Es wurden rasch mehr, bald waren es zwanzig Mann, die im Schatten der Eukalyptusbäume Posten bezogen.

Plötzlich bekam ich es mit der Angst zu tun.

Was ist, dachte ich beklommen, wenn sie unsere friedlichen Absichten nicht erkennen? Wenn wir eine falsche Bewegung machen oder ein falsches Wort sagen? Wie würden sie auf uns Fremde reagieren?

Mittlerweile drängten sich fünfunddreißig schwer bewaffnete Massai um unser Auto. Schmuckstücke an Hals und Armen sprachen von ihren kriegerischen Ruhmestaten.

»Hier würde uns so schnell niemand finden, wenn diese Burschen uns fertigmachen«, schoss es mir durch den Kopf. Einen Moment lang schloss ich die Augen und sprach ein Stoßgebet.

Als dann Ole anfing, unsere Botschaft zu übersetzen, und wir das erste Lied sangen, wurde mir plötzlich bewusst, dass wir nicht in unserem eigenen Auftrag hier waren, sondern dass ja Gott selbst uns geschickt hatte, diesen Menschen sein Evangelium zu verkünden. Wir hätten in Massailand nichts zu suchen gehabt und wären bestimmt nicht hier, hätte Gott selbst uns nicht dazu beauftragt.

Wir sangen ein paar Lieder in Suaheli, der ostafrikanischen Handelssprache, die dort von den meisten verstanden wird, und dann auch welche in Massai. Jonathan, unser Evangelist, begrüßte die Anwesenden, die sich – zu unserer Erleichterung jetzt eher neugierig und erwartungsvoll als kriegerisch – auf den Boden gesetzt hatten. Er fragte, ob jemand in der Runde sagen könne, was gut und böse sei. Er fragte, ob sie sich unter dem Begriff Sünde etwas vorstellen könnten. Aus den Reihen der Zuschauer kamen rasch eifrige Antworten und Erklärungen. Es wurde lebhaft debattiert und schnell wurde allgemein klar, dass Sünde und Schuld auf der einen Seite Vergebung und Hoffnung auf der anderen Seite gegenüberstehen.

Wir hatten viel für diesen Einsatz gebetet. Als die dunklen Gesichter rundum immer interessierter wurden, erinnerte ich mich an das Wort in Römer 10,13: »Wer den Namen des Herrn anrufen wird, soll gerettet werden.«

Sicher werde ich mein Leben lang nicht den überwältigenden Augenblick vergessen, als etwa vierundzwanzig rot bemalte Massai neben ihren im Boden steckenden Speeren niederknieten, um Buße zu tun und ihr Leben Jesus Christus zu übergeben.

Unser Prediger, der auch einige schon bestehende Gemeinden unter den Massai betreut, besucht diese Gruppe seither regelmäßig.

Einige Angehörige des Volksstammes der Massai

Inzwischen hatte sich unser Zentrum in der Nähe von Nairobi so weit entwickelt, dass wir von dort aus unsere Station in Bogoro in Zaire betreuen konnten. Wir transportierten Container-Sendungen vom Hafen Mombasa am Indischen Ozean über Uganda in den Südsudan oder nach Zaire. Fässer mit Kraftstoff, Flugbenzin für die Missions-Fluggesellschaft, sogar ganze Wellblech- oder Holzhäuser für die Wycliff-Bibelübersetzer oder für die Missionare von AIM (»Afrika Inland Mission«) konnten so in die entlegensten Gebiete transportiert werden. Riesige Seefracht-Container wurden umgerüstet zu Ambulanzstationen oder Lagerhäusern. Hunderttausende Bibeln, tonnenweise christliche Literatur werden auch heute noch von uns zwischengelagert und weitertransportiert. In Mbagathi gibt es seit einiger Zeit auch eine Jüngerschaftsschule, die in Zusammenarbeit mit der »New-Life«-Bibelschule aus der Schweiz und Deutschland gestaltet wird und eine wichtige Ergänzung zur mobilen Evangelisationsarbeit bildet. Die Afrika-Inland-Kirche (AIC), mit der wir in erster Linie arbeiten, bemüht sich darum, diese Projekte ständig auszuweiten, und gerade in Kenia, wo es noch zahlreiche unerreichte Stämme gibt, das Evangelium zu verbreiten.

In einem Land wie Kenia, wo etwa 39 Millionen Menschen leben und knapp die Hälfte der Bevölkerung unter 15 Jahre alt ist, versuchen wir, auch den entlegensten Gebieten die Gute Nachricht von Jesus Christus bekannt zu machen. Fast das ganze Jahr über sind unsere Teams unterwegs, um in Gruppen von zehn bis fünfzehn Leuten unermüdlich diese Arbeit zu tun.

Im Sammeltaxi durch Nairobi

Es ist 16 Uhr Nähe City-Markt in Nairobi, ich sitze in einem Pick-up von Peugeot mit aufgebautem Kasten. Als alle acht Plätze dieses Sammeltaxis, genannt »Matatu«, besetzt sind, fahren wir los, doch nachdem wir den dreispurigen Kreisverkehr passiert haben und uns Richtung Uhuru-Highway stadtauswärts schieben, werden noch mal einige Fahrgäste aufgenommen. Es wird gerückt, geschoben und schließlich findet mein Kopf auf dem Knie eines Mannes seinen Platz, dessen Gesicht ich wohl nie zu sehen bekommen werde, weil auf meinen Hinterkopf ein Kochtopf oder auch eine Badewanne geschoben wurde. In diese Lage bin ich gekommen, weil ich versucht hatte, meine Gepäckstücke im Blick zu haben. Durch das offene Fenster wird auch noch ein Baby nachgereicht. Ich sehe ständig die Beine meines Vordermanns, der unterschiedliche Paar Schuhe trägt, und erfahre schließlich nach dem Aussteigen, dass 18 statt acht Personen nach Rongai, etwa 20 Kilometer außerhalb von Nairobi, transportiert worden sind. Und das Ganze hatte ich unverletzt überlebt! Unzählige Male hielten wir unterwegs an. Unser Schaffner, der »Manamba«, stand die meiste Zeit auf der Stoßstange, meistens bei offener Tür, und klopfte zweimal auf die Seitenwand, wenn das Matatu anhalten sollte. Bei einer der zahlreichen Polizeikontrollen wunderte ich mich, dass der Fahrer den Beamten während der Fahrt schon die Hand entgegenstreckte. Beim genaueren Hinsehen stellte ich fest, dass ein Scheinchen Keniaschilling übergeben worden war und wir wohl nur deshalb nicht zu den wartenden Fahrzeugen am Straßenrand gehörten. Unverletzt und immer noch am Leben erreichte ich schließlich mein Ziel.

Aber nicht jede dieser abenteuerlichen Taxifahrten endete damals so gut, in den Zeitungen standen oft Meldungen von »Matatu-Toten«. Diese Taxis fuhren bestimmte Strecken und nahmen dabei jeden und alles am Wegesrand mit. Matatu heißt in Suaheli »für drei«. Der Grundpreis für eine beliebige Strecke in der Hauptstadt lag in den Fünfzigerjahren bei 30 Cent.

Damals gab es noch nicht so viele Transportmittel in Kenia, doch inzwischen existieren wohl etwa 100 000 solcher Fahrzeuge, die den Busunternehmen reichlich Konkurrenz machen und aus diesem Land sicherlich nicht mehr wegzudenken wären.

Seit 2004 werden bei diesen Fahrzeugen allerdings strengere Kontrollen durchgeführt, sodass sie erfreulicherweise nicht mehr ganz so häufig so stark überladen sind.

Hinein in die Leimfabrik

»Letzter Aufruf für Flug SU 446 nach Moskau!«, hallte eine Stimme durch den Lautsprecher des Flughafens. Wieder einmal verließ ich schweren Herzens Afrika.

Gegen ein Uhr nachts landeten wir auf dem Flughafen Kairo. Fünf Monate war es schon her, seit wir Ägypten durchquert hatten, aber immer noch waren unsere Bürgschaftspapiere von der Regierung nicht freigegeben worden. Irgendwo im großen Netz der Korruption hingen, vermutlich um Zinsen rauszuschlagen, unsere 90 000 DM fest. Die ganze Quälerei der damaligen Fahrt zog noch einmal wie ein Film an mir vorbei, während wir darauf warteten, dass unsere Maschine aufgetankt wurde. Gegen 2.30 Uhr ging es dann weiter nach Moskau und von dort weiter nach Frankfurt.

Es war der Pfingstsonntag im Jahr 1980, an dem ich wieder in Haiger eintraf. Ich kehrte aus Afrika zurück in dem Bewusstsein, dass unsere Arbeit noch im Anfangsstadium steckte. Es fehlte uns an Geld, um die verschiedenen Projekte zu finanzieren, und es fehlte an technisch versierten Mitarbeitern und Menschen, die unsere Arbeit in treuem Gebet mittrugen.

Immer wieder versuchten wir verzweifelt, die zuständigen ägyptischen Behörden dazu zu bewegen, dass sie unsere Bürgschaftssumme wieder freigaben. Schließlich wäre damit zumindest das finanzielle Problem vorerst gelöst. Schließlich wandte ich mich an das Auswärtige Amt in Bonn und bat gleichzeitig verschiedene Bibelschulen und Gemeinden, ganz gezielt für dieses Problem zu beten. Ich erinnere mich noch sehr lebhaft daran, wie wir dieses Anliegen in einer Gebetsnacht der Matthäusgemeinde in Bremen ganz besonders vor Gott brachten. Am nächsten Tag erreichte uns ein Telex mit der Nachricht, dass der Betrag bei der Zentralbank wieder eingetroffen sei und dem Bürgen zurückgegeben werden könne. Wieder einmal durften wir erleben, dass der lebendige Gott sich um uns kümmert.

Im Januar 1981 traf Burkhard Glasow mit seiner Familie ein. Er war Reisebürokaufmann, konnte also günstige Flüge für unsere Mitarbeiter aussuchen, und verstand auch noch etwas von Buchhaltung und Korrespondenz. Ich war zutiefst erleichtert, dass mir diese Last abgenommen war und ich mich nun voll dem technischen Bereich widmen konnte. Für Bruder Burkhard war der Anfang sicherlich nicht leicht, es musste doch auch organisatorisch erst alles aufgebaut werden. Aber bald konnte ich mit Freude sehen, wie sich der Schreibtisch lichtete, wir bekamen wieder einen Überblick über die Geschäfte, und die Verwaltung nahm eine professionelle Form an.

Die Arbeit weitete sich schnell aus, was zur Folge hatte, dass auch die Räumlichkeiten in der Industriestraße in Haiger bald zu klein wurden. Immer mehr Mitarbeiter kamen hinzu, weitere Zimmer für Unterkünfte mussten bereitgestellt werden. Im Frühjahr 1982 waren schon über 30 junge Leute in Afrika in der Mission, um dort dem wunderbaren Auftrag Gottes zu gehorchen. Wir fingen also an, Gott um mehr Platz für Unterkünfte, für die wachsende Verwaltung und für die Werkstatt zu bitten. In unmittelbarer Nachbarschaft befanden sich leer stehende Industrieanlagen, die wie geschaffen für uns schienen. Wir waren alle überzeugt, dass Gott uns für unsere Bedürfnisse das Richtige geben würde.

Aber Gott hatte, wie so oft, andere, bessere und überraschende Pläne für seine Kinder. Statt eines Angebots, mehr Gebäude mieten zu können, bekamen wir von unserem Vermieter eine Kündigung. Völlig unerwartet traf uns diese Nachricht und löste einen Schock bei Leitung und Mitarbeiterschaft der Diguna aus. Ratlosigkeit machte sich breit, und nun beteten wir noch mehr, vor allem um Weisheit und Durchblick.

Gleichzeitig begannen wir diese Not in unserem Freundeskreis bekannt zu machen, aus dem auf überwältigende Art und Weise Solidarität und Hilfsbereitschaft kam. Informationen und Hinweise aus ganz Deutschland erreichten uns. Viele beteten mit uns für eine Lösung! Die Zeit des Suchens dauerte insgesamt drei Jahre. Der Diguna-Geschäftsführer, Burkhard Glasow, fuhr ungezählte Kilometer auf Deutschlands Straßen, um Objekte zu begutachten. Buchstäblich von der Nordseeküste bis zum Bodensee, von der Pfalz bis zum Bayrischen Wald wurden uns Höfe, Fabriken oder Wohnhäuser, ja, sogar ein Bahnhof angeboten. Viele dieser Angebote ließen uns zunächst hoffen, weil sie uns von der Größe her durchaus zusagten. Leider lagen solche Objekte auch oft in verkehrsmäßig ungünstigen Gegenden. Bei anderen Objekten war von vornherein klar, dass sie nicht infrage kamen. Aber wie sollte man wissen, was Gottes Wille ist?

Gebet hilft! Der vorletzte Gebäudekomplex, den wir in die nähere Auswahl zogen, war ein ehemaliger Rasthof an der Autobahn in Haiger. Schon länger war er ungenutzt und wartete auf eine neue Bestimmung. Dieses Objekt war ideal für die Unterbringung eines Teams, weil es 15 Hotelzimmer hatte, eine Großküche, mehrere größere Säle und eine Kegelbahn. Für die notwendige Werkstatt und Lagerhalle wurde schnell eine Baugenehmigung beantragt und auch bewilligt. Das war Gottes Führung, so dachten wir jedenfalls.

Und so beteten wir – zusammen mit unseren Freunden und den befreundeten Gemeinden – weiter um Gottes Antwort, denn eine letzte Hürde war hier noch zu nehmen: Es gab ein Vorkaufsrecht eines früheren Besitzers.

Nach Abschluss der Verhandlungen wurde ein Kaufvertrag aufgesetzt, und innerhalb einer Frist von drei Monaten konnte nun dieser frühere Besitzer sein Vorkaufsrecht ausüben. Die Spannung stieg – und zwar völlig zu Recht! Drei Tage vor Ablauf der Zeitspanne wurde uns dann tatsächlich der Rasthof vor der Nase weggeschnappt. Wir waren alle sehr enttäuscht.

Aber wir hofften weiter, dass Gott uns irgendwann etwas Besseres geben würde. Die Anspannung blieb natürlich. Wie würde Gott uns jetzt da raushelfen? Diesmal dauerte es keine zwei Tage, bis wir auf diese Frage eine Antwort bekamen. Von der in Haiger alteingesessenen Leimfabrik Weiß erhielten wir ein Angebot über ein Grundstück mit einigen Gebäuden, welches sich mitten in Haiger in ruhiger Lage an einem Bach befindet. Groß genug, geradezu ideal für unsere Zwecke, aber leider ziemlich verfallen und heruntergewirtschaftet. Konnten wir es wagen, eine alte Leimfabrik zu einem Missionszentrum umzubauen? Dass wir in der Lage waren, Lastwagen für die Mission tauglich zu machen, hatten unsere Mitarbeiter vielfach bewiesen. Aber jetzt galt es, vier Gebäude umzubauen, von denen nur eins in einigermaßen gutem Zustand war. Wie sollten wir genügend Mitarbeiter bekommen, die aus diesen gut erhaltenen Ruinen Unterkünfte machen würden? Lauter Fragen taten sich auf.

Wer würde es wagen, den ganzen Umbau zu leiten? Wer würde das Geld geben, um den Kauf tätigen zu können? Der Kaufpreis für das Grundstück und die heruntergekommenen Gebäude betrug schon eine halbe Million DM. Hinzu würden ja noch enorme Summen für den Umbau kommen, ganz zu schweigen von dem, was neu gebaut werden musste. Viele solcher Fragen und offensichtlichen Schwierigkeiten bewegten uns buchstäblich Tag und Nacht. Hier musste Gott erneut ein Wunder tun, denn unsere letzten Unsicherheiten wurden nicht einfach so beiseitegeschoben, wie wir uns das wünschten. Im Gegenteil, das Urteil einiger Freunde und auch einiger Mitarbeiter war: »Ihr müsst total verrückt sein!«

Es gab aber andere, die uns in unserem Vorhaben bestärkten, und – was für uns vielleicht viel wichtiger war – sie boten ihre Hilfe an. So bekamen wir den nötigen Mut, das riesige Projekt »Neues Zentrum Haiger« anzupacken. Obwohl sich keiner so richtig vorstellen konnte, wie wir das Ganze anzufangen hätten, wurde im April 1985 der Kaufvertrag unterschrieben. Eine Verpflichtung in einer derartigen Größenordnung einzugehen, war ein gewaltiges Wagnis und nur im Vertrauen auf einen allmächtigen Gott zu verantworten. Der größte Glaubensschritt in der Geschichte des jungen Missionswerks wurde in Angriff genommen.

Gläubige Architekten halfen uns bei der Erstellung von Plänen, und die Nutzung des großen Teamhauses wurde festgelegt. Uns fiel ein Stein vom Herzen, als wir erfuhren, dass ein Freund aus dem Schwabenland sich anbot, die Bauleitung zu übernehmen. Ein gelernter Zimmermann bewarb sich für unser Team, und so konnten wir die Sanierung des maroden Fachwerks vorantreiben, was auch dringend notwendig war. Teilweise wurde das alte Gebäude ausgehöhlt, verstärkt und wieder aufgebaut.

Ein Statiker sorgte für die notwendigen Berechnungen. Dietmar Melcher, ein gelernter Installateur aus Bremen, der eigentlich nur seinen Urlaub für den Umbau einsetzen wollte, stellte bald fest, dass dieses Projekt noch Jahre seiner Hilfe und Arbeit beanspruchen würde. Nach einem Telefonat mit seiner Frau beschlossen die beiden kurzerhand, für zwei Jahre als Mitarbeiter in unser Werk zu kommen. Alle Heizungs-, Gas-, Wasser- und Abwasserleitungen wurden von ihm und seinen Helfern verlegt.

Eine besondere Ermutigung war für uns die Welle der Hilfsbereitschaft aus unserem Freundeskreis. Sobald wir das Projekt öffentlich bekannt machten, merkten wir, wie viele unserer Freunde mit unserer Arbeit wirklich verbunden waren und halfen. An den Wochenenden wurden Arbeitseinsätze durchgeführt. Manchmal waren zwanzig, dreißig, ja sogar vierzig Jugendliche und Erwachsene hier, um zu helfen. Eine Gruppe aus Espelkamp kam regelmäßig über einen längeren Zeitraum zusammen mit ihrem Jugendleiter, um den Samstag in Haiger zu schuften. Einige Freunde verbrachten ihren Urlaub bei uns in Staub und Asche, aber im Dienst für Gott, um ein Missionszentrum zu errichten. Die Jungschargruppe aus Haiger sammelte ausgediente Christbäume ein und spendete den Erlös an Diguna. Eine Frau aus Obertshausen bot sich an, die für den Neubau der Werkstatt notwendigen Steine zu bezahlen, wenn wir diese bei einer bestimmten Ziegelei bestellen würden. Das taten wir natürlich gerne.

Das waren alles Wunder Gottes. Und leider reicht an dieser Stelle der Platz nicht aus, um über alle Gebetserhörungen zu berichten, die wir erlebten. Nur wer betet, kann ermessen, was es bedeutet, solche Ermutigungen zu erfahren. Viele Sonderspenden gingen ein, um das neue Diguna-Zentrum zu kaufen, umzubauen und für unsere Arbeit herzurichten. Wir wollten keine Missionsspenden, die für Afrika gegeben wurden, für den Ausbau in Haiger verwenden. Gott hat uns in dieser Auffassung bestärkt und es uns geschenkt, dass wir innerhalb von nur vier Jahren alles an Kaufpreis und Kosten für den Umbau aufbringen konnten, ohne dass die Missionsarbeit in Ostafrika darunter leiden musste. Alle Einsätze konnten weiter durchgeführt werden. Es wurden sogar Mitarbeiter durch die Umbaumaßnahmen für die Mission in Kenia und Zaire vorbereitet.

Der Besucher, der heute unser Zentrum in Haiger betritt, vermutet kaum, dass unsere Räumlichkeiten einmal das Domizil mehrerer verfallener Fabrikanlagen war. Keiner verspürt mehr den üblen Geruch, der noch vor wenigen Jahren über Haiger lag und aus »unserer« Leimfabrik stammte. Man sieht auch nicht die unüberschaubare Arbeit aus der Anfangsphase des Umbaus. Wer sich die Fotos aus dem Jahre 1985 anschaut, kann nur leise ahnen, was hier geleistet wurde und in welch großartiger Weise Gott uns hier ein Zuhause geschenkt hat.

Heute ist dieses Zentrum das Zuhause für fünf Familien, einige Single-Mitarbeiter und teilweise bis zu 25 Kandidaten für die Mission geworden. Seit 1985 wurden von hier ca. 800 Mitarbeiter in einem mehrmonatigen Programm für ihren Dienst in Afrika vorbereitet. Von hier aus wurden auch 120 Seefrachtcontainer und 83 Fahrzeuge versandfertig gemacht und auf die Reise geschickt.

6. Veränderungen

Füreinander bestimmt

Im August 1980 lernte ich bei einem Missionswochenende in Neukirchen-Vluyn eine Erzieherin namens Angelika kennen. Sie betreute in einem Heim eine Gruppe von zwölf Kindern. Zugegebenermaßen interessierten mich an diesem Wochenende weniger die Kinder, sondern eher diese nette Betreuerin, ein Frau so Mitte zwanzig, sehr liebevoll und missionsinteressiert.

In letzter Zeit hatte ich mir schon öfter die Frage gestellt, wie es denn bei mir so weitergehen solle. Neun Jahre hatte ich inzwischen fast nur aus dem Koffer gelebt, war immer unterwegs gewesen. Oft hatte ich dafür gebetet, dass unser Herr, Jesus Christus, mich recht führt. Ich wollte keinen eigenen anderen Weg gehen, vor allem weil ich um meine Berufung als Missionar wusste. So kam es für mich wirklich darauf an, ob mein Gegenüber das auch so sehen konnte, ohne dass ich sie irgendwie überzeugen müsste. Es dauerte nicht lange und wir beide hatten die Gewissheit, füreinander bestimmt zu sein. Auch ihr war es ein großes Anliegen, vor allem Kinder mit dem Evangelium bekannt zu machen.

Etwa ein Jahr später heirateten wir. Als junges Ehepaar reisten meine Frau Angelika und ich gemeinsam mit vier neuen Mitarbeitern im Oktober 1981 auf dem Luftweg nach Ostafrika.

Zunächst wohnten wir in einem Zimmer des Mannschaftsgebäudes in Kenia, bis eine kleine Wohnung für uns fertiggestellt war. Ich leitete die Werkstatt, machte Besorgungen und pflegte Kontakte zu den Partnermissionen. Angelika arbeitete in der Hauswirtschaft unserer wachsenden Missionsmannschaft, kümmerte sich um die afrikanischen Kinder in der

Nachbarschaft und begann am Samstagnachmittag eine regelmäßige Kinderstunde.

Familie Kommerau (1985 in Mbagathi, Kenia)

Überprüfungen

Das Team wurde größer und dank einer guten Struktur in Haiger wurden wir mit neuen Mitarbeitern versorgt. Nun konnten oft sechs bis acht Teams ständig unterwegs sein, um Einsätze durchzuführen.

Ein- bis zweimal im Jahr transportierten wir mit einem Zehn-Tonnen-Lkw ganze Container oder Tausende Liter Kraftstoff auf dem Landweg über Uganda nach Zaire, um auch dort unsere Missionsstation zu versorgen, die dort unter der Leitung von Martin und Martha Mischnick aufgebaut wurde.

In Deutschland kamen wir immer wieder sehr günstig an ausrangierte Fahrzeuge, gebrauchte Kleidung und Hilfsausrüstung heran, aber man konnte diese Dinge nicht so ohne

Weiteres in die afrikanischen Länder einführen. Die Bestimmungen waren sehr streng und dazu sehr kompliziert, sodass man sich genauestens an die Richtlinien halten musste. Oft mussten monatelange Genehmigungsverfahren abgewickelt werden, bevor wir eine solche Sendung im Hafen in Empfang nehmen konnten. Da konnte man schon zuweilen den Mut verlieren, und es war wichtig, Gottes Zusagen dabei nicht aus den Augen zu verlieren.

Zur Illustration soll ein Bericht dienen, der unter dem Stichwort »Verification«[10] steht. Was dieses Wort bedeutet, ist aus der folgenden Geschichte zu ersehen. Einmal angenommen, man hat eine Holzkiste, ein Blechfass, ein Auto oder einen ganzen riesigen Seefrachtcontainer voller Güter von Europa oder Amerika auf die Reise nach Afrika geschickt. Selbstverständlich hat man sich vorher genauestens nach den Einfuhrbestimmungen des entsprechenden Landes erkundigt, denn mehr als einer hat schon die schlimmsten Erfahrungen gemacht, wenn sich zu spät herausstellte, dass diverse Gegenstände – möglicherweise sogar ein ganzes Auto – in dem betreffenden Land überhaupt nicht eingeführt werden dürfen! Außerdem muss man wissen, dass jeder Tag im Hafen enorme Summen an Lagergebühren kostet, und sobald die Sache einmal ins Rollen geraten ist, lässt sie sich kaum noch bremsen.

So waren drei neue Mitarbeiter von Deutschland ausgesandt worden und hatten schon wochenlang vor ihrer Ausreise einen Seefrachtcontainer gepackt, was in unserer Heimatzentrale in Haiger etwa zwei Wochen beansprucht. Da Autos in Afrika sehr teuer sind, nahmen sie ein gutes gebrauchtes Auto mit. Natürlich nutzte man die dreißig Quadratmeter Laderaum des Containers voll aus – also wurden der Hausrat, kleine Möbelstücke, Kinderspielzeug, Installationsmaterial, Ersatzteile, Werkzeug und Kleidung sorgfältig in jedem freien Eckchen des Autos verstaut. Oft brauchte man bei die-

---

[10] Verification (engl.) = Nachprüfung, Überprüfung

sen Gelegenheiten zum Schluss noch drei Helfer, die beim Schließen der großen Stahltür des überquellenden Containers behilflich waren. Nachdem Hunderte von Gegenständen auf einer Ladeliste sorgfältig notiert worden waren, wurde diese in die englische oder, je nach Hafen, französische Sprache übersetzt und zusammen mit allen wichtigen Dokumenten an den Zielort geschickt, meistens, indem man sie einem Diguna-Fluggast mitgab.

In Kenia begann man dann schon etwa drei bis vier Wochen vor Ankunft des Schiffes mit den Formalitäten der Zollerklärung. In den meisten Fällen übernahm diese nervenaufreibende Arbeit eine Agentur. Es gibt viele solcher Agenturen, meistens tragen sie fantastische Namen wie »International Ocean Shipping Agency« oder »Around the World Clearing Ltd.«. Wer mit dem Geld nicht zu sparen brauchte, konnte die gesamte Arbeit über einen solchen Spediteur abwickeln, musste aber dennoch unter Umständen drei bis vier Monate warten, bis die Sendung tatsächlich bei ihm eintraf. Bei Diguna versuchten wir natürlich, so viel wie möglich an den Transportkosten zu sparen, und machten daher solche Arbeiten weitestgehend selbst.

In diesem Fall allerdings hatten wir eine Agentur beauftragt, die Zollabwicklung soweit vorzubereiten, dass wir nur noch den Transport und die Zollinspektion selbst übernehmen mussten. Es vergingen viele Wochen ungeduldigen Wartens, doch schließlich kam die ersehnte Nachricht: Wir sollten Montagmorgen um acht Uhr im Hafenbüro erscheinen und unseren Lastwagen mitbringen.

Am Wochenende fuhren wir die etwa 500 Kilometer lange Strecke, für die wir neun Stunden brauchten. Am Sonntag gingen wir noch einmal im Indischen Ozean schwimmen und waren am Montag pünktlich um acht Uhr im Büro unseres Agenten im Hafen von Mombasa. Bis er endlich alle notwendigen Papiere zusammengesucht hatte, wurde es zehn Uhr, aber dann konnten wir endlich beginnen. Am Hafeneingang wurde unsere Identität überprüft, und wir erhielten gegen eine Gebühr von umgerechnet 25 Cent einen Tagesausweis.

Zu fünft zwängten wir uns in den winzigen Isuzu, den der Agent selbst steuerte. Wir kurvten durch den Hafen, suchten dieses und jenes Büro auf, wo Formalitäten zu erledigen waren, brachten unzählige Palaver hinter uns und erreichten schließlich gegen 11.30 Uhr unseren Container. Es war eine Freude, ihn wiederzusehen! Dazu sollte ich anmerken, dass wir in Deutschland ausrangierte Container kaufen, sie umlackieren, mit Diguna beschriften und ihnen als Identitätskennzeichen einen markanten Bibelvers aufmalen. Da wir unsere Seefrachtcontainer noch nie versichert hatten, sondern sie stattdessen im Gebet begleiteten, war es für uns immer eine besondere Freude, zu sehen, dass sie heil im Zielhafen angelangt waren.

Kurz vor Mittag war es uns schließlich gelungen, all die zuständigen Verantwortlichen von der Polizei, vom Zoll und von einer Wach- und Schließgesellschaft zusammenzubringen. Nun wurde unsere Ladung inspiziert. Wir öffneten die angerosteten Tore des Containers. Ein Raunen ging durch die Reihen der Beamten und der neugierigen Zuschauer im Hintergrund. Was gab es da alles zu sehen!

Der Zollbeamte schaute auf die Ladeliste, dann auf die Ladung, dann auf uns. Dann teilte er uns mit, der Präsident habe angeordnet, dass jeder Container einer hundertprozentigen »Verification« unterliege. Mit anderen Worten: Alles, was sich in dem Container befinde, müsse ausgeladen und anhand der Liste kontrolliert und dann wieder eingepackt, verschlossen und plombiert werden. Wir erklärten ihm, dass es in Deutschland zwei Wochen gebraucht habe, die Ladung so sorgfältig zu verstauen, dass wir überhaupt alles im Container unterbringen konnten. Daraufhin verschwanden die Zöllner und unser Agent hinter dem Container, gestikulierten und diskutierten und standen dann plötzlich wieder vor uns.

Der Agent sagte: »Es gibt zwei Möglichkeiten: Wir holen zwei Dutzend Lagerarbeiter, die gesamte Sendung wird ausgeräumt, alles wird überprüft; was nicht auf der Liste aufgeführt ist, wird beschlagnahmt. Es kann dabei natürlich einiges wegkommen, hier wird viel gestohlen. Aber wir schätzen, dass ihr nach einer Woche die Ladung mitnehmen und nach Hause fahren dürft. Die andere Möglichkeit ist: Ihr zahlt 250 Euro, wir haben alles gesehen, und ihr könnt heute noch den Container aufladen und nach Hause fahren.« Wir sahen einander an. Der Schweiß rann uns von der Stirn. Die Mittagssonne brannte fast senkrecht vom Himmel. Die äußeren Umstände drängten uns eigentlich, das Schmiergeld zu bezahlen und heimzufahren, aber wir wussten, dass dieser Weg für uns nicht ernsthaft in Frage kam. Als ich den Beamten erklärte, dass wir den gesetzmäßigen Weg wählten, ließen sie uns einfach stehen und kehrten zurück in ihre klimatisierten Büros. Ein Polizist, der bei uns zurückblieb, meinte: »Ihr seid schön dumm – so machen es doch alle. Was sind schon 250 Euro? Euch ist geholfen, und uns ist geholfen, was soll's?«

Wir fühlten uns sehr versucht, ihm recht zu geben, aber wir wussten auch, dass alles anvertraute Gut und auch das Geld nicht uns gehörte, sondern aus Spenden bestand, die Menschen für Gottes Werk zur Verfügung gestellt hatten. Mir wurde bewusst, in welcher korrupten Welt wir leben. Es war nicht nur hier gang und gäbe, dass einer vom anderen kassierte und eine schmutzige Hand in die andere arbeitete. War es da überhaupt möglich, als Christ ein klares Bekenntnis abzulegen und zu zeigen, dass wir anders handeln? Wir waren bereit, diesen Kampf aufzunehmen, auch wenn es unbequem werden sollte. Unbequem wurde es dann auch. An diesem Tag lief überhaupt nichts mehr. Den nächsten Termin bekamen wir für den folgenden Vormittag, aber als wir auftauchten, war der zuständige Zöllner nirgends zu finden. Am Mittwoch bekam ich einen Termin beim Chef vom Zollamt, den ich dringend bat, den Container nicht ausladen zu müssen. Vergeblich –

auch hier stießen wir auf Ablehnung. So machten wir uns schließlich an die Arbeit. Wir schufteten so hart, dass schließlich die umstehenden Afrikaner Mitleid mit uns bekamen. Bei der brütenden Hitze dieser Jahreszeit brauchte jeder von uns fünf Liter Wasser, um sich den einen Vormittag lang auf den Beinen zu halten.

Es kam in dieser Zeit aber auch zu wertvollen Gesprächen, vor allem mit den Polizisten. Schließlich waren viele von ihnen auf unserer Seite, unterstützten uns und halfen uns, wo sie nur konnten. Vor allem aber spürten wir, dass sie unser Zeugnis annahmen.

Wir hatten etwa zwei Drittel der Sendung ausgeladen, als die ganze Delegation der Beamten wieder auftauchte, die Ladelisten überflog und uns zur Eile antrieb, alles wieder einzuräumen, damit wir es noch am selben Tag schafften. Dafür durften wir sogar bis 21 Uhr im Hafen bleiben – Besucher mussten ihn eigentlich um 18 Uhr verlassen – und unter Polizeischutz unsere Arbeit zu Ende bringen.

Den Donnerstag verbrachten wir mit Zollformalitäten, und am Freitag war es dann endlich soweit, dass der Container auf unseren Lkw geladen wurde. Freitagmittag, wenige Stunden, bevor der Hafen seine Pforten für das Wochenende schloss, verließen wir Mombasa. Wir hatten viel christliche Literatur verteilt, wir hatten Gelegenheit gehabt, Gespräche zu führen und dem einen oder anderen Polizisten ein klares Zeugnis von Jesus zu geben. Unsere Containersendung war wohlbehalten angekommen, nichts war verloren gegangen. Wir konnten wieder einmal nur Gott loben und danken für seine wunderbare Führung.

Unheimliches in Uganda

Die politische Lage in Uganda hatte sich nach 1986 so weit normalisiert, dass man den einen oder anderen Transport durch dieses Land unternehmen konnte. Dennoch hörten wir immer wieder Schreckensmeldungen, gerade im nördlichen Landesgebiet, wo ganze Lkw-Konvois von bewaffneten Banden überfallen und ausgeraubt wurden.

Wenn sich nicht gerade an der Grenze ein Zwischenfall durch Rebellengruppen ereignet hatte und kilometerlange Warteschlangen an den Grenzkontrollen eine Einreise verhinderten, konnte man durch Uganda reisen wie durch jedes andere Land auch. Ein Teil der Straßen war asphaltiert, auch wenn nur wenige Streckenabschnitte davon wirklich gut waren. Meistens waren wir viel damit beschäftigt, um die riesengroßen Schlaglöcher herumzukurven. Wenn wir einmal zehn oder gar zwanzig Kilometer in der Stunde geschafft hatten, dann hielten wir das schon für eine sehr beachtliche Leistung!

Mehrmals im Jahr machten wir uns auf die Reise, um unsere Zweigstation Bogoro im Osten von Zaire mit Nachschub zu versorgen. Hans Bergen und ich hatten für eine dieser Fahrten unseren Lkw »Noah« gründlich vorbereitet. Wir liehen uns einen Anhänger, kauften auf dem Fassmarkt wieder große Mengen Fässer und erhielten auf dem Schrottplatz sogar einen ausgedienten 6 000-Liter-Tank. Als dann ein Container von Europa eintraf, starteten wir Mitte Dezember mit unserem mehr als 30 Tonnen schweren Gefährt Richtung Westen. Drei Besucher, für die wir noch im letzten Moment Reisegenehmigungen beschafft hatten, begleiteten uns.

In den Wochen davor waren wieder Dutzende Bestellungen eingegangen und neben etwa 12 000 Litern Kraftstoff, diversen Ersatzteilen, einigen Tonnen Lebensmitteln und anderen Versorgungsgütern wurde noch dies, das und jenes auf den Lkw gepackt, sodass uns das leise Schuldgefühl, völlig überladen zu sein, nie verließ. Für die Afrikaner ist so etwas an sich kein Problem: Beladen wird oft einfach so lange, bis wirklich nichts mehr auf den Wagen geht. Seit die kenianische Regierung allerdings wegen der großen Straßenschäden überall auf den Strecken Wiegestationen eingerichtet hatte, bei denen der

Schwerverkehr regelmäßig überprüft werden sollte, drohte den Fahrern ein hohes Bußgeld. Es blühte die Korruption, bei den Lkw-Fahrern wurde als selbstverständlich vorausgesetzt, dass sie Geschenke bereithielten, um durch die zahlreichen Polizeisperren durchgelassen zu werden.

Wie auch bei allen anderen Fahrten beteten wir vor dieser Reise um den Schutz des Herrn, um eine faire Abwicklung der Formalitäten und auch darum, nicht mit dem Gesetz in Konflikt zu geraten. Wir fuhren früh am Morgen los und erreichten gegen zehn Uhr die erste Wiegestation, bei der auch Straßenmaut zu bezahlen war. Mitten in der freien Landschaft, vorzugsweise an einer Stelle, wo man die Straße nicht verlassen konnte, tauchten Hinweisschilder auf und bewaffnete Polizisten saßen am Straßenrand. Damit man auch tatsächlich mit der Geschwindigkeit herunterging, wurden in die asphaltierte Straße sogenannte Bumps eingebaut, wie man sie in Deutschland in manchen Dreißigerzonen findet: Im Abstand von etwa fünfzig Metern befanden sich quer über die Straße verlaufende Erhebungen, die man nur sehr langsam überfahren durfte. Wer das vergaß, hob selbst einmal heftig vom Fahrersitz ab und riskierte, sich selbst und dem Fahrzeug ernsthafte Schäden zuzufügen.

Mit klopfendem Herzen fuhren wir also der Station entgegen, zahlten unsere Straßengebühr und stellten dann überrascht fest, dass die Wiegestation unbesetzt war. Das war ziemlich ungewöhnlich, und erst als wir bereits die Station hinter uns hatten, bemerkten wir, dass der Zuständige sich gerade einfach nur ein paar Minuten hinterm Busch aufgehalten hatte. Dadurch waren wir langen Debatten und der Versuchung entgangen, durch hohe Zahlungen Schikanen aus dem Weg zu gehen. Es war für uns keine Frage, dass Gott uns auch in dieser Situation besonders bewahrt hat.

Die kurvenreiche Straße führte uns in Kenia über Nakuru und dann am Rande der Nandi Hills über einen Gebirgszug, der Höhen von 3 000 Meter erreicht. Hier machte lediglich ein

Schild am Straßenrand darauf aufmerksam, dass man soeben den Äquator überquert hatte. Weiter ging es in Kenia nach Eldoret, und wenige Stunden später hatten wir die Grenze Ugandas erreicht.

Dutzende von Lastwagen parkten rechts und links der Fahrbahn. Kleine Hütten, die Bars und Agenturen beherbergten, säumten die Straße, Animiermädchen flanierten am Straßenrand. Wir fuhren bis vor an den Schlagbaum, wo einige von uns die Fahrzeuge bewachten, während ich mit dem Dokumentenköfferchen in der Hand und klopfendem Herzen in der Brust die Polizeistation betrat, um unsere Ausreise vorzubereiten.

Ein strahlender Afrikaner kam mir entgegen, schüttelte mir freundschaftlich die Hand und begrüßte mich als »Mr Diguna«! Er hatte schon von Weitem unsere blau-weißen Lastwagen gesehen und erzählte mir sofort, dass eines dieser Fahrzeuge erst kürzlich in seinem Heimatdorf gewesen war, um dort eine Evangelisation durchzuführen. Mit großer Freude hatte er miterlebt, wie sein Bruder und andere Familienangehörigen zum lebendigen Glauben an Jesus Christus gekommen waren. Nun freute er sich, uns seine Dankbarkeit mitteilen zu können. Für uns war die Freude doppelt groß, weil dieser Beamte uns in kurzer Zeit durch die gesamte Grenzabwicklung schleuste. Die Zollformalitäten konnten jedoch am selben Tag nicht mehr erledigt werden, und so parkten wir unsere Autos im Hof des Zollamtes.

Kurz vor Sonnenuntergang war der Hof zum Bersten voll mit Lastwagen. Ich erkundigte mich bei einem Einheimischen, warum die Fahrer so ängstlich seien. Wir hatten dann eine weitgehend schlaflose Nacht, denn er berichtete uns, dass in diesem Gebiet viele Verbrechen begangen würden und dass schon ganze Lastzüge ausgeraubt und Güter und Wagen gestohlen und verkauft worden waren.

Am nächsten Morgen klärte der Laufjunge einer Agentur dann die behördlichen Formalitäten für uns und machte uns darauf aufmerksam, dass für Uganda seit einiger Zeit eine Transitlizenz vorgeschrieben sei. Falls wir keine hätten – ein kleines Schmiergeld brächte die Sache sofort in Ordnung. Da wir dazu nicht bereit waren, verlangte ich den obersten Chef der Station zu sprechen und stand bald einem freundlich lächelnden Afrikaner gegenüber, dem wir erklären konnten, dass wir nicht hier waren, um Handel zu treiben, sondern um der Afrika-Inland-Kirche dabei zu helfen, das Evangelium zu verbreiten. Daraufhin nahm er eines unserer Dokumente und schrieb mit Rotstift ein paar Worte auf die Rückseite, die bei der ganzen Fahrt durch Uganda bei den offiziellen Stellen Wunder wirkten. Einige Beamte schlugen förmlich die Hacken zusammen, wenn sie den Vermerk lasen. Übersetzt lautete er: »von allen Gebühren befreit«.

Kaum waren wir unterwegs, mussten wir schon wieder anhalten. Eine Reihe quergestellter Blechfässer versperrte die Straße, an denen ein kleines Hinweisschild befestigt war: »Halt! Polizeikontrolle!«. Ein paar mit Maschinengewehren und Panzerfäusten bewaffnete Jugendliche, zwischen vierzehn und achtzehn Jahren, saßen wartend im Gras. Als wir anhielten, sprangen sie auf den Lkw, stöberten in allen Ecken und Winkeln herum, überprüften alles sorgfältig – vermutlich auf Waffen – und ließen uns erst weiterfahren, als sie offensichtlich zufriedengestellt waren. Insgesamt achtzehn solcher Straßenblockaden passierten wir bei der Durchfahrt durch dieses kleine Land!

Am fünften Reisetag verließen wir die Hauptstraße, die nach Ruanda führte, und fuhren durch eine wunderbare Bergwelt. Ich hatte noch nie in meinem Leben so viele Bananenplantagen gesehen wie in diesem Gebiet. Aus diesem Gebirge ging es wieder abwärts in die endlose Weite des »Queen-Elisabeth-Nationalparks«. Von dort aus konnte man bei guter Sicht schon das Rwensori-Gebirge in Zaire erkennen.

Es wurde ziemlich spät, bis wir die letzten Ortschaften hinter uns lassen und uns ein Plätzchen für die Nacht suchen konnten. An einer Stelle, wo die Straße etwas breiter als üblich war, hielten wir an, nutzten die kurze Dämmerung für ein rasches Abendessen und verkrochen uns dann, todmüde von einer sechzehnstündigen Fahrt, auf unsere Schlafplätze: Drei Mann auf dem Führerhausdach in einem Zelt, einer auf der Motorhaube und ich im Führerhaus unter dem Moskitonetz.

Mitternacht war schon vorüber, der Mond erhellte mit schwachem Schein die Landschaft. In der Ferne hörte man immer wieder Hyänen schreien und sogar Löwen brüllen. Geweckt wurde ich aber durch das Motorengeräusch eines herannahenden Dieselfahrzeugs. Direkt neben uns hielt ein Geländewagen. Ich sah, wie die Fenster heruntergekurbelt und zwei Gewehrläufe aus dem Auto in unsere Richtung geschoben wurden. Dann stellte der Fahrer den Motor ab und rief uns auf Englisch die Aufforderung zu, wir möchten doch unsere Herkunft und unsere Absichten etwas näher erklären. Sie wollten unglaublich viel über unsere Herkunft, unsere Nationalität, unsere Ladung und den Zweck unseres Aufenthalts wissen. Wir nahmen an, dass es wohl Sicherheitsbeamte waren.

Sie machten uns darauf aufmerksam, dass wir uns einen gefährlichen Ort zum Übernachten ausgesucht hatten: In dieser Region lebten Rebellen und Untergrundkämpfer. Wir überlegten, ob wir weiterfahren sollten, hielten es zuletzt jedoch für sicherer, den Morgen abzuwarten. Ich verfiel in einen unruhigen Halbschlaf, denn über Uganda hatte ich schon viel Schlimmes gehört.

Es war so gegen vier Uhr morgens, als ich zum zweiten Mal aufwachte, diesmal von einem raschelnden Geräusch. Da der Mond schien, sah ich im Rückspiegel ganz deutlich, dass sich auf der Straße hinter uns eine ganze Anzahl verwegen aussehender Gestalten versammelt hatte. Aus meiner Deckung unter dem Moskitonetz beobachtete ich, wie die Männer, alle in Lumpen gehüllt und mit langen Buschmessern bewaffnet, unseren Konvoi bestaunten.

Mir brach der Schweiß aus. Ich überlegte krampfhaft, ob ich es wagen konnte, den Motor zu starten und davonzufahren – da machten zu meiner Überraschung die ersten der unheimlichen Besucher plötzlich kehrt und rannten davon. Die anderen folgten ihnen in einem Tempo, das deutlich erkennen ließ, welche Angst sie gepackt hatte. Sekunden später waren nur noch ihre Umrisse im Mondlicht zu sehen, dann waren sie völlig verschwunden. An Schlafen war für mich nicht mehr zu denken. Ich verbrachte die Zeit bis zur Morgendämmerung damit, Gott zu danken für die übernatürliche Bewahrung, für den ganz persönlichen Schutz, den ich eben so hautnah erlebt hatte.

Eine Lieferung für Bogoro

Schließlich erreichten wir am Heiligen Abend unsere Missionsstation in Bogoro in Zaire. Wir hatten die etwa 1400 Kilometer lange Strecke in nur neun Tagen bewältigt. An der Grenzstation hatte man uns einen Beamten als Geleitschutz mitgegeben, sodass wir die Zollformalitäten für den Container direkt auf der Missionsstation klären konnten.

Welche Freude, als es ans Auspacken ging! Für die Geschwister auf der Missionsstation und für die Missionare von der Wycliff-Missionsgesellschaft waren Ausrüstungsgegenstände dabei, die schon sehnlichst erwartet wurden. Es war ein Weihnachtsfest voll Freude und Dankbarkeit.

Kindheit in Nairobi

Für unsere »Mamas«, also alle weiblichen Team-Mitarbeiterinnen, gehörte es zur Haushaltsroutine, ein- bis zweimal in der Woche mit dem VW-Bus oder dem Kleinlaster in die Stadt zu fahren, um auf dem Großmarkt Gemüse, Obst und andere Lebensmittel einzukaufen. Ich hätte früher nie geglaubt, dass man bei einem solchen Einkauf zu dritt sein sollte, aber bittere Erfahrungen überzeugten mich schließlich. Ich denke da nur an eine Begebenheit mit meinem Freund Charly ...

Charly fuhr zum Markt, um einen Sack Kartoffeln und einen Sack Zwiebeln zu kaufen. Um keinen Afrikaner als Träger anheuern zu müssen, lud er den Sack Zwiebeln auf seine eigenen Schultern und transportierte ihn zum Auto. Dann holte er den Sack Kartoffeln – als er mit den Kartoffeln wieder zum Auto kam, musste er jedoch feststellen, dass mittlerweile die Zwiebeln gestohlen worden waren.

Vernünftigerweise kauft man also zu dritt ein. Einer handelt und feilscht, einer hilft tragen und der dritte sitzt die ganze Zeit im Auto – und muss sehr aufpassen, dass er nicht abgelenkt wird. Bei den hohen Temperaturen ist es unmöglich, die Fenster geschlossen zu halten, und das nutzen die sogenannten »Parking Boys« aus, die immer mit denselben Tricks arbeiten. Man wird angepöbelt oder auf einen platten Reifen aufmerksam gemacht, und während man seine Aufmerksamkeit auf diese Manöver lenkt, werden auf der anderen Seite alle erreichbaren Gegenstände durchs offene Fenster aus dem Auto gefischt. Sie bringen es sogar fertig, einem Rücklichtkappen,

Blinker oder Scheinwerfer, ja ganze Räder abzumontieren, während man glaubt, sein Auto gut zu bewachen.

Diese Jungen zwischen sechs und zwanzig Jahren sind häufig Kinder von Prostituierten. Sie sind in den Ein-Zimmer-Unterkünften der Mütter nur im Weg und verbringen daher ihr Leben auf der Straße. Die meisten von ihnen hatten nie die Gelegenheit, eine Schule zu besuchen. Oft sind schon die Sechsjährigen völlig auf sich allein gestellt und müssen selbst für ihren Lebensunterhalt sorgen. Sie waschen Autos, erbringen andere kleine Dienstleistungen für Geld und durchstöbern systematisch die Mülltonnen hinter den Geschäften und Hotels. Dabei kommt es oft zu erbitterten Kämpfen um die Essensreste, die gegen andere Hungrige und gegen die Ratten verteidigt werden müssen.

Früher oder später enden die meisten dieser Kinder in der Prostitution, in der Kriminalität oder der Abhängigkeit von billigen Drogen, wozu das »Schnüffeln« – also das Einatmen der berauschenden Dämpfe von Chemikalien und Benzin – gehört. Manchmal werden diese Kinder von der Polizei aufgegriffen, durchgeprügelt und ein paar Tage ins Gefängnis gesteckt oder in Lkws aufs Land verfrachtet, von wo sie aber sofort wieder zurückkehren.

Die meisten stammen aus dem größten Slumviertel Nairobis, dem Mathare Valley. Dieses Tal liegt nordöstlich in der ständig wachsenden Millionenstadt. Die Häuser sind zusammengestückelte Schuppen aus Holz, Plastik und Wellpappe, die Straßen sind überhäuft mit Abfällen. Über dem ganzen Tal hängt eine Glocke von Dunst und Gestank. Es gibt keine Müllabfuhr, kein Wasser, keinen Strom, auch keine Toiletten. Die schmalen Pfade, die durch das Labyrinth der Hütten führen, verwandeln sich bei jedem Regenguss in schlammige Kloaken. Hier wird ein Schnaps gebrannt, der den bezeichnenden Namen Changaa-kill-me-quick, d. h. Töte-mich-schnell, trägt und dessen Rezeptur aus faulenden Früchten, Küchenabfällen und Zeitungsresten besteht.

Einer unserer Mitarbeiter, Michael, wurde bei einem Über-
fall einer solchen jugendlichen Bande auf die Missionsstation
schwer verletzt. Dieses Erlebnis hatte ihn persönlich zutiefst
betroffen gemacht. Anstatt aber Hass auf die Täter zu emp-
finden, begann er, sich über das Schicksal der Parking Boys
Gedanken zu machen. Schließlich bekam er, unabhängig von
Diguna, etwa 300 Kilometer von Nairobi entfernt, eine ehemalige Farm angeboten, die Platz genug hatte, um dort Jugendliche im Alter zwischen sechs und siebzehn Jahren aufzunehmen. Sein Anliegen war, diesen Kindern zu helfen, indem er sie
zur Schule schickt, sie in einem landwirtschaftlichen Projekt
beschäftigt und ihnen hilft, einen Beruf zu erlernen. Oft wurde er dabei ausgeraubt, schamlos ausgenützt und betrogen,
aber er setzte seinen Dienst fort. Bis zum Jahr 2008 betreute
er Straßenkinder in Bindura, dann musste er diesen Standort
wegen der ausbrechenden Stammeskriege aufgeben. Es gehören aber weitere Projekte und eine Ausbildungsstätte zu dem
Programm.

Nicht nur im Alltag, auch durch die mittlerweile Tradition
gewordenen Gefängniseinsätze von der Gefährdetenhilfe aus
dem Oberbergischen Land und einer Gruppe aus der Schweiz
wurde unsere Mannschaft immer wieder mit dieser sogenannten Randgruppe der afrikanischen Gesellschaft konfrontiert:
den jungen Männern und Frauen, die straffällig geworden
waren. Deshalb war es auch für uns als Diguna an der Zeit,
über Hilfsmöglichkeiten für diese jungen Menschen nachzudenken.

Dazu gab es noch das ein oder andere auslösende Erlebnis.
Da wurde z. B. einer unserer afrikanischen Mitarbeiter nach
Nairobi geschickt, um zwei Besuchern behilflich zu sein und
ein paar Autoersatzteile einzukaufen. Sie verabredeten sich an
einer Bushaltestelle und jeder machte seine Besorgungen. Der
Afrikaner schob sich gerade durch das Menschengewimmel
in der River Road, als er nicht etwa von Banditen, sondern

von der Polizei aufgegriffen, kontrolliert und vorübergehend ins Gefängnis gesteckt wurde. Es war verdächtig, weil er verhältnismäßig viel Geld bei sich trug, sich aber nicht ausweisen konnte.

Unsere beiden Touristen warteten eine Weile vergeblich und machten sich dann mit einem überfüllten Matatu auf den Weg stadtauswärts. Wie das in der Rushhour eben so war, bekam einer von ihnen nur noch einen Stehplatz auf der Stoßstange und hatte alle Hände voll zu tun, sich am Dachgepäckträger festzuhalten. Seine missliche Situation nutzten einige Kerle bei einem kurzen Ampelstopp blitzschnell aus, indem sie ihm einfach die Bauchtasche samt Gürtel vom Leib schnitten.

Wenig später war Fritz, der für unsere Mannschaft mitverantwortlich war, unterwegs, um bei der Polizei unseren afrikanischen Mitarbeiter zu suchen. Nach mehreren hartnäckigen Anläufen gelang es ihm schließlich, unseren Mann kostenlos auszulösen. Eine Entschuldigung von Seiten der Behörden gab es natürlich nicht.

Bei den niedrigen Gehältern in diesen Ländern gehörte es zu den gängigen Praktiken, verdächtige oder auch unverdächtige Personen vorübergehend festzunehmen und dann, wenn jemand zu zahlen bereit war, gegen Bares wieder laufen zu lassen

So kam es vor, dass Autoknacker manchmal mehrmals täglich eingelocht und von Freunden wieder freigekauft wurden. In dieser Art gibt es ganze kriminelle Geschäftszweige und viele Jugendliche werden da sehr schnell mit hineingezogen.

Eine Reihe solcher tragischen Geschichten machte uns klar, dass viele Jugendliche nicht in die Kriminalität hätten abwandern müssen, wenn sie vorher mehr oder weniger geordnete Verhältnisse in ihrem Zuhause gehabt hätten. Raubzüge und Überfälle werden oft durch eine große Not und Armut herausgefordert.

So hatte Vic schon länger wieder den Gedanken, etwas für diese herumstreunenden Kinder zu tun. Die Idee war, ähnlich

wie bei Michael in Bindura, irgendwo außerhalb des Einfluss-
bereiches der Stadt den elternlosen Jugendlichen ein Zuhause
zu bieten; ihnen eine Möglichkeit zu geben, die Schule zu besuchen und ein Handwerk zu erlernen. Es war uns sehr wichtig,
diesen Menschen auf dem Weg zu einem geordneten Leben die
biblischen Prinzipien nahezubringen, weil letztlich nur dadurch
Sinnerfüllung gewährleistet sein kann.

Ein Kinderheim auf dem Regenbogenplatz

Hier steht heute ein Kinderheim. V.l.: Horst Kommerau, Wilfried Weber,
Burkhard Glasow und Vic Paul.

Eigentlich verbirgt sich hinter dem Namen Tinderet ein Gebirgszug im fruchtbaren Hochland der Kalenjin, einem Stamm
im Westen Kenias. Regenbogenplatz nannten die Einheimischen dieses Fleckchen Erde. Es ist eine traumhafte Landschaft direkt am Äquator, auf einer Höhe von 1950 Metern

über dem Meeresspiegel, mit einem reißenden Fluss, der fast immer Wasser hat, und an einem ausgedehnten Waldreservat gelegen.

Vor Jahrzehnten war dieses 50 Hektar große Grundstück von der Regierung für unbekannte Zwecke reserviert worden. Heute wissen wir warum. Eine kleine Gruppe von Christen aus der Region hatte jahrelang dafür gebetet und den Wunsch geäußert, Diguna möge in ihrem Stammesgebiet eine Jugendarbeit beginnen. Sie setzten sich dafür ein, dass wir das Land bekamen und dort vernachlässigte Kinder aufnehmen konnten.

Ein Pastor aus dieser Region klärte uns Jahre später über die Hintergründe dieses Gebietes auf: Der Stämme der Kalenjin waren schon immer wegen ihrer Medizinmänner gefürchtet worden. Sie belegten Menschen mit Flüchen und brachten ihre Opfer auch zu Tode. Um 1920 kam das Evangelium in diese Gegend. Als einige Menschen zum Glauben an Jesus Christus kamen, mussten sie den Medizinmännern gegenübertreten und wurden von ihnen zum Tode verflucht.

Kurze Zeit später starb einer der mächtigen Zauberer und weitere folgten. Als die Christen überlebten, stellten die Menschen fest, das ihnen diese Flüche nichts anhaben konnten. Im Gegenteil, da war eine größere Macht im Spiel. Das war der Auslöser für viele, an Jesus zu glauben. Einige der damaligen Christen haben die Zauberer lange überlebt und wurden über 90, ja sogar 100 Jahre alt. Der zweite Präsident Kenias, der 24 Jahre lang regierte, kam aus dem Stamm, der um Tinderet angesiedelt ist. Als bekennender Christ war er den Missionaren sehr freundlich gesonnen. Er selbst hatte seine Schulausbildung einem Missionar zu verdanken.

Der kenianischen Regierung war die seelsorgerliche Betreuung von Kindern und Schulen durchaus erwünscht. Auch lokale Distriktleiter und hohe Regierungsbeamte unterstützten unser Vorhaben. Von ihnen erhielten wir für einige Fahrzeuge und

Containersendungen sogar Zollbefreiung. Soweit waren die Voraussetzungen gut. Einen Nachteil hatte dieses Gebiet aber auch: Die meisten Straßenkinder gehörten ja zu einem anderen Stamm und wurden in dieser Region von vielen nicht gerne gesehen, im Laufe der Jahre kam es dadurch leider auch immer wieder zu Zwischenfällen.

Obwohl wir in der Missionsleitung am Anfang nicht alle von dem Schritt überzeugt waren, eine Kinderarbeit anzufangen, durften wir doch zu unserem Erstaunen immer wieder feststellen, wie Gott ganz persönlich Menschen ansprach. Zum einen waren uns viele einheimische Christen aus der Umgebung wohlgesonnen und behilflich. Aber auch aus Europa kam viel Unterstützung.

Ich erinnere mich an eine Veranstaltung in der Nähe von Hannover in einer Teestube. Ich hatte nur erwähnt, dass gerade zwei Wohncontainer von uns unterwegs seien, um einen neuen Stützpunkt aufzubauen. Ein Bauingenieur fand daran großes Interesse und war spontan bereit für ein halbes Jahr nach Afrika zu kommen, um das ganze Gelände einzumessen. Genau das ist auch die wichtigste Voraussetzung, wenn man Pläne erarbeiten will. Ungefähr zum gleichen Zeitpunkt bot uns eine Gemeinde aus Hülben ein Nivelliergerät an, und schon vier Wochen später war unser Landvermesser, immer umringt von einer Traube Kinder und ausgerüstet mit Spiegel und Megafon, Vermessungsgerät und Sonnenschirm, in afrikanischen Gärten unterwegs (das ungenutzte Gelände wurde zeitweise von Afrikanern bearbeitet).

Ebenfalls in diesem Zeitraum meldete sich Rainer Seuken, der als Ingenieur an der Technischen Hochschule in Aachen Begeisterung für unsere für den Wasserfall geplante Turbine zeigte. Er erarbeitete das erste Gutachten für dieses große Projekt. Kurz vorher war Vic in Deutschland unterwegs gewesen und hatte verschiedene Angebote unter anderem von Wasserturbinen eingeholt, auch eine Schottermaschine und andere Arbeitsgeräte sollten angeschafft werden. Über einen Rentner im Schwabenland, der als Ingenieur jahrelange Erfahrung im Turbinenbau mit sich brachte, gab es Kontakte zu einem Händler, der tatsächlich eine gebrauchte Turbinenanlage mit Leistung und Bauart entsprechend unserer Wassermenge in Tinderet anzubieten hatte. Er war auch bereit, für einen Sonderpreis die gesamte Anlage abzugeben. So fuhr am 23. Dezember 1992 Dietrich Ginsberg mit einem befreundeten Spediteur nach Hildesheim, um die etwa 10 Tonnen schwere Anlage dort abzuholen. In den darauffolgenden Wochen wurden die Einzelteile in unserer Werkstatt gründlich aufgearbeitet und für den Versand vorbereitet. In Tinderet entstand in der Zwischenzeit eine kleine Containersiedlung, und die ersten Gebäude wurden erstellt.

Obwohl wir bisher im Zusammenhang mit Tinderet schon zahlreiche Wunder erlebt hatten und sogar ca. 150 000 DM durch Spenden hereingekommen waren, fachsimpelten und diskutierten viele kluge Köpfe immer wieder darüber, wie das denn überhaupt gehen solle. Eine Staumauer zu bauen, um das Wasser für die Turbine vorzubereiten, wäre dabei das geringste Problem. Schwierig wäre es vor allem, in dem gefährlichen Teil unterhalb des Wasserfalls die gesamte Anlage und ein Mittelspannungsnetz zu installieren, wo es doch keine Straße, sondern nur einen Trampelpfad gab.

Wir kamen auch mit einem führenden Transportseilbahnhersteller in Kandertal in der Schweiz in Verbindung, der uns mit seiner Frau in Tinderet besuchen kam und daraufhin zwei gebrauchte Transportseilbahnen zur Verfügung stellte. Samuel Recher konnte, bevor er mit seiner Familie nach Afrika ausreiste, bei der Firma Wyssen einen Kurzlehrgang besuchen und den Führerschein für die Seilbahn machen. Somit wurde ein weiteres Projekt angestoßen. Dietrich Ginsberg reiste mit seiner Familie für 15 Monate nach Afrika und verlegte am Felshang unter abenteuerlichen Bedingungen eine ca. 160 m lange Pipeline, bestehend aus 500er-Stahlrohr, das wir zum Schrottpreis von einer italienischen Firma in Kenia gekauft hatten.

Aus Deutschland und der Schweiz meldeten sich Gruppen für Arbeitseinsätze an und so entstanden auf dem Gelände Unterkünfte, Speisesaal, Teamgebäude und Werkstätten. Im Tal unweit der Turbinenanlage entstand eine Handwerksschule. Dank unserem Bauingenieur Matthias Knebel wurden die zahlreichen Gebäude professionell gebaut. Zwei Maschinen, ein Backenbrecher und eine Hohlblockmaschine, die ich von Haiger geschickt hatte, konnten an einem Tag bis zu 20 t Felsen zerkleinern oder Hunderte von Bausteinen anfertigen. Sand wurde aus den umliegenden Flüssen herangekarrt und Zement gab es in den größeren Städten.

Als Nächstes sollte jetzt ein brauchbares Mittelspannungsnetz von 10 kV aufgebaut werden, wofür es selbst in Kenia Richtlinien und Vorschriften gibt. Wie dankbar waren wir doch, als sich wieder ein Ingenieur aus der Schweiz meldete, der spontan bereit war, diese Aufgabe zu übernehmen und auch so manche Erfahrung auf diesem Gebiet mit sich brachte. Unter seiner Regie wurden dann Transformatoren gesetzt, Isolatoren aufgehängt, Schaltschränke verdrahtet und Leitungen gezogen.

Unser ständig wachsendes Team in Tinderet arbeitete in der Zwischenzeit nicht nur fleißig auf den verschiedenen Baustellen, sondern teilte sich auch in verschiedene Gruppen auf, die regelmäßig in Schulen zu missionarischen Einsätzen unterwegs waren, Filmabende durchführten und Haus-zu-Haus-Besuche machten.

Im Frühjahr 1997 wurden dann die ersten 24 Straßenkinder aufgenommen!

Jakob Rempel aus Paderborn baute diese Station mit auf und war viele Jahre für das Projekt verantwortlich. Außerdem wurden jedes Jahr Mitarbeiter als Lernhelfer für die Missionarskinder, für den Kindergarten und viele andere Abteilungen ausgesandt.

Als Familie Techand wegen des Bürgerkrieges Zaire verlassen musste, kamen auch sie nach Tinderet. Joachim war als Mechaniker ein gefragter Mann. Am Wochenende fuhr er mit einem kleinen Team und seinem Geländewagen in die Berge, wo es kaum eine Straße gab, und zeigte regelmäßig in den Dörfern den Film »Jesus« des Regisseurs John Heyman, der in viele Stammessprachen übersetzt worden ist. Im Laufe der Zeit entstanden so mehrere kleine Gemeinden in Potto. Im Jahre 2002 erlag Joachim bei der Abschlussfeier seiner Tochter in der Internationalen Schule von Kijabe plötzlich einem Herzleiden. Das war für uns alle ein tragisches Ereignis und ein großer Verlust. Seine Frau Andrea, die seit Anfang der 80er-Jahre bei uns mitgearbeitet hatte, kehrte ein Jahr später mit ihren sechs Kindern in die Schweiz zurück. Andreas Schuster übernahm dann später die Filmeinsätze in den umliegenden Gebieten.

Straßenkinder finden ein Zuhause in Tinderet.

Es gab auch immer mal wieder den Fall, dass sich Paare über Diguna fanden, heirateten und zu tragfähigen Säulen unserer Arbeit wurden. Madlen zum Beispiel arbeitete einige Jahre in

der Hauswirtschaft in Mbagathi mit, bis Samuel Recher auftauchte. Er hatte vorher ein paar Jahre bei der Missionsgesell-
schaft »Operation Mobilisation« (OM) mitgearbeitet. Sie lebten mit ihrer Familie viele Jahre in Tinderet. Während Samuel
den Fuhrpark und die Landwirtschaft betreute, hatte Madlen
oft Besuch und kümmerte sich neben ihren drei Kindern auch
um die seelsorgerliche Anliegen der jungen Mitarbeiter. Auch
Christof und Astrit Möck lernten sich über Diguna kennen.
Sie übernahmen für viele Jahre die Stationsleitung in Tinderet.

Schon lange hatten wir den deutschen Botschafter aus Nairobi
nach Tinderet eingeladen. Michael Hörder, der Stationsleiter
in Mbagathi war, hatte das über die deutsche Schule irgendwie
eingefädelt.
   2006 war es dann soweit. Die 200 Kinder hatten tüchtig
geübt. Das Gelände wurde schön herausgeputzt, die Promi-
nenz aus der Nachbarschaft versammelte sich und es gab Cola
und Sprite unter einem provisorischen Zelt.
   Es wurden Reden gehalten und eine Führung gemacht. Der
Botschafter mit seinem Tross war mächtig beeindruckt von
dieser Arbeit und spendete wenige Tage später ca. 8 000 € für
eine Kücheneinrichtung

Aus Kindern werden Leute

Nach 20 Jahren Arbeit der Diguna in Tinderet sind einige
der ersten Zöglinge schon längst erwachsen. Lydiah Wanjiru
Muthoni erzählt ihre Geschichte:

*Ich wurde am 6. Mai 1993 geboren. Ich muss sagen, dass ich
nicht viel weiß über meinen Hintergrund. Doch weiß ich, dass
Gott sehr gnädig mit mir ist und war. Aus all den Kindern,
mit denen ich in Nairobi zusammengelebt habe, hat er mich
ausgewählt.*

Lydiah

Im Jahr 1999 wurde ich als kleines Mädchen im Alter von fünf Jahren ins Diguna-Kinderheim in Tinderet gebracht. Zu dieser Zeit habe ich nicht gewusst oder verstanden, warum ich von meinem Zuhause weggenommen wurde, wo ich mit meiner Tante und meiner Oma gelebt hatte. Für viele Jahre dachte ich, dass alle so unfair zu mir sind, weil sie mich einfach nach Tinderet gebracht hatten, einem Ort mit vielen Menschen, die ich alle nicht kannte.

Es war völlig normal für uns, zur Sonntagsschule zu gehen. So sehr uns auch die Liebe Gottes und die Wichtigkeit der Entscheidung für ein Leben mit Jesus vermittelt wurde, ich blieb stur. Ich dachte, dass der Jesus, über den sie dort reden, nicht für jeden sein kann, sonst hätte er wohl nicht erlaubt, dass ich in den Slums geboren wurde und meine Familie dort lebte, wo das Leben doch so schwer ist.

Im Jahr 2004 holte mich meine Tante in Tinderet ab, damit ich mit ihr die Weihnachtsferien in Nairobi verbringen konnte, an dem Ort, den ich immer noch Zuhause nannte. Obwohl es sich im Vergleich zu früher verbessert hatte, verstand ich, als ich in diesen Ferien das Umfeld sah, in dem sie zu Hause war, warum ich in Tinderet im Kinderheim lebte. Seit diesen Weihnachtsferien wusste ich, dass ich mehr lernen musste und, was noch viel wichtiger war: Ich wusste, dass ich mein Leben Jesus geben musste. Ich habe einige meiner früheren Freunde gesehen, wie sie versuchten, ohne Jesus dieses schwere Leben in den Slums zu meistern. Das führte mich mehr und mehr zu ihm hin.

Nach den Ferien kam ich in die sechste Klasse. Ich tat sehr viel für die Schule und gab mein Bestes. Ich hatte ja gerade festgestellt, dass Jesus mich von all den Problemen in den Slums gerettet hat, und so wollte ich so gute Ergebnisse in der Schule erzielen, dass ich eines Tages meiner Tante helfen kann und ihr und meinen Freunden von Jesus erzählen.

Zwei Jahre später habe ich meine Grundschulzeit beendet. Leider waren meine Noten nicht so gut, wie ich erhofft hatte, aber ich hatte trotzdem genug Punkte, sodass ich auf einer weiterführenden Schule zugelassen wurde. Ich muss zugeben, dass das Leben in der Hochschule sehr schwer für mich war wegen der falschen Freunde, die ich mir gesucht hatte. Viele dieser Freunde bekamen alles, was sie brauchten, von ihren Eltern, sodass das Leben an sich kein Problem war und sie auch keinen Grund sahen, an Jesus zu glauben. Mit solchen Freunden ist es leicht, auf die schiefe Bahn zu geraten. Aber ich danke Gott, dass er meinen Eltern im Kinderheim klargemacht hat, dass ich auf dem falschen Weg bin. Sie haben viel mit mir geredet. Im letzten Jahr meiner Hochschulzeit kam eine der größten Herausforderungen in meinem jungen Leben auf mich zu. Das Schulamt verlangte plötzlich eine Geburtsurkunde für jeden Schüler, der die Abschlussprüfung schreiben wollte. Das hat mich sehr belastet, denn ich wusste, dass ich keine kenianische Geburtsurkunde bekommen konnte, da ich in Tansania geboren wurde. Aber ich danke

Gott von ganzem Herzen, dass er Wunder getan hat. Nach vielem Beten und viel Geduld hat Gott es möglich gemacht, dass ich eine Geburtsurkunde bekommen habe. Aber dadurch habe ich auch viel Zeit in der Schule verpasst.

Ich freue mich, dass ich durch meine Zeit im Kinderheim in Tinderet so viele Dinge gelernt habe, die ich sonst nicht wissen würde. Ich habe gelernt, mich mit den richtigen Freunden anzufreunden, andere zu respektieren und mit vielen Leuten in Harmonie zusammenzuleben. Aber das Wichtigste ist, dass ich Jesus kennengelernt habe und dass ich jetzt, in allem was ich tue, darauf vertrauen kann, dass Gott gute Pläne hat für mein Leben. Nicht nur für mein Leben, sondern für jeden.

Außerdem hatte ich das große Privileg, meine Schulzeit zu beenden. Von meinen Freunden in Nairobi hat keiner die Hochschule geschafft und die meisten haben schon vor langer Zeit die Schule geschmissen.

Vor Kurzem habe ich mein Hochschulzeugnis bekommen und über mein Ergebnis (zwei minus) bin ich sehr froh. Mein großer Wunsch ist es, Krankenschwester zu werden. So bete ich, dass ich im Kenia Medical Training College angenommen werde, um eine Ausbildung anzufangen. Als Krankenschwester könnte ich den Menschen und Gott dienen, und das ist seit langer Zeit mein Wunsch. Ich hoffe, dass es auch Gottes Plan für mein Leben ist. Auf Gott zu vertrauen und mit ihm zu reden, treibt mich täglich an.

Oder hören Sie die Geschichte von Abdullah:
Mein Name ist Abdullah Solomon Dika und ich bin 24 Jahre alt. Ich wurde im Norden Kenias nahe der Grenze zu Äthiopien geboren. Wenn ich mich an meine Kindheit zurückerinnere, dann denke ich an eine kleine Hütte und an nur selten genug zu essen für die ganze Familie. Meine Eltern waren einfache Menschen ohne Ausbildung. Mit Viehzucht haben sie versucht, unsere Familie zu versorgen. Ich erinnere mich an eine Dürrezeit, in der wir die Haut der Tiere gegessen haben.

Meine Geschwister und ich bekamen neue Hoffnung, als Missionare von Diguna im Jahr 1996 in unsere Region kamen. Sie wurden von der meist islamischen Bevölkerung nicht willkommen geheißen, aber für meine Geschwister und mich waren sie ein sicherer Hafen. Von ihnen bekamen wir Kleidung, etwas zu Essen, medizinische Versorgung und, was noch viel wichtiger war, echte Liebe. Im Jahr 1997 wurde ich im Kinderheim in Tinderet zusammen mit meiner Schwester Jule und meinem Bruder Roba aufgenommen.

Im Jahr 2008 habe ich die Hochschule beendet und ab 2009 eine Ausbildung zum Entwicklungshelfer gemacht. Damit bin ich seit Dezember fertig und bin jetzt auf der Suche nach einer Arbeitsstelle. Wenn Sie dafür mitbeten wollen, bin ich sehr dankbar. Ich habe den Wunsch, den jungen Leuten in meiner Heimat durch sportliche Aktivitäten eine andere Perspektive zu geben. Ich will sie davon abhalten in Drogen und Alkohol unterzugehen. Ich danke Gott für das große Privileg, dass er mich rausgeholt hat aus dem islamischen Umfeld und ich IHN kennenlernen durfte.

7. Unruhiges Afrika

Zerbrochene Herzen verbinden

»Er hat mich gesandt ... die zerbrochenen Herzen zu
verbinden« (Jesaja 61,1).

Birgit und Matthias Knebel erlebten viele friedliche Jahre in
Tinderet. Bis dann die Päsidentschaftswahlen zum Jahres-
wechsel 2008 ganz Kenia erschütterten:

*Im Jahr 2008 wütete in Kenia zwei Monate lang eine Welle
von Gewalt mit dem Ergebnis von weit über tausend Toten.
Ausgelöst worden waren diese Unruhen durch ein knappes
und angeblich gefälschtes Wahlergebnis bei der besagten Prä-
sidentschaftswahl Ende 2007. In der Folge gingen die Stämme, die hinter dem Herausforderer des amtierenden Präsidenten Mwai Kibaki standen, auf diejenigen des Präsidenten
los und umgekehrt. Besonders schlimm wütete die Gewalt in
den Gebieten, in denen Angehörige der verfeindeten Stämme zuvor nebeneinander gewohnt hatten. An vielen Orten,
vor allem in West-Kenia, wurden Hütten angezündet und
Menschen mit Buschmessern brutal ermordet. Etwa 400000
Kenianer flohen aus ihren bisherigen Wohngebieten.*
*Unser Freund und Diguna-Mitarbeiter in Tinderet, Patrick
Odoke, organisierte im Jahr 2009 einen evangelistischen Einsatz in seiner Heimat, in Endebess am Mount Elgon. Seine
Familie war bei den Unruhen von 2008 zum zweiten Mal
Opfer von Stammesfehden geworden. Zweimal schon hatten
Leute des verfeindeten Stammes, der auch in diesem Gebiet
lebte, ihr Haus zerstört und alle seine Familien-Angehörigen
waren in Richtung Endebess geflohen, weil sie dort siche-
rer waren. Zu ihrem Ackerland konnten sie aus Angst lange*

Zeit nicht zurückkehren. Patricks Familie war kein Einzel-
fall. Konflikte, die von Ungerechtigkeiten in der Vergabe von
Landbesitz in dieser überaus fruchtbaren Gegend herrührten,
hatten immer wieder zu Überfällen geführt und viele Familien
wurden von ihren Farmen verjagt.

Viele Menschen in dieser Gegend waren 2009, also ein
Jahr nach den Unruhen, immer noch traumatisiert, verbittert,
verwirrt, ratlos oder auch schuldbeladen. Für ein Wochen-
ende waren Birgit und ich eingeladen worden, um bei einem
Treffen von Pastoren aus der Gegend etwas aus Gottes Wort
weiterzugeben, was zur Versöhnung der Menschen beitragen
sollte. Es kamen neben einigen Pastoren auch viele Frauen
und so waren schließlich ca. 170 Leute beisammen. Wir hatten
im Vorfeld der Einladung gemischte Gefühle. Wir als »Lai-
en-Prediger« von Diguna sollten vor Pastoren verschiedener
Freikirchen sprechen? Wie würde das ankommen? Konnten
wir als Gäste auch nur annähernd verstehen, wie sich Men-
schen fühlen mussten, denen so viel Leid und Ungerechtigkeit
widerfahren war?

Anhand der Geschichte Josefs gaben wir gute Impulse
weiter, es ging um den Umgang mit Hass und Ungerechtig-
keit und darum, dass Gott aus Bösem noch Gutes entstehen
lassen kann. Die Leute hörten aufmerksam zu, Familienge-
schichten wie die von Josef sind bei vielen Afrikanern sehr be-
liebt.

Patrick, unser Freund, hatte darauf gedrängt, dass wir
unbedingt zu den Themen Krise, Verlust und Trauer sprechen
sowie die Bedeutung des Kreuzes Jesu weitergeben sollten.
Birgit und ich hatten in Deutschland selbst an einem Semi-
nar zu diesen Themen teilgenommen und waren dadurch sehr
gesegnet worden. Deshalb hatten wir uns entschlossen, diesen
Menschen einfach das weiterzugeben, was wir selbst empfan-
gen hatten, sozusagen unsere »fünf Brote und zwei Fische«.
Wir waren davon überzeugt, dass Jesus auch für die Nöte
dieser Menschen gestorben war, und dass er unter unseren

Zuhörern »zerbrochene Herzen« verbinden wollte, wie es der Vers aus Jesaja 61 sagt.

Damit das, was wir gesagt hatten, auch praktisch werden konnte, forderten wir die Teilnehmer auf, die Dinge, die ihre Herzen gefangen hielten, auf ein Stück Papier zu schreiben. Es ging um Dinge wie Hass, es ging um ihre Trauer über das, was sie verloren hatten, bei einigen ging es auch um ihre eigene Schuld. Dann luden wir sie ein, nach vorne zu kommen und diese Zettel an ein Holzkreuz zu heften, als sichtbares Zeichen dafür, dass Jesus ihnen diese Dinge abnehmen will. Wir hatten keine Ahnung, ob Menschen bereit sein würden, diesen konkreten Schritt zu tun. Doch ich hatte noch nicht ausgeredet, da standen etliche schon von ihren Plätzen auf und kamen nach vorn, um »ihre Lasten« an das Holzkreuz zu nageln. Am Ende waren es Zettel von etwa 50 Menschen, die das kleine Holzkreuz fast vollständig bedeckten. Unser Herr hatte ganz offensichtlich mächtig in den Herzen gewirkt.

Auch der Bürgermeister des Ortes hatte an beiden Tagen an unserem Seminar teilgenommen. Am Ende des Wochenendes sagte er vor der ganzen Versammlung: »Ich bin so froh geworden über das Gehörte. Wenn ich meine Freude in Säcke abfüllen sollte, würde ich wohl 100 Säcke voll kriegen.«

Wir fühlten eine so große Dankbarkeit, dass Gott durch uns so etwas Gewaltiges getan hatte, dass wir die Strapazen, die dieses Wochenende für uns samt unseren Kindern auch mit sich gebracht hatten, bald vergaßen.

Bogoro geht auf Sendung

Nicht nur durch die täglichen Funk-Sendezeiten unserer Zweigstation in Bogoro auf verschiedenen Frequenzen, sondern insbesondere seitdem eine Landebahn angelegt worden war, bekam dieser in der Nähe der Grenze zu Uganda gelegene Ort auch eine strategische Bedeutung für die Arbeit von Diguna.

Zwei unserer Mitarbeiter würden heute wohl nicht mehr leben, wenn Bogoro nicht mit dem Missionsflugzeug zu erreichen gewesen wäre: Joachim Techand, der bei einem Motorradunfall starke innere Verletzungen erlitt, und Esther Resner, die Komplikationen bei der Geburt hatte. Trotz manch tragischer Ereignisse nahm diese kleine Station, die Diguna 1982 übernommen hatte, eine gewaltige Entwicklung.

Zunächst hatten wir nur ein Haus von einer Partnermission übernommen und dann zusätzlich einige Gebäude gebaut. Aus zehn Containern wurden eine Kfz-Werkstatt und eine Schreinerei gemacht. Von dieser Basis schickten wir Teams in den Norden zur Zentralafrikanischen Republik, in den Westen bis nach Kisangani, zum 800 Kilometer entfernten Bukavu im Süden sowie nach Uganda. Als 1989 ein Teil der Mitgliederversammlung aus Deutschland zu Besuch war, erkannte der Geschäftsmann Hans Gerd Frick die Notwendigkeit, an diesem geografisch wichtigen Punkt auch ein Gästehaus zu haben. Er finanzierte den Bau und Peter Knüppel sorgte für die Haushaltsausstattung. In diesem Gästehaus war seither so manche Missionarsfamilie, die unter schwierigsten Bedingungen in der Steppe oder im Dschungel tätig war, wieder neu zu Kräften gekommen.

Am 7. November 1995 wurde der Radiosender RTK in der knapp 25 Kilometer entfernten Kreisstadt Bunia eröffnet. Eine katholische Mission bot uns Sendezeit über ihr Studio an. Im Wohnzimmer von Familie Mischnick in Bogoro wurden daraufhin auf einem alten Tonbandgerät Sendungen aufgenommen. Auf diese Art kam ein zehnstündiges Programm zusammen. Junge Leute interessierten sich dafür, auch unsere Kirche und die Partnermissionen bekamen Interesse, und wir starteten den Versuch, eine eigene Radiolizenz zu beantragen. Wir konnten es kaum fassen, dass wir die Lizenz bekamen! Wir bauten mit der Unterstützung von »Hilfe für Brüder« ein Studio. Der »Freundeskreis christlicher Funkamateure« schenkte uns einen kleinen 250-Watt-Sender. Zwei technisch begabte junge Leute standen gerade zur Verfügung und schon betrieben wir unsere erste Radiostation. Das große Interesse, auf das unsere Sendungen stießen, motivierte uns und bewegte uns immer wieder weiterzumachen. Ein zweiter Sender und eine Relaystation kamen hinzu. Diese Relaystation ist nötig, weil hier das Radiosignal von einer entfernten Anlage weitergeleitet und verstärkt wird. So benötigt man nicht überall ein Studio. Nun konnte über UKW für etwa 100 000 Menschen täglich christliche Radiobotschaft ausgestrahlt werden.

Die Lage in Zaire hatte sich für unsere Arbeit in den Jahren bis 1997 sehr verschlechtert. Die Straßen wurden nicht mehr ausgebessert, die Brücken nicht mehr repariert und die wenigen Autofahrer mit ihren völlig überladenen Fahrzeugen wurden zur ständigen Einnahmequelle von dubiosen Polizisten und Pseudo-Militärs. Durch die Radioarbeit ergab sich daher eine gute Alternative, Menschen mit der Guten Botschaft zu erreichen. Die Hörerpost häufte sich, und zu unseren vier hauptamtlichen Mitarbeitern arbeiteten noch 40 im Hintergrund.

Durch regelmäßige Evangelisationen gab es ein starkes Wachstum in der Kirche, aber auch genügend Konflikte. Es gab die eine Gruppe, die einen Bischof wollte, und es gab eine andere, die gut darauf verzichten konnte. Die Trennungslinie der Meinungen zog sich durch unser gesamtes Arbeitsgebiet, was die Arbeit nicht gerade leichter machte.

1996 konnten wir erstmals ein Team nach Kisangani senden, das für acht Monate zusammen mit 80 Evangelisten in dieser Diamanten- und Goldgräberstadt mitten im Dschungel von Zaire Evangelisationsveranstaltungen durchführen konnte. Nachdem im Jahre 1963 beim sogenannten Simba-Aufstand[11] in dieser Stadt 19 Missionare ermordet worden waren, hatte es hier keine offizielle Missionsarbeit mehr gegeben. Jetzt konnte hier bei 50 Veranstaltungen ein christlicher Film

---

[11]   Simbas, also »Löwen«, nannten sich die Anhänger des gestürzten und ermordeten ersten Ministerpräsidenten der Demokratischen Republik Kongo, von denen die sogenannten Simba-Aufstände ausgingen.

gezeigt und viel Literatur weitergegeben werden. Eine junge Frau, die im Haushalt unseres Teams mithalf, war begeistert und sorgte dafür, dass einer unserer Evangelisten auch in ihr Elternhaus kam. Daraufhin kamen ihre Mutter, ihre Tante, die ältere Schwester und zum Schluss auch der kranke Vater zum Glauben. Nach vielen Bemühungen durfte sogar im Zentralgefängnis der Film über das Leben Jesu gezeigt werden. Daraus entstand eine Gruppe von 50 Gefangenen, die sich montags regelmäßig zum Bibelstudium und Austausch fanden.

Wir sind dankbar für die zahlreichen Gemeinden und Missionare, die sich an diesem Aufbruch beteiligt haben. Etwa 1 500 Menschen haben in der kurzen Zeit öffentlich bekannt, dass von nun an *Jesus Christus* für ihr persönliches Leben große Bedeutung gewonnen hatte.

Nie in der Geschichte war die Arbeit in Zaire so »erfolgreich« gewesen wie in diesem Jahr 1996. Wir hatten 70 Mitarbeiter, davon 35 bis 40 regelmäßig im Team, sowie Dutzende von ehrenamtlichen Evangelisten. Die Schulung und Ausbildung von Trompeten-Lehrern ging zügig voran. Bogoro verfügte über einen Fuhrpark mit über 20 Fahrzeugen, darunter zum ersten Mal zwei relativ neue Unimogs und ein Mercedes-Geländewagen.

In Kagaba, einer kleinen Ortschaft oben auf den Bergen, war man bereit, ein kleines Grundstück zur Verfügung zu stellen, um dort eine Antenne mit Umsetzer zu errichten, damit die mittlerweile auf 45 Stunden wöchentlich angewachsene Radiosendezeit nun auch den Menschen auf der anderen Seite vom Gebirge und in Richtung Uganda zugänglich würde. Allerdings waren die Meldungen und Nachrichten aus dem Süden nicht gerade ermutigend, die Hilfseinsätze zwei Jahre zuvor in Goma und Bukavu, wo einige unserer Leute in lebensgefährliche Situationen geraten waren, waren noch nicht vergessen.

Im November 1996 überschlugen sich die Ereignisse. Zairesoldaten zogen sich immer weiter in Richtung Norden zurück und plünderten auf ihrem Weg alles, was ihnen in die Quere kam. Die Regierung hatte sie schon jahrelang nicht mehr bezahlt. Nach ihrer Ansicht blieb ihnen anscheinend keine andere Wahl, als mit Waffengewalt das zu nehmen, was sie bekamen. Bogoro wurde zu einem Durchreiseort für viele Missionare aus den Krisengebieten, die ins benachbarte Uganda oder nach Kenia kommen wollten. Familie Mischnick hatte ständig Gäste und auch die anderen Mitarbeiter auf unserer Station nahmen Anteil und boten immer wieder ihre Hilfe an. Einige Missionare stellten ihre Fahrzeuge und ihre Ausrüstung an diesem scheinbar relativ sicheren Ort ab, in der Hoffnung, dass die Unruhen bald zu Ende sein würden.

Aber es kam anders. Die Grenzen nach Uganda wurden geschlossen. Man hörte von Gefechten, über 70 Missionare im Nordosten von Zaire wurden evakuiert. Auch unsere Familien mussten nach Kenia ausreisen, das Internat in Rethi stellte den Schulbetrieb ein.

Flucht aus Zaire

Anfang Dezember 1996 waren nur noch Kurt, Martin, Jakob und der Feldleiter unserer Partnermission in Bogoro. Innerhalb kürzester Zeit wurde die Station viermal von verschiedenen Soldaten geplündert. Während die erste Trupp noch vergleichsweise harmlos mit der Bitte um ein Auto und etwas Kraftstoff bei unseren Leuten anklopfte, schossen die anderen sich den Weg frei und raubten alles, was sie bekommen konnten. Der Hausrat und das wenige Hab und Gut unserer Leute wurde eingesammelt und abtransportiert. Nachdem gerade mal wieder eine räubernde Bande die Station verlassen hatte, nutzten unsere Leute die Gelegenheit, sich vor einem weiteren herannahenden Trupp flüchtend ins hohe Gras an den Berghängen zum Albertsee durchzuschlagen. Einige Tage wurden sie von Geschwistern der Gemeinde in einer kleinen Schlucht unweit der Station mit dem Notwendigsten versorgt. Da eine Evakuierung mit dem Missionsflugzeug zu gefährlich geworden war, riskierten sie die Flucht über Kasenny und Tchomia am See.

Mehrmals versuchten Soldaten sie aufzuspüren. Bei einer nächtlichen Hausdurchsuchung in Kasenny gelang es den vier Männern, sich in letzter Sekunde in einen kleinen Abstellraum hinter der Tür einer afrikanischen Rundhütte zu retten. Die Soldaten durchsuchten das Haus und fanden sie nicht. Es folgte eine abenteuerliche Flucht mit dem Motorboot über den 45 Kilometer breiten See nach Uganda. Für das letzte Geld nahm sie ein Busch-Taxi auf und sie konnten sich bis Kampala durchschlagen.

Ein paar Wochen später erfuhren wir, dass etwa 200 der plündernden Soldaten ganz in der Nähe von Bogoro auf einer Kaffeefarm den Banya-Mulenge-Rebellen zum Opfer fielen. Die Missionsstation blieb zunächst soweit erhalten und die Häuser wurden größtenteils von afrikanischen Mitarbeitern bewohnt, die auch das Radioprogramm weiterführten – in diesen Zeiten eine echte Bewährungsprobe.

Zahlreiche andere Missionsstationen aber wurden ausgeplündert und niedergebrannt, einige Geschäftsleute und katholische Priester wurden ermordet. Mobutu, der Präsident des Landes, hielt sich in Frankreich auf und seit einigen Monaten irrten etwa 700000 Flüchtlinge im Süden des Landes umher, wobei es den Hilfsorganisationen nicht gestattet war, in Zaire einzureisen. Das Radioprogramm wurde nun von afrikanischen Mitarbeitern weitergeführt. Eine große Bewährungsprobe.

Der neue Machthaber L.D. Kabila trieb den bisherigen Staatschef nach Marokko ins Exil. Obwohl Mobutu als einer der reichsten Menschen dieser Welt bezeichnet wurde, starb er im September 1997, ohne dass die Weltöffentlichkeit groß davon Notiz nahm.

Einige Mitarbeiter besuchten, als es wieder möglich wurde, die neue Demokratische Republik Kongo, wie Zaire seitdem wieder heißt. Sie wollten unsere Afrikaner dadurch ermutigen und in dem Chaos helfen. Sie schleppten gestohlene Autos auf die Station zurück, mussten aber auch erleben, wie ihnen nach zweitägigen schwierigsten Bergungsarbeiten der große Allradwagen der Marke MAN schließlich von Kabilas Soldaten wieder abgenommen wurde.

Trotz der großen materiellen Verluste wuchs die Gemeinde Jesu weiter. Anfang 1998 nahm ein kleines Team die Arbeit im Kongo wieder auf, es wurde aber nicht mehr so wie früher. Die Unsicherheit in diesem Land wurde so groß, dass wir die Missionsstation in Bogoro schließlich aufgeben mussten.

Die UN richtete sich in unseren Häusern und zwischen den Containern ein Quartier ein. Da es sich um Blauhelm-Soldaten aus Pakistan und Bangladesch handelt, funktionierten sie auch gleich das frühere Wohnhaus von Familie Koch zur Moschee um.

Für die Gemeinden in Bogoro und für unsere Mitarbeiter waren all diese Ereignisse ein harter Schlag. Familie Mischnick hatte zum Beispiel 17 Jahre ihres Lebens dort gearbeitet und gelebt. Sie setzten ihren Dienst in Mbagathi fort. Nach dem biblischen Prinzip, dass alle Dinge uns irgendwie zum Besten dienen, erkannten wir Jahre später den reichen Segen, der durch diese schmerzhafte Vertreibung aus Bogoro entstanden ist.

Anfänge in Uganda

Die außergewöhnlichen Umstände in Zaire zwangen uns, neue Entscheidungen zu treffen. Im März 1997 reisten Kurt und Hanna Zander, Thomas Kolly, Alma Schott und andere Mitarbeiter nach Uganda in die West-Nil-Provinz Arua. Sie waren eingeladen worden, dort eine Radioarbeit für die Kirche aufzubauen.

In den darauffolgenden Jahren entstanden auf dem einzigen Hügel der Stadt fünf Häuser mit sieben Wohnungen und eine Radiostation sowie Büros, Werkstätten und Lagerräume.

Von diesem Standort aus werden seitdem Einsätze in den umliegenden Städten, in Gefängnissen, in Schulen, in Krankenhäusern und darüber hinaus im Südsudan und im Kongo durchgeführt. Wir hätten das alleine gar nicht tun können. Glücklicherweise gibt es in Deutschland einzelne Christen und Organisationen wie »Hilfe für Brüder«, die tatsächlich eine echte Hilfe für ihre Brüder und Schwestern im vernachlässigten Afrika sind. So konnte mancher Mangel behoben werden. Übrigens trifft man in den entlegensten Regionen Afrikas die Wohltaten dieser Geschwister.

Für die Missionsfluggesellschaften lagert in Arua immer etwas Treibstoff und wenn es auf dem Rückflug von Einsätzen in Zentralafrika knapp wird, helfen wir ihnen beim Tanken aus.

Seit 14 Jahren wird von Arua aus täglich auf UKW gesendet. Eine große Satellitenschüssel ermöglicht es uns, meist englische Sendungen von TWR Südafrika oder Deutsche Welle zu empfangen und zu verbreiten.

Immer wieder ergeben sich aus der Hörerpost interessante Geschichten. Kürzlich erwähnte Isaak Anguyo, Direktor unserer Partnerorganisation von VOL *(Voice of Life)* in Uganda mal in einer Sendung, dass die Hörer ihm ihre Meinungen aufschreiben und zusenden könnten.

Alleine aus den daraufhin eingesandten Briefen könnte man ein ganzes Buch verfassen. Es stehen einem oft wirklich Tränen in den Augen, wenn man die Lebensgeschichten liest. Für uns ist das eine wohltuende Bestätigung dieses Dienstes mit der Radioarbeit, denn wir können an diesen Briefen sehen: Gott bewirkt durch das Radio sehr viel.

Es gibt zum Beispiel Hörer, die sich in ihrer Umgebung nicht trauen, in eine christliche Kirche zu gehen, und daher sehr vom Bibelstudium am Radio profitieren. Auch für die Anal-

phabeten, die in Uganda noch immer einen gewissen Anteil ausmachen, sind die Sendungen über das Bibelstudium besonders wertvoll. Und dann gibt es die besonderen Erlebnisse: Als kürzlich der Pastor am Ende seiner Ausführungen auch Gebet für Kranke und Menschen in besonderen Lebenslagen anbot, legte eine Zuhörerin, die über kein Telefon verfügt, im Glauben ihre Hand auf ihr Radio und wurde umgehend von ihrem Leiden geheilt.

Es geht uns nicht um diese spektakulären Erlebnisse, aber sie sind ein Teil dessen, wie Gott durch diesen Radiodienst Menschen verändert. Wichtig zu erwähnen ist hierbei auch die treue Schar an Betern, die diese Dienste begleitet.

Viele Projekte – viele Mitarbeiter

Da Arua bei der Familie Knüpfer, dem Ehepaar Rauch und deren Team in guten Händen war, konnten die Zanders, deren drei Kinder zur weiteren Ausbildung in Deutschland weilten, wieder neue Aufgaben übernehmen. Das Internationale Rote Kreuz löste ihre Basis in Lokichokio auf, dem auf unseren Reisen häufig letzten Zwischenhalt in Kenia vor der Grenze zum Südsudan. Ein großes Grundstück davon bekam die AIC *(African Inland Church)*[12] angeboten, die Kirche, mit der wir im Land zusammenarbeiten. Da wir für diese Organisation seit Jahren tätig waren, wurde Diguna jedoch von den Verantwortlichen gebeten, in der Region eine Arbeit anzufangen.

So machten sich Kurt und Hanna Zander mit einigen anderen Mitarbeitern auf den Weg in diese trostlose Gegend. Man hörte immer wieder von Stammeskonflikten und Räuberbanden, die in erster Linie das Vieh stahlen. Bis jetzt hatten sich nur sehr wenige Missionare in dieses Gebiet getraut.

---

[12] Deutsch: Afrika-Inland-Kirche

Vor 30 Jahren hatte ich mit unseren Leuten mehrere Lastwagenladungen Baumaterial von Nairobi aus dorthin transportiert. Das kleine Krankenhaus existierte auch noch. Schwester Renate, die für die DMG tätig ist, hat inzwischen den größten Teil ihres Lebens in dieser Einöde verbracht.

Das neue Gelände wurde eingezäunt, Häuser wurden repariert, eine Handwerksschule und ein Radiosender aufgebaut.

Inzwischen leben auf dieser Station Oli und Aldecy Mund mit ihren Kindern. Sie halten unter anderem den Gästebetrieb für die Durchreisenden von und in den Südsudan aufrecht. Außerdem sind in der Handwerksschule weitere Ausbildungszweige geplant.

Aus dem ersten Kurs der Handwerksschule, in dem Metaller ausgebildet wurden, ist auch ein junger Mann mit dem Namen »Kosmos« hervorgegangen. Obwohl er sonst keine weitere Ausbildung hat, ist er ein hervorragender Schweißer geworden. Er baut nun die drei Meter langen Spezialelemente für weitere Radiotürme in Mbagathi. Im April 2011 konnte die von Haiger gespendete Fotovoltaik-Anlage installiert werden, sodass wir auch in Lokichokio mit Strom versorgt sind.

Aldecy hat eine Kinderstunde ins Leben gerufen. Bis zu 100 »Kids« nehmen daran teil. Über das Radio gibt es nun auch ein spezielles Kinderprogramm.

Zanders sind währenddessen schon wieder auf neuen Pionierwegen: Sie treffen in diesen Tagen die Vorbereitungen, um die Radioarbeit im Tschad auszubauen, in einem sehr vernachlässigten Gebiet am Rande der Sahara. Es haben sich schon einige ehemalige Mitarbeiter gemeldet, um sie bei diesem Dienst zu begleiten.

Als Martin und Martha Mischnick gerade wie Flüchtlinge nach Kenia gekommen waren, hatte die Kirche hier zur gleichen Zeit eine Radiolizenz bekommen, sodass sich ihnen gleich eine neue Aufgabe anbot. Sie waren hoch motiviert und suchten Leute, die ihnen helfen würden, die Lizenz in eine vernünftige Radioarbeit umzusetzen. So stiegen wir als Diguna in diesen Aufbau ein. Auch in Kenia erfuhren unsere christlichen Sendungen von Anfang an ein großes Interesse. Das spornte uns weiter an, und mit der Radioarbeit breitete sich das Wort Gottes auch hier weiter aus.

Jedes Jahr kam jetzt eine weitere Radiostation dazu, was dann auch neue Mitarbeiter, Studios und eine eigene Sendeturmproduktion bedeutete. Bisher wurden 26 Radiotürme und zahlreiche Studios in den verschiedenen Ländern aufgebaut. Unser Programm läuft rund um die Uhr. Auch ein kleines Fernsehstudio gehört zum Sender dazu. Diese Sendungen erfordern viele Mitarbeiter: Pastoren, Prediger, Seelsorger, Techniker, Computerexperten, Nachrichtenredakteure, Verwaltung, Marketing und Finanzleute. Sie alle haben Anteil daran, dass sich Gottes Wort über Kenia hinaus ausbreitet.

Auch im Südsudan durften wir von Kenia aus drei Sendeanlagen aufbauen, im Tschad waren zwei Diguna-Mitarbeiter am Aufbau von zwei Sendetürmen beteiligt, lange hatte man dort auf diese Hilfe gewartet. Im Kongo laufen in der Zwischenzeit fünf Sender mit der Hilfe von Diguna.

Im Frühjahr 2010 war ein Team von uns bei den Herrnhuter Brüdern in Tansania unterwegs, um einen sechzig Meter hohen Sendeturm in der Nähe von Mbeya auf einem hohen Berg aufzubauen. Bis über die Landesgrenze hinweg ist dieser 2 000-Watt-UKW-Sender zu hören.

Die Stromversorgung läuft in weiten Teilen Afrikas noch immer mit Generatoren, die mehr oder weniger viel Kraftstoff verbrauchen. Wie groß war da die Erleichterung, als uns Friedhelm Loh 2010 fünf Fotovoltaik-Anlagen für die Radiostationen spendete. Sie wurden in Nordkenia, im Südsudan und auch im Kongo montiert. Nun können wir die so reichlich vorhandene Sonnenenergie wenigstens an einigen Radiostationen voll ausnutzen.

Übrigens hatten wir in den vergangenen sieben Jahren ein Ehepaar der Generation »Fünfzig plus« aus Großbottwar in unserem Team. Dieser Radiotechniker hatte sein Geschäft aufgegeben und ist dann sozusagen als Frührentner zu Diguna gekommen. Auch wenn seine Frau als Friseurin vielleicht auf den ersten Blick nicht den typischerweise bei Diguna gesuchten Beruf ausübte, wurden Willi und Brigitte Aufrecht ein echtes Bauteil in der Radioarbeit. Ohne sie hätten wir vieles nicht tun können. Durch ihr Vorbild und die Gastfreundschaft wurden auch unsere Kurzzeitmissionare herausgefordert, und in ihrem Wohnzimmer gab es regelmäßig einen deutschen Hauskreis. Mit einem solchen Beispiel vor Augen kann man sich ruhig fragen, was auf den Missionsfeldern dieser Welt alles bewegt werden könnte, wenn mancher rüstige Rentner den Mut hätte, einen solchen Schritt zu wagen.

Martin Mischnick koordiniert die Radioarbeit weiterhin von Nairobi aus. Ehepaar Tayloe aus den USA arbeitete fast vier Jahre in Kenia bei diesem Projekt mit. Das war eine wertvolle Hilfe. Auch finanziell haben sie sich engagiert und durch ihre Gemeinde konnte unsere kenianische Radiosprecherin Rosslyn unterstützt werden. Denn bei den von uns betriebenen Radiosendern macht Diguna in erster Linie auch nur Technik und Logistik. Das Programm und die Verkündigung übernehmen weitgehend einheimische Christen.

Es gab hier, wie in den anderen Gebieten, viel positive Re-sonanz auf die Sendungen. So konnte durch den regelmäßigen Besuch von Dr. Klaus Richter aus Deutschland die Suchtgefahr thematisiert werden. Darauf gab es erstaunlich viele Reaktionen aus der Bevölkerung. Das wiederum führte dazu, dass in kurzer Zeit über 100 Blaukreuzvereine ins Leben gerufen wurden. 250 Kilometer östlich von Nairobi wird nun von Freunden aus der Schweiz und Deutschland eine Reha-Klinik gebaut. Alkoholmissbrauch, Drogen und andere Probleme bringen neue Arbeitsfelder für die Mission mit sich. Aber gerade bei diesen Themen ist es wichtig, auch die Gemeinden vor Ort zu verpflichten, damit diese Aufgaben nicht vom Ausland abhängig bleiben.

Wir sind gespannt, was unser Herr mit diesen Arbeitszweigen noch so vorhat.

Sendehäuschen in Torit, Sudan: Endstation für zwei alte Seefrachtcontainer

Im Schlauchboot durch den Urwald

Kaum wurden die Schreckensmeldungen aus dem Kongo seltener, da bewegten sich einige unserer Leute auch schon wieder in Richtung dieses erschütterten Landes, vertrauend auf Gottes Wort aus Jesaja 43,19: »Denn siehe, ich will ein Neues schaffen, jetzt wächst es auf, erkennt ihr's denn nicht?«

Zunächst reiste Joe Haller mit seiner Frau Simone im Jahr 2 000 nach Aru, ein Ort etwa 300 Kilometer nördlich von Bunia. Sie versuchten mit einem kleinen Team einiges an Ausrüstung aus Bogoro zu bergen, um damit die Arbeit in Aru, was in einem anderen Stammes- und Sprachgebiet liegt, neu aufzubauen. Was an Ausrüstung noch fehlte, kam über Uganda, wo sich in den vergangenen Jahren die Infrastruktur stark verbessert hat. Es gibt fast überall Asphaltstraßen, Tankstellen und Geschäfte. Das vereinfacht die Logistik für uns erheblich. So gelangen wir leichter an die Grenze zum Kongo. Beim Überqueren dieser Grenze hat man immer ein bisschen das Gefühl, in eine andere Welt hineinzufahren: Man wechselt nicht nur mit dem Auto von der linken auf die rechte Fahrbahnspur, sondern vor allem auch vom englischen in den französischen Sprachraum und in eine andere Zeitzone hinein.

In Aru gibt es inzwischen eine kleine Werkstatt, ein halbes Dutzend Geländefahrzeuge, einen Radiosender mit Studio, ein Krankenhaus, eine Optikerwerkstatt, Schulen und einen Flugplatz. Seit einigen Jahren ist Familie Buscher für diese Missionsstation verantwortlich. Zusammen mit einem kleinen Team unterstützen sie die einheimische Kirche und führen von dort aus Einsätze im Kongo durch.

Familie Haller, die diese Arbeit mit aufgebaut hatte, hat mit ihren vier Kindern im Jahr 2010 einen neuen Wirkungskreis in Angriff genommen. »Isiro« nennt sich der Ort ihrer neuen Aufgabe – schon der Name macht neugierig! Ursprünglich hieß diese Siedlung »Paulis«, nach dem Gründer Albert Paulis. Sie war ursprünglich hauptsächlich Wartungspunkt an der Schmalspur-Bahnlinie, die einmal den Nordosten des Kongo erschließen sollte. Diese Bahnlinie sollte sogar bis an die Hafenstadt Port Sudan führen und somit die afrikanische Westküste mit dem Roten Meer verbinden. Doch soweit kam es nie. Nachdem die Demokratische Republik Kongo 1960 in die Unabhängigkeit entlassen worden war und in der Folge viele Jahre politischer Wirren erlebte, waren die Straßen und Bahnlinien bis zur Unpassierbarkeit verkommen. Isiro, die Metropole des Nordens mit damals 150 000 Einwohnern, war dadurch immer stärker isoliert worden. Die einzigen Versorgungsquellen waren zeitweilig die Fahrradhändler und der Flugzeugverkehr. Die frühere Industriestadt, die sogar schon Strom- und Wasserversorgung besessen hatte, fiel in ein Koma. Erst seit Kurzem ist sie wieder besser zu erreichen.

Die Gegend um Isiro besteht hauptsächlich aus Urwald und stillgelegten Plantagen und wird von vielen verschiedenen Stämmen bewohnt, die erstmals zu Beginn des 20. Jahrhunderts durch Charles Studd und seine Mitarbeiter mit dem Evangelium in Berührung kamen. Die Wycliff-Sprachforschungsarbeit machte es möglich, dass es inzwischen auch einzelne Evangelien bzw. Neue Testamente in den verschiedenen Stammessprachen gab.

Die Fahrt der Hallers von Aru durch den Urwald mit zwei Geländewagen dauerte fast zehn Tage. Mit dem Missionsflugzeug kann man diese Strecke allerdings in fast zwei Stunden schaffen.

Auch hier wurde nun ein Studio hergerichtet, sodass es hier einen weiteren christlichen Radiosender gibt, mit dem den verschiedenen Gemeinden in der Region Isiros eine Stimme gegeben wird. Die Radioarbeit soll hier vor allem helfen, die evangelische Allianz und deren Zusammenarbeit zu stärken und gleichzeitig den Gemeinden im Umkreis von immerhin hundert Kilometern Zugang zu fundierter Bibellehre und wichtigen Themen wie der Gesundheitsvorsorge oder auch Beratung für Haus und Hof zu geben.

Im Gegensatz zu Aru, wo unsere Mitarbeiter gut über den Landweg durch Uganda versorgt werden konnten, ist Isiro besonders in der Regenzeit auf Versorgung durch Flugzeuge angewiesen. Auch Internet und Telefon fallen oft aus, was einen erheblichen Aufwand an Planung und Logistik verlangt, damit trotzdem alles läuft.

Es gibt einige langfristige Projekte dieser Arbeit. Zum einen wollen wir mit der evangelischen Allianz ein Stadtevangelisationskonzept erarbeiten und auf den Weg bringen, um die Menschen in der Stadt mit ihren verschiedenen Gemeinden und

Kulturen zu erreichen. Durch Außeneinsätze versuchen wir zum anderen in Zusammenarbeit mit Wycliff und den ortsansässigen Kirchen ethnische Kleingruppen, so zum Beispiel Pygmäen, zu evangelisieren, da viele dieser Gruppen bisher kaum erreicht worden sind. Eine weitere Ausweitung der Arbeit erhoffen wir uns auch vom Einsatz ausgedienter Schlauchboote der deutschen Bundespolizei. Besonders im Urwald versuchen wir unsere Evangelisten mit diesen Booten auszurüsten, um die vielen Dörfer an den Ufern der zahlreichen Flüsse zu erreichen. Wir wollen, dass dort Jesus bekannt wird, der auch für diese Menschen gestorben ist!

Weiter nördlich von Isiro gibt es immer wieder Schreckensmeldungen über verschiedene teilweise plündernde Rebellenbewegungen, und seit den Präsidentschaftswahlen im November 2011 hat sich diese Situation weiter verschärft. Die Soldaten der UN-Friedenstruppen in Zentralafrika kommen meist aus muslimischen Ländern wie Pakistan oder Bangladesch. So hat der islamische Einfluss in diesen Ländern in den vergangenen Jahren stark zugenommen. Missionare versuchen, die Gemeinden zu stärken, und Pastoren reisen in die unsicheren Gebieten um Mitarbeiter direkt vor Ort zu schulen.

Wir sind dankbar, dass wir zwei feste Mitarbeiter haben, die bereit sind, mit uns das »Wagnis« Isiro einzugehen, und hoffen gleichzeitig, dass sich noch einige zur Mithilfe motivieren lassen!

Zögerlich kehren seit 2007 auch einige Missionare nach Bunia zurück, an den Ort unserer ersten Schritte mit dem Radio im damaligen Zaire. Die Stadt ist in der Zwischenzeit sehr gewachsen, denn dort gibt es Polizei und UN-Truppen, bei denen viele flüchtende Menschen sich Schutz vor den Rebellengruppen erhoffen.

Unser 60 Meter hoher Sendemast ist schon von Weitem sichtbar. Neben dem Studio, das sich mitten in der Stadt befindet, wohnt Familie Kappus mit einigen Kurzzeitlern, kümmert

sich um Gäste und erledigt Renovierungsarbeiten und verschiedene Einsätze in der Stadt.

Es besteht ein akuter Bedarf an Lkw-Fahrern und Mechanikern im Kongo. Wir würden gerne mehr Teams mit Posaunen und Evangelisten auf Tour haben und die entlegenen Gebiete besuchen, um auch dort die Gemeinden unterstützen zu können. Aber nicht nur an Mitarbeitern fehlt es für die Arbeit im Kongo, auch Traktate, Bibeln und Gesangbücher sind Mangelware. Es gelingt uns nur schrittweise, hier Abhilfe zu schaffen: Einige hundert Kindermalbibeln mit Texten in Kisuaheli wurden in Sri Lanka gedruckt und wir versuchen über Ostafrika immer wieder Nachschub zu bekommen.

Kürzlich trafen wir den Präsidenten einer der größten Kirchen des Landes, für die wir auch arbeiten. Er betonte immer wieder, dass die jahrzehntelangen Dienste von Diguna reiche Früchte getragen haben. Wir sind bei allen offensichtlichen Schwierigkeiten dankbar für ein sehr gutes Zeugnis in der ganzen Region, denn Gott hat unsere Arbeit vielfältig gesegnet und bestätigt!

8. Neuanfang und Abschied

Mit Vollgas über die Schlaglöcher

Das Ehepaar Hollmann war einige Jahre in Deutschland und Kenia tätig. Sie wagten einmal den Weg von Nairobi in den Norden Kenias mit öffentlichen Verkehrsmitteln.

An jenem Nachmittag packten meine Frau und ich nur das Nötigste ein. Überflüssiger Ballast würde unser Vorhaben nur erschweren. Einige T-Shirts, unsere Zahnbürsten, vor allem aber Sonnencreme und Trinkwasser befanden sich in unseren Taschen, als wir uns gegen 21.00 Uhr auf den Weg machten. Zunächst ging es durch die Straßen von Nairobi, die um diese Zeit schon einen etwas beängstigenden Eindruck machten. Sehr viele wenig vertrauenerweckende Gestalten waren unterwegs. Unsere afrikanischen Fahrer erinnerten uns daran, gut auf unser Geld und die Wertsachen aufzupassen und vor allem auch nicht unnötig draußen herumzulaufen.

Unbeschadet kamen wir am Schalter der Akamba-Busgesellschaft an und kauften dort verhältnismäßig günstig zwei Tickets nach Kitale, einer Zwischenetappe auf dem Weg zu unserem Ziel in der Turkana-Wüste im Norden Kenias. In dem wüstenähnlichen Gebiet, genauer gesagt in der Stadt Lodwar, wollten wir gerne ein befreundetes Ehepaar besuchen, das auf diesem »Außenposten« seit einigen Jahren unter dem Nomadenstamm der Turkana arbeitete, um ihnen die rettende Botschaft von Jesus Christus zu bringen.

Die etwa 700 Kilometer lange Reise von Nairobi nach Lodwar ist kaum an einem Tag zu bewältigen, da die Straßenverhältnisse nun mal kenianisch sind und gerade öffentliche Verkehrsmittel nur in der Theorie feste Abfahrtszeiten haben.

Unser fast schon als komfortabel zu bezeichnender Bus kam mit rund einer Stunde Verspätung in Nairobi an und fuhr dementsprechend dann auch »schon« rund anderthalb Stunden nach der planmäßigen Abfahrtszeit weiter. Recht weit hinten fanden wir Platz auf den stinkenden Polstern und machten es uns so bequem wie möglich. Das war auch nötig, denn eine ganze Reihe von Stunden schaukelten wir nun durch die Nacht. Wenn der Bus immer wieder mal durch eins der vielen Schlaglöcher bretterte, wurden wir teilweise aus den Sitzen gehoben und so auf unseren Plätzen hinter der Hinterachse kräftig durchgeschüttelt. Auf diese Art und Weise liefen wir wenigstens nicht Gefahr, uns auf der langen Reise wund zu sitzen...

Wir fanden nur wenig, und wenn, dann nur leichten Schlaf während dieser Fahrt. Gegen 5.30 Uhr am nächsten Morgen erreichten wir Kitale. Hier würden wir uns im Dunkeln einen Bus suchen müssen, der nach Lodwar fuhr. Etwa die Hälfte der Strecke lag noch vor uns. Müde griffen wir nach unseren Taschen und stiegen aus dem Bus. Kaum hatten wir einen Schritt auf die Erde gesetzt, wurden wir von etlichen afrikanischen Busfahrern umringt. Alle fuhren nach Lodwar und alle wollten uns mitnehmen!

Die Situation glich der Eröffnung des Sommerschlussverkaufs, nur dass wir selbst die Angebote waren! Mehrere Hände griffen nach unseren Taschen, die wir aber erfolgreich gegen diese Attacken verteidigten. Einem halbwegs vertrauenswürdig aussehenden Somali folgten wir schließlich in seinen bunt lackierten Kleinbus. Der Somali versprach uns, dass er sofort nach Lodwar fahren würde, und verstaute sorgfältig unser Gepäck. Mehrfach fragten wir ihn, ob »sofort abfahren« auch wirklich »sofort« bedeutete. Immer wieder versicherte er uns, er würde wirklich sofort nach Lodwar aufbrechen. Er schrieb uns Quittungen und wir bezahlten. Wir waren die einzigen Fahrgäste und tatsächlich setzte sich der Bus bald in Bewegung, rollte Richtung Stadtzentrum und fuhr – bis zum

Marktplatz, wo der Motor wieder abgestellt wurde. Im Osten ging gerade langsam die Sonne auf und das Leben auf dem Marktplatz erwachte. Wir waren hundemüde und warteten darauf, dass der Bus wie versprochen losfuhr. Nach und nach dämmerte es uns, dass man uns angelogen hatte. Die zwei Busbegleiter und der Fahrer des Busses dachten offenbar gar nicht daran, schon jetzt nur mit uns zwei Passagieren loszufahren, sondern wollten warten, bis sich der Bus von ganz allein mit Fahrgästen nach Lodwar füllen würde.

Eine lange Wartezeit begann. Warten gehört in Afrika eigentlich zu den normalen Beschäftigungen, aber das hier war übel. Nicht nur, dass wir wirklich müde waren, die Sonne gewann immer mehr an Kraft und erhitzte den Bus durch die Glasscheiben auf alles andere als angenehme Temperaturen. Unsere Mägen knurrten und zudem mussten wir immer auf der Hut sein, dass niemand mein mit dein verwechselte und unsere Taschen Beine bekamen. Abwechselnd verließen wir den kleinen Bus und gingen ein wenig über den Markt. In Lumpen gekleidete dreckige Straßenjungen hängten sich an uns und verlangten Geld. Stattdessen kauften wir ihnen einige Früchte oder auch Brot. Die kenianischen Straßenkinder verwenden das Geld meistens zum Kauf von Klebstoff, den sie dann schnüffeln. Das Inhalieren der aufsteigenden Dämpfe hat eine drogenähnliche Wirkung und kann das Gehirn auf die Dauer stark schädigen.

Nach etlichen Stunden des Wartens kam ich gerade von einer öffentlichen Toilette, als ich erstaunt einen Polizeiwagen vor unserem Bus entdeckte. Einige uniformierte Polizisten stiegen in den Bus ein, legten unserem Fahrer und einem der Busbegleiter Handschellen an, schoben sie in den Polizeiwagen und fuhren mit ihnen davon! Nach meinem ersten Schrecken begriff ich, dass wir uns nicht nur in zweifelhafter Gesellschaft befanden, sondern vor allem, dass wir ohne den Busfahrer die rund sechsstündige Fahrt nach Lodwar vergessen konnten. Gemeinsam überlegten meine Frau und *ich, ob wir in der Stadt übernachten oder was wir machen sollten. Der übrig gebliebene Busbegleiter versuchte uns zu beruhigen: Solche Verhaftungen seien ganz normal und seine beiden Kollegen würden bald wieder da sein.*

Nach und nach füllte sich der Bus tatsächlich mit Fahrgästen. Die kenianische Zeitung, die ich mir hier gekauft hatte, wurde bereits überall im Bus herumgereicht, nachdem ich sie einer Mitreisenden ausgeliehen hatte. Ich war sowieso viel zu müde zum Lesen und hoffte nur, dass der Bus bald fahren würde, denn voll war er nun! Eine scheinbar endlose Zeit lang passierte nichts weiter, als dass die Sonne immer heißer wurde, sich im Zenit über unseren Bus stellte und dann langsam Richtung Westen davonwanderte. Zu unserer nur noch schwach empfundenen Freude ließ der Busbegleiter gegen 14.30 Uhr tatsächlich den Motor an. Wir konnten es kaum glauben, dass es nun endlich losging!

Aber wir freuten uns zu früh. Rumpelnd rollte der Bus über den Marktplatz, bog rechts auf die Hauptstraße ein und hielt dann direkt wieder an einer Tankstelle an. Uns und den übrigen Fahrgästen wurde endgültig klar, dass wir zum Narren gehalten worden waren. Der eigentliche Fahrer und einer der Busbegleiter waren verhaftet worden, der übrig gebliebene Busbegleiter hatte offenbar keinen Führerschein und durfte nicht weiterfahren! Den Fahrpreis bis Lodwar hatten alle aber bereits bezahlt.

Erregt wurde im Bus auf Suaheli diskutiert, was man jetzt machen könne. Einige Leute sprangen aus dem Bus und lieferten sich eine hitzige Diskussion mit dem Busbegleiter. Einer packte ihn sogar beim Kragen und brüllte ihn lauthals an, dass er ihn verprügeln würde. Der Busbegleiter aber wehrte sich und brüllte zurück. In Erwartung einer echten Schlägerei versuchten die restlichen Fahrgäste, sich die Plätze an den Fenstern zu sichern, um zuschauen zu können. – Glücklicherweise kam es dann aber nicht so weit. Nach dieser aufregenden halben Stunde an der Tankstelle setzte sich der

Bus wieder in Bewegung, der führerscheinlose Busbegleiter steuerte den Bus durch den chaotischen Stadtverkehr und an verschiedenen Stellen hielten wir offenbar auf der Suche nach einem »legalen« Busfahrer an. Nach einer langen, eigentlich nicht erwünschten »Stadtrundfahrt« fand der Busbegleiter tatsächlich jemanden, der uns bis nach Lodwar fahren konnte! Es war mittlerweile nach vier Uhr nachmittags und es würde abends sehr spät werden, bis wir Lodwar erreichten.

Als unser neuer Fahrer die Fahrt gen Norden antrat, wichen die zeitlichen Überlegungen allerdings schon bald der Frage, ob wir diesen Bus jemals lebend wieder verlassen würden. Ganz offenbar stand der Fahrer unter Drogeneinfluss! Im Innenspiegel konnte ich sehen, wie er Mirah kaute. Diese ostafrikanische Pflanze hat eine ähnliche Wirkung wie Kokain, was wir am Fahrstil dieses Fahrers gut erkennen konnten. An eine der kritischen Situationen erinnere ich mich besonders: Der voll besetzte Bus war mit ziemlich hoher Geschwindigkeit unterwegs, als ich mich zum Gang hin beugte und durch die Windschutzscheibe eine sehr lang gezogene Linkskurve erkannte. Mit unverminderter Geschwindigkeit jagte der Bus in die Kurve, das ausgenudelte Fahrwerk neigte den Bus mit dem Bodenblech bis fast auf den Teer. Die Leute im Bus schrien vor Angst. Im Innenspiegel sah ich dabei das Gesicht des Fahrers, der sich über die Angst der Leute amüsierte. Es ist mir bis heute unbegreiflich, wie unser Bus auf den Rädern fahrend aus dieser Kurve herauskommen konnte. Dass er diese Kurve so halsbrecherisch geschafft hatte, motivierte den Fahrer offensichtlich, weiterhin auf Biegen und Brechen die Belastbarkeit des Busses auszutesten. Während der gesamten restlichen Fahrt folgten wir ungewöhnlich konsequent dem Bibelwort aus 1. Thessalonicher 5,17: »Betet ohne Unterlass!«

Die Fahrt Richtung Norden führte durch eine wunderschöne, zunehmend wüstenartige, gebirgige Gegend. Leider war an vielen Stellen von einer Straße nichts übrig, der

Asphalt war vielerorts weggespült, teilweise waren nur noch vereinzelte kleine Teerinseln übrig, und das meistens an den Rändern dessen, was einmal Straße gewesen war! Immer wenn größere Löcher in der Mitte der »Straße« auftauchten, fuhr der Fahrer mit hoher Geschwindigkeit mit dem »halben« Bus auf der ausgefahrenen, deutlich tieferen Spur neben der Fahrbahn. Die andere Hälfte vom Bus fuhr weiterhin auf dem Asphalt. Alles im Bus wurde dann gewaltsam nach rechts geworfen, das gesamte Fahrzeug neigte sich immens zur Seite und es erschien uns wie ein Wunder, dass der Bus bei dieser Schräglage nicht umkippte. Die Fahrgäste riefen dem Fahrer zu, er solle nicht so heftig fahren, was bei ihm aber offenbar auf taube Ohren stieß. Ich versuchte, die Schräglage des Busses in Graden zu schätzen. 30 Grad waren es mindestens, vielleicht aber auch 35. Uns blieb nichts anderes übrig, als zu beten, dass der Bus nicht irgendwann eine Neigung von 90 Grad erreichen würde.

Nachdem wir etwa eine Stunde auf diese Weise unterwegs gewesen waren, mein Adrenalinspiegel bislang unbekannte Konzentrationen erreicht und ich schon überlegt hatte, wie Familie und Freunde wohl auf unseren Tod reagieren würden, wurde meine Frau immer gelassener, was wohl auch mit der Müdigkeit und der Hitze zusammenhing. »Entspann dich, relax!«, sagte sie zu mir. »Ist doch jetzt auch egal!« Leider konnte ich selbst die Situation nicht ganz so gefasst betrachten. Mein Blick fiel dafür öfter auf die große afrikanische Frau, die über den Gang links von mir saß und im Falle eines Unfalls sicher auf uns landen würde. Im Innenspiegel erblickte ich erneut das Gesicht des Fahrers. Er schien sich wirklich köstlich über die Angst der Fahrgäste zu belustigen und raste mit der alten Kiste, was das Zeug hielt. Sicher würde er auch auf der Strecke Paris–Dakar eine rekordverdächtige Zeit fahren, ging es mir durch den Kopf.

Mittlerweile fuhren wir durch das Stammesgebiet der Turkana und der Bus hielt an verschiedenen Stellen, um weitere

Leute im bereits stark überfüllten Bus mitzunehmen. Einige ältere Turkana-Männer stiegen mit ihren traditionellen Waffen in den Bus und drängten sich im Mittelgang. Je weiter wir in den Norden und damit in die Wüste vordrangen, desto heißer wurde es. Deshalb öffneten wir die Fenster, durch die dann natürlich nicht nur Fahrtwind, sondern auch Sand in den Bus hineinwehte. Dieser bleib an unseren mit Autan eingeriebenen Gesichtern und Armen hängen, sodass wir ein sandiges Make-up bekamen.

Sechs Stunden Horrorfahrt und ein geplatzter Reifen, der durch ein nicht minder schlechtes Ersatzrad ausgetauscht worden war, lagen hinter uns, als wir gegen 22.30 Uhr tatsächlich in Lodwar ankamen. Alle Passagiere verließen erleichtert den Bus. Trotz der späten Stunde lagen die Temperaturen noch über 30 Grad. Verschwitzt, stinkend und überall von Sand verklebt, stiegen wir in ein Taxi, dessen Fahrer Gott sei Dank noch im Dienst war. Überglücklich, lebend angekommen zu sein, ließen wir uns von ihm zur Missionsstation unserer Freunde fahren.

Als wir die Station erreichten, waren Fritz und Lisi Bode bereits schlafen gegangen, denn sie hatten schon nicht mehr mit unserer Ankunft gerechnet. Wir hupten sie aus dem Bett, nahmen dankbar ein gutes Abendessen zu uns und es gab sogar etwas Wasser, mit dem wir uns notdürftig den Schweiß und Dreck vom Körper waschen konnten. Es war eine sehr schöne Begegnung mit den beiden in dieser wüstenartigen Gegend.

In den darauffolgenden Tagen lernten wir einige Menschen vom Stamm der Turkana kennen, fuhren mit auf verschiedene Einsätze und halfen bei der Arbeit. Es war sehr eindrucksvoll, diese Menschen in ihrer Lebensweise und vor allem die Arbeit von Fritz und Lisi kennenzulernen.

Die Rückreise mit dem Bus gestaltete sich eigentlich nicht weniger spannend als die Hinfahrt. Mitten auf der Fahrt platzte einer der Zwillingsreifen, an einer Haltestelle entdeckten *unsere Mitfahrer bewaffnete Männer, die uns ihrer Meinung nach überfallen wollten, und auf der Fahrt von Kitale zurück nach Nairobi stellten wir mit dem mal wieder überbesetzten Bus einen Rekord im Langsamfahren auf, da der Motor es kaum noch die Berge hoch schaffte.*

Wohlbehalten in Nairobi angekommen, dankten wir Gott für die Bewahrung und freuten uns, endlich einmal wirkliches Afrika kennengelernt zu haben.

Unter dem »Männerbaum«

Mehrmals im Jahr ist es soweit: Ein Lastwagen nach dem anderen fährt langsam an die Rampe vor dem Lebensmittellager in Nairobi, um Vorräte für sechs Wochen einzuladen. Fünf dieser Lastwagen werden in den Nordwesten des Landes fahren – in das Gebiet des Turkana-Stammes. Jeder weiß, dass in dieser Wüste viele Menschen hungern. So werden die Lebensmittel großzügig berechnet und schließlich in den Holzkisten auf der Lkw-Pritsche verstaut. Aber nicht nur »Futter« für den Magen, auch Literatur wird eingepackt – dabei ist das Neue Testament und das Johannesevangelium in der Sprache der Turkana.

Schließlich kommt der bewegende Moment. Jedem der blau-weißen Fahrzeuge ist ein kleines Einsatzteam zugeteilt. Erwartungsvoll und auch etwas bange ist ihnen wohl zumute. Wie werden sie mit der großen Hitze in der Turkana-Wüste zurechtkommen? Wie wird sich die Zusammenarbeit mit den Christen dort in der Wüste gestalten? Wie werden die Menschen, die noch weit weg von der Zivilisation leben, das Wort Gottes aufnehmen? Innerhalb weniger Minuten versammelt sich die ganze anwesende Diguna-Familie auf der Station. Jemand stimmt ein Lied an und dann neigen sich alle Häupter. Wir befehlen die Teams im Gebet der Leitung und Fürsorge Gottes an. Es folgen Abschiedsumarmungen und herzliches Händeschütteln. Die Fahrer lassen die Motoren kraftvoll anlaufen und drängen mit Gehupe zum Einsteigen. Und dann rollt ein Lkw nach dem andern vom Hof. Eine lange, mehrtägige und mühsame Reise in das noch größtenteils unerreichte Gebiet der Turkana beginnt.

20 Jahre lang schickte Diguna jedes Jahr Teams nach Turkana. In dem Gebiet angekommen, arbeiteten sie mit ortsansässigen Evangelisten und Pastoren zusammen. Die Lastwagen brachten sie meist problemlos in die entlegenen Gebiete dieses Nomadenstammes, wo es keine Kirchen gab und das Evangelium noch nicht Fuß gefasst hatte. So manches Turkana-Kind suchte in Panik das Weite, wenn so ein blaues »Ungetüm« angerollt kam. Wo immer unsere Teams anhielten, überließen die Turkana ihre Kamel- und Ziegenherde sich selbst und kamen neugierig zum Lastwagen und den Gästen, die ja offensichtlich von weither gekommen waren. Die einfachen Umhänge der Neugierigen, vor allem Frauen und Kinder, wehten im Wind, die bunten Perlenketten an den Hälsen der Frauen schimmerten in der glühenden Hitze. Sie setzten sich im Schatten von Akazienbäumen auf den Sandboden und hörten und sahen zu, was die Fremden da machten. Bald schon stimmten sie in die Melodien ein, die der Evangelist ihnen vorsang. Und dann hörten sie, was aus dem Wort Gottes berichtet wurde.

Fritz und Lisi Bode berichten von ihren Erlebnissen bei den Turkana.

Fritz Bode:
Wenn die Teams nach mehreren Wochen Einsatz in der Turkana-Wüste nach Mbagathi zurückkehrten, gab es viel zu berichten, Erlebtes zu verarbeiten und auszuwerten. Viele Fragen bewegten uns: Kann man wirklich von Bekehrung sprechen, wenn die Turkana fast restlos alle die Hand hochhielten, nachdem sie von Jesus gehört hatten und zur Nachfolge eingeladen wurden? Oder musste man diese Geste eher

der afrikanischen Höflichkeit zuschreiben, die versuchte, den Erwartungen der Fremden aus Nairobi zu entsprechen?

Nach einigen Jahren zeigte unsere Statistik dann leider auch, dass die Anzahl der angeblich bekehrten Turkana höher war als ihre Bevölkerungszahl. Zudem drängte sich die Frage auf, wie die Turkana, die das Wort Gottes anscheinend so bereitwillig angenommen hatten, weiter begleitet werden könnten. Mit jedem Jahr wurden die Fragen größer und der Sinn unserer Einsätze in Turkana, die auch noch zu den teuersten insgesamt zählten, fragwürdiger.

1997 entschied ich das erste Mal, die Einsätze in Turkana »ausfallen« zulassen. Stattdessen wollte ich mir vor Ort ein klareres Bild machen und intensiveren Kontakt zu den Gemeindeleitern in Turkana aufbauen. Zusammen mit Lisi, meiner Frau, bereiste ich all die Gebiete, wo unsere Teams seit vielen Jahren immer wieder evangelisiert hatten. Ernüchtert stellten wir fest, dass nur wenige, die auf unseren Einsätzen scheinbar zum Glauben gekommen waren, nun in Gemeinden wiederzufinden waren.

Was uns noch mehr bewegte: Es gab insgesamt kaum Männer in den Turkana-Gemeinden. Das Herz von Frauen und Jugendlichen schien also auch in Turkana empfänglicher zu sein für Gottes Reden. Während letztere in den Gottesdienst gingen, trafen sich die Männer im Schatten ihres Baumes und besprachen hier die wirklich wichtigen Dinge des Lebens.

Während unserer sechswöchigen Erkundungsreise knüpften wir viele gute Beziehungen zu Turkana-Christen. Die Kirchenleitung stellte uns auch ganz konkret die Frage: »Wieso bleibt ihr nicht für immer hier – wir brauchen dringend Missionare vor Ort?« Wir waren irgendwie auch angetan von dieser noch sehr ursprünglich lebenden Volksgruppe. Die herzliche Aufnahme und Einladung der Christen dort bewegte uns, und die Tatsache, dass man die Turkana-Wüste den Backofen Kenias nennt, schreckte uns nicht ab. Ebenso wenig ließ uns die enorme Armut zögern, die uns dort täglich begegnete. Doch die Aussichten, ins Land der Turkana ziehen zu können, standen nicht gut. Wir waren beide sehr fest in die Administration der großen Mbagathi-Station eingebunden. Deshalb war uns klar, dass solche Pläne bei der dortigen Leitung zumindest erstmal auf wenig Gegenliebe stoßen würden.

Lisi Bode:
Doch plötzlich nahm unser Leben eine unerwartete Wendung. Fritz hatte immer häufiger penetrante Kopfschmerzen, keine Schmerztablette konnte ihm Linderung bringen. Schließlich zeigte eine computertomografische Aufnahme seines Kopfes einen eigroßen, lebensbedrohenden Tumor in seinem Gehirn. Die Ärzte empfahlen uns eine sofortige Rückkehr nach Deutschland. Ich kann nicht sagen, wie wir es damals in unserem Schockzustand schafften, innerhalb von drei Tagen unsere Wohnung zu räumen, die Aufgaben notdürftig zu übergeben und nach Hannover zu fliegen. Vom Flughafen aus fuhren wir direkt zum Arzt, und noch am gleichen Tag wurde Fritz ins Krankenhaus eingeliefert. Ich denke mit Grauen an diese ersten Tage in Deutschland zurück. Wir kamen aus dem sonnigen Afrika in den kalten und düsteren Winter, kurz nach 16 Uhr wurde es dunkel, aber dunkel war es auch in unseren Herzen.

Der Tumor wurde operativ entfernt, dann folgten Strahlen- und Chemotherapie. Das alles verlief erstaunlich gut. Ein Heer von Betern stand hinter uns. Die Ältesten unserer Heimatgemeinde beteten für die Heilung von Fritz. Doch die Aussagen der Ärzte machten uns Angst: »Herr Bode, Sie müssen Ihr Leben engmaschig planen. Der Tumor wird in zwei bis drei Jahren nachwachsen, dann werden wir nicht mehr viel für Sie tun können!« Mit anderen Worten: Die Lebenserwartung von Fritz schrumpfte auf nur noch wenige Jahre zusammen. Nachdem er sich recht gut von allen

Behandlungen erholt hatte, beschäftigte uns daher die Frage, wie wir die für uns vielleicht letzten gemeinsamen zwei bis drei Jahre verbringen wollten. Dass Fritz nicht wieder in eine Führungsposition in Mbagathi zurückgehen konnte, war für uns klar. Immer wieder dachten wir aber an die Turkana-Wüste und im Besonderen grübelten wir, wie man die Männer des Turkana-Stammes erreichen könnte. Zunehmend hatten wir den Eindruck, dass unser Weg nach Turkana führen sollte, und fingen an, konkrete Pläne zu schmieden und uns auf einen Dienst in Turkana vorzubereiten, indem wir zum Beispiel anfingen, die Turkana-Sprache zu erlernen. Die Diguna-Leitung unterstützte uns in unserem Vorhaben, allerdings rieten sie uns, die Arbeit so auf die Selbstständigkeit der dortigen Christen auszurichten, dass weder finanzielle noch personelle Verpflichtungen auf das Werk zurückfallen würden, falls wir Turkana kurzfristig verlassen müssten. Es war ein guter Rat, denn er veranlasste uns, die Arbeit von Anbeginn an stark von den Turkana-Christen selbst mittragen und bestimmen zu lassen.

In Lodwar lebten wir uns schnell ein. Fritz fing sehr bald an, mit den Gemeindeleitern zusammen Wege zu suchen, auf denen traditionell lebende Turkana-Männer am besten mit dem Evangelium erreicht werden könnten. In den abgelegensten Gebieten leben sie noch als Halbnomaden und können weder lesen noch schreiben. Zweifelsohne sind die Männer der Turkana die Schlüsselfiguren zu dieser Völkergruppe. Wenn sie das Evangelium annehmen, werden es auch die Frauen und Kinder ernsthaft tun.

Die Kirchenleiter schlugen drei erste Orte für den Beginn der neuen Arbeit vor. Sie begleiteten Fritz und stellten ihn dort den Männern vor. Man traf sich unter dem »Männerbaum«, der fast als heilig gilt und wo alle wichtigen Dinge entschieden werden. Ohne viel Zögern willigten die Turkana-Männer ein, dieser Weiße dürfe in Zukunft kommen, um sie aus dem Buche Gottes zu unterrichten. Das war ein entscheidender Moment. An jenem Ort spendierte Fritz drei Ziegen. Sie wurden dann auch gleich mit Haut und Haaren geröstet und verzehrt. Natürlich ist diese Delikatesse für einen Weißen etwas gewöhnungsbedürftig. Doch diese Einführungszeremonie öffnete die Tür für eine neue Art von Evangelisation in Turkana.

Fritz:
In den folgenden vier Jahren fuhr ich regelmäßig mit einem Turkana-Pastor oder einem Evangelisten zu den drei Männerbäumen in den bis zu 70 Kilometer entfernten Orten Lomil, Lolupe und Nashuro. Sobald die Männer das Brummen unseres Nissans hörten, ließen sie ihre Ziegen am Fluss zurück und kamen zum Männerbaum. Jeder brachte sein kleines Holzstühlchen mit. Im Kreis versammelten sich meist fünfzehn bis zwanzig Männer. Manchmal waren es auch vierzig und manchmal nur zwei. Gespannt hörten sie dann die Geschichten des Alten Testamentes. Die Entstehung der Welt, das Leben der Patriarchen, die Wüstenwanderung des Volkes Israels, die Königszeit ... all das sind Geschichten, mit denen sich die Turkana sehr wohl identifizieren können. Wir erzählten sie in chronologischer Reihenfolge. Nach vier Jahren hörten die Männer auch von Jesus und seinen Taten. Es war an der Zeit, die Turkana zu einer Entscheidung aufzufordern und in die Nachfolge Jesu zu rufen. Als ich die Männer in der ersten Gruppe fragte, wie sie nun ganz konkret zu Jesus stünden, erlebte ich eine große Überraschung. Ein Sprecher der ganzen Gruppe erhob sich und sagte etwa Folgendes: »Ekisil (mein Turkana-Name), natürlich glauben wir, dass das alles wahr ist, was du erzählt hast. Wir wollen Jesus nachfolgen.«

Mit einer Gruppenentscheidung hatte ich nicht gerechnet! Doch genauso lief es auch in den anderen Gruppen ab – die Kultur der Turkana ist eine, in der wichtige Entscheidungen nur gemeinsam und keineswegs individuell getroffen werden.

Später wurde ich eingeladen, Gottes Wort auch unter den Männerbäumen in Napetau, Ngakitoekiron und Kaikir zu unterrichten. Aus den anfänglichen Männergruppen haben sich im Verlauf der Zeit Gemeinden entwickelt. Frauen und Kinder folgten oft gleich der ersten Einladung zu den Gottesdiensten. Für die Männer, die sich nach gewohnter Weise unter ihrem Baum treffen, ist es nicht gerade einfach, sich nun auch mit Frauen und Kindern gemeinsam zu versammeln. Das entspricht nicht ihrer Tradition und sie treffen sich bis heute noch lieber ohne die Frauen unter ihrem Männerbaum.

Eine der Schattendachkirchen in Turkana

Lisi:
Wo das Evangelium Einzug hält, geschieht Veränderung zum Positiven. Das sahen wir zum Beispiel deutlich in Lomil. Nachdem sich eine Gemeinde formiert hatte, halfen wir den Gläubigen, eine Schattendachkirche aus termitensiche-

ren Stahlpfeilern und einem Wellblechdach zu bauen. Bald danach drängte die Dorfgemeinschaft, dass die Kinder nun lesen und schreiben lernen sollten. Eine Hilfsorganisation errichtete einen Kindergarten, es folgte der Bau einer Klinik und einer Grundschule. Eine ziemlich große Sache war es, in Lomil Toilettenhäuser einzuführen. Die Turkana verrichteten ihre »Geschäfte« lieber hinter einem Busch, denn sie hielten es für sinnvoller, ihre Ausscheidungen im heißen Sand in kleinen Portionen zu hinterlassen, als alles auf einem großen Haufen zu sammeln. Doch die Toilettenhäuschen bei der Kirche, beim Haus des Pastors und an der Grundschule wurden akzeptiert.

Fritz:
Gott hat uns in Turkana nicht nur Zugang zu den traditionellen Männern geschenkt. Auch den Kindern und Frauen können wir dienen. In Lodwar, der Bezirksstadt, bauten wir mit Bauhelfern aus Europa die Nakuluja Academy, eine christliche Schule. Da erhalten die Turkana-Kinder seitdem eine gute Bildung und ein solides Fundament im Glauben. Lisi gibt Religionsunterricht und gestaltet mit den Kindern der siebten und achten Klasse zusammen jeden Sonntag einen lebendigen Gottesdienst. Der kraftvolle und natürliche Gesang der 130 jungen Gottesdienstbesucher, ihre Zeugnisse und ihre Gebete – das kann man gar nicht beschreiben, das muss man erleben!

Viel Vertrauen haben wir in den Jahren auch zu über 50 Waisenkindern unseres »Turkana Child Care Projects« aufgebaut. Alle Kinder des Projektes sind in christliche Familien, meist Verwandte der Waisen, eingegliedert. Sie genießen es, wenn Lisi Zeit hat, sich mit ihnen zu unterhalten, zu spielen oder Englisch zu üben. Daniel Natini zum Beispiel hat, wie alle Kinder des Projektes, beide Eltern durch Aids verloren. Er besucht uns fast jeden Sonntagnachmittag. Am liebsten liest er Lisi die Danielgeschichte aus der englischen Kinderbibel vor und freut sich über einen frischen Maracuja-Saft.

Daniel wohnt mit seiner älteren Schwester zusammen bei seiner Oma. Die Familien werden vom Waisenprojekt mit Lebensmittelhilfe unterstützt, für die Pflegeeltern und Waisen werden Seminare und Freizeiten angeboten und die Ausbildung der Kinder wird finanziert. Dieses Projekt wurde von der Afrika-Inland-Kirche in Lodwar initiiert. Es hilft unkompliziert, kostengünstig und den örtlichen und kulturellen Gegebenheiten angepasst. Wir legen viel Wert darauf, die Kinder schulisch und geistlich zu fördern und für sie da zu sein, wenn es in der Pflegefamilie Probleme gibt.

Um aktiv der großen Armut und dem Hunger in vielen Familien zu begegnen, fing Lisi auch ein Korbflecht-Projekt an. 60 Frauen flechten Körbe und verdienen sich so einen Lebensunterhalt. Die Qualität der Körbe ist inzwischen so gut, dass sie in Nairobi und in Europa guten Absatz finden.

Lisi:
Unsere Jahre in Turkana sind nur so verflogen. Die drei Jahre Überlebenszeit, die die Ärzte Fritz im Jahr 2000 prophezeit hatten, hat Gott vervielfacht. Jede erneute Kernspinaufnahme des Kopfes hat bis jetzt nur immer wieder bestätigt, dass der Tumor nicht nachwächst. Gott hat den Krebs aufgehalten oder möglicherweise sogar ganz besiegt. Er hat ihn aber benutzt, um uns nach Turkana zu schicken und uns dort reich zu beschenken. Seine Wege sind einzigartig und wunderbar!

Ein Krokodil bringt Segen

Dass Predigen nicht die einzige Methode zur Verbreitung »der guten Nachricht« ist, haben vor uns schon andere Christen erkannt. So kann zum Beispiel auch eine medizinische oder landwirtschaftliche Einrichtung, das Bauen eines Staudamms oder das Unterrichten durchaus ein Hinweis auf die Liebe Jesu sein!

Vor einigen Jahren kam ein Maschinenbauingenieur aus Deutschland nach Nairobi, um ein paar Monate in unserem Team mitzuarbeiten. Er hielt nicht viel von oberflächlichen Begegnungen und hatte mehr Freude daran, mit den Afrikanern persönliche Beziehungen aufzubauen. Man könnte sagen, das tat er mit Erfolg, denn er verliebte sich in eine sehr hübsche Afrikanerin, die nach reiflicher Überlegung auch seine Frau wurde. Doch vorher erlebte er noch ein anderes besonderes Abenteuer. Es soll hier nur deshalb erwähnt werden, weil unser einzigartiger Gott dadurch geehrt werden soll.

Uwes Arm war seit drei Jahren nicht mehr ganz so gut funktionsfähig. Unser Team machte einen Ausflug zu einem der wenigen Seen in Ostafrika, an dem es nicht die weitverbreiteten Krankheitserreger von Bilharzia und angeblich auch keine Krokodile geben sollte. Der Chala-See ist außerdem ein wunderschöner Vulkansee an der südöstlichen Grenzregion von Kenia nach Tansania. Uwe überquerte, freudig über einen momentan schmerzfreien Arm, den See und war gerade so etwa 100 Meter vom einsamen Ufer entfernt, als ihn plötzlich ein großes Krokodil von der Seite her angriff.

Nach Hilfe zu schreien war zwecklos und so konnte er nur mit der Faust auf das geöffnete Maul des Tieres einschlagen. Für einen Moment ließ sich das Tier dadurch abwehren, aber so schnell geben sich Krokodile nicht geschlagen. In seiner Verzweiflung schrie er zu Gott: »Wenn du, lieber Herr, mich hier herausholst, gehe ich für dich überall hin, und wenn es zu den Eskimos ist!« Gott holte ihn aus der Gefahr heraus. Das Tier ließ sich irgendwie abwimmeln und bewegte sich in sicherem Abstand weiterhin ruhig im Wasser.

Uwe arbeitete in der Folge zunächst für sieben Jahre in Mandera, einem kleinen Ort mit etwa 40 000 Einwohnern im Dreiländereck Kenia-Somalia-Äthiopien. Man fährt mit dem Bus zwischen zwei und vier Tagen von Nairobi aus, vorausgesetzt, die Strecke ist gerade befahrbar. In dieser Region leben ohne nennenswerte Zukunftsaussichten viele Flüchtlinge aus den umliegenden Krisengebieten. Vor allem sind hier die somalischen Stämme zu nennen.

Dort, mitten im muslimischen Umfeld, baute Uwe also ab 1998 auf dem Grundstück der Afrika-Inland-Kirche eine Handwerksschule auf. Die Arbeit war gezeichnet von vielen Hindernissen und Schwierigkeiten. Die Bevölkerung nahm das Angebot zunächst zögerlich, später dann aber gerne an. Es wurden Ausbildungsgänge zum Schneider, Buchhalter und Sekretär sowie Computerkurse angeboten. Zeitweise wurden auch Maurer und Schreiner ausgebildet. Für einige Jahre hatten wir die Familie Müller an diesem Platz. Als Agrarexperten konnten sie den Menschen zeigen, was man auf so einem Stück Land alles anpflanzen, vor allem aber auch aus ihm herausholen kann.

Seit 2009 liegt die Leitung der Handwerksschule in den Händen der Regierung. Den Kindergarten mit etwa 50 Kindern, eine Grundschule, einen Computer-Reparatur-Service und einen Friseurladen betreuen einheimische Diguna-Mitarbeiter, da es aufgrund von Unruhen aus Sicherheitsgründen nicht mehr möglich war, als Ausländer dort tätig zu sein.

Uwe wechselte nach Nairobi und übernahm bis zum Herbst 2010 die Missionsleitung. Anschließend kehrte er mit seiner Familie nach Deutschland zurück.

Was kann schon ein Missionar auf Probe?

Im Jahr 2000 veränderten wir die Einsatzmöglichkeiten für Kurzzeitmissionare. Bis dahin betrug die geringstmögliche Dauer für die Mitarbeit in der Regel zwei Jahre. Wir hatten gute Erfahrung mit diesem System gemacht. Aber es gab viele Anfragen von jungen Leuten, die für einen Zeitraum von nur sechs Monaten oder einem Jahr mitarbeiten wollten. Wir beteten und überlegten, ob darin vielleicht neue Chancen für unsere Arbeit liegen könnten. Schließlich richteten wir ein spezielles Trainingsprogramm in unserem Zentrum in Haiger ein und haben seitdem ein richtiges Angebotspaket: Mini, Midi, Maxi und Vollzeit.

Die jungen Kurzzeitler lassen sich zunächst in Haiger auf ihren Einsatz vorbereiten.

Seither senden wir jedes Jahr zwischen 30 und 60 der sogenannten Missionshelfer nach Afrika. Wir haben die Erfahrung gemacht, dass bei den meisten Kurzzeitlern die ersten sechs Monate das Missionswerk den Dienst an ihnen tut und nicht umgekehrt. Erst der längere Einsatz bringt auch für das Werk den gewünschten Effekt. Aber es ist auch immer wieder schön, von Eltern zu hören, dass der Sohn oder die Tochter in Afrika zum Beispiel Kochen gelernt hat, geistlich gereift ist oder die Bequemlichkeiten, die sie zu Hause vorfinden, nun aus einem neuen Blickwinkel sehen.

Jasmin Rokotta, die kürzlich in Afrika war, fasst es folgendermaßen zusammen:

Nach der Schule geh ich nach Amerika. Au-pair oder so. Neue Eindrücke sammeln, Englisch kann man in der globalen Welt schließlich auch immer gebrauchen. Mit Kindern klappt das ja auch ganz gut. So ungefähr sah mein Plan nach dem Abitur aus, ganz solide eigentlich. Aber Gott war da irgendwie anderer Meinung und machte mich aufmerksam auf die Mission. »Mission? So was gibt's noch? Gott, das ist jetzt nicht dein Ernst, oder?!« Er meinte es ernst.

Wohin und mit wem, mit welcher Organisation, wusste ich zuerst auch nicht. Nach langem Durchforsten des Internets, einigen Anrufen und zugeschickten Informationen wurde ich immer verwirrter ... Nichts sagte mir richtig zu und ich wurde langsam wütend auf Gott, der mir erst einen verrückten Weg wies und dann nichts mehr von sich hören ließ, was das anging. Es fiel kein Zeichen vom Himmel und ich war frustriert. Der Höhepunkt meiner Frustration lag in einem langen Abend voller wütender Gebete und schlechten Schlafes. Der nächste Tag war ein Schultag. Die tödliche Kombination aus Schultag und wenig Schlaf, gepaart mit geistlicher Unzufriedenheit ergab an diesem Tag einfach nur schlechte Laune. Während ich Englisch hatte, dachte ich immer noch über mein Problem nach. »Gott wo soll ich denn nun hingehen und mit wem?« Gott hat immer das richtige Timing. Nichts ahnend saß ich also da, als unerwartet eine Gruppe von Afrikanern den Klassenraum stürmte. Ich bin mir sicher, dass Gott in diesem Moment über mein entsetztes Gesicht mindestens geschmunzelt hat. In diesem Englischunterricht hatte ich also meine erste Begegnung mit Diguna. Vor mir stand das A-Team[13] – sie sangen fröhlich und vergnügt und ein paar erzählten, wie sie Christ geworden waren –, einfach so, ganz direkt und ehrlich, wie sich das die

---

[13] A-Team ist die Bezeichnung eines Teams afrikanischer Diguna-Mitarbeiter, die circa alle drei Jahre nach Deutschland kommen, um hier von ihrem Glauben zu erzählen.

Deutschen kaum trauen würden. Damit war für mich klar, wohin und mit welcher Organisation es in die Mission gehen sollte. Auf nach Afrika!!!

Genauer gesagt ging es für elf Monate (man muss ja nicht gleich übertreiben!!!) nach Arua in Uganda. Elf Monate erschienen mir sinnvoll, da ich mich so in Deutschland noch für ein Studium in irgendeinem Fach hätte einschreiben können. Außerdem würde ich die imaginäre »Ein-Jahres-Schwelle« in meinem Kopf so nicht überschreiten. Weniger als ein Jahr machte auf mich einen nicht so »extremen« Eindruck, so war das halt ein normaler Kurzeinsatz nach dem Abitur. Wirklich realisiert, was ich da eigentlich mache, habe ich das wahrscheinlich erst im Flugzeug oder bei der Ankunft in Uganda. Als ich in das Flugzeug stieg, ließ ich erst mal alles mir Bekannte zurück. Freunde, Familie, Heimat, alles blieb zurück und ich war auf dem Weg irgendwohin, wo ich mir nicht einmal vorstellen konnte, wie es da aussah.

Meine erste Erfahrung war, dass es anders roch. Das ist wirklich das Erste, was mir auffiel. Aber einfach alles ist anders in Afrika. Andere Farben, andere Menschen, viele neue Eindrücke, und mein Gehirn war absolut überfordert mit der Verarbeitung des Ganzen. Bei den ersten Buscheinsätzen wurde ich mit auf dem Boden kriechenden Frauen konfrontiert, die das Essen bringen. Alle gucken dich ständig an und die Kinder machen sich Mutproben daraus, wer sich am nahsten an den »Muzungu« herantraut. Außerhalb der Station trägt man keine Hosen mehr, sondern Röcke. Alles Essbare, was sich nicht wehrt, wird zigmal gewaschen, bevor man es isst. Dazu der Linksverkehr und ein anderes Zeit- und Raumempfinden!

Auch sehr gewöhnungsbedürftig war das Zusammenleben mit den anderen Mitarbeitern. Plötzlich war ich Teil eines Teams. Zusammen essen, zusammen arbeiten, zusammen die Freizeit gestalten, in einem Zweierzimmer wohnen ... Ich mag Menschen grundsätzlich ehrlich sehr gerne und ich bin *auch wirklich kein »Eigenbrötler«, aber das gemeinschaftliche Wohnen als Team ist doch etwas, an das nicht nur ich mich stark gewöhnen musste.*

Überraschenderweise stellte ich nach der langen Phase des Eingewöhnens irgendwann fest, dass die Station Arua mein Zuhause geworden war, und die restliche Zeit verging wie im Flug. Gerade die Eigenarten des Lebens in Arua, die ich zuerst so befremdlich fand, lernte ich zu schätzen. Durch viele Begegnungen und Ereignisse durfte ich einfach so teilhaben an Gottes Wirken. Was kann es Größeres geben?

Für unsere Kinderstunden hatten wir immer einen Übersetzer aus dem nahe liegenden Gefängnis. Die ersten paar Monate war das jemand, der ironischerweise Innocent (»unschuldig«) hieß. Er machte seine Sache gut und hatte ein großes Herz für Kinder. Er verlor nicht sonderlich viele Worte, aber sein breites Grinsen konnte den Kindern schon alles sagen. Und er war begeistert von Jesus, er hatte wirklich Freude am Herrn und war auch super dankbar, dass Gott ihm vergeben hatte. Irgendwann kam der Zeitpunkt seiner Entlassung und Innocent sah glücklich in die Zukunft. Natürlich sind die Entlassung und das »Fußfassen« draußen schwierig: Man hat kein Einkommen, und wer nach dem Aufenthalt noch Familie und Freunde hat, wird vielleicht aufgenommen, aber die Versuchung, ins alte Leben zurückzukehren, ist auch sehr groß ... Aber Innocent war voller Vertrauen und sich sicher, dass der Herr ihm helfen werde. Einmal traf ich ihn noch und er berichtete, dass er zwar Arbeit gefunden hätte, dass es aber sehr schwere Arbeit und nicht gut bezahlt sei. Dann hörte ich lange Zeit nichts mehr von ihm – über ein halbes Jahr. Und dann traf ich ihn durch Zufall wieder: im Gefängnis! Irgendwie sei Geld verschwunden und jetzt müsste er noch mal drei Jahre »sitzen«. Ich weiß nicht, ob Innocent wirklich unschuldig war, wie er sagte. Ich bezweifle es ehrlich gesagt, aber darum geht es auch nicht. Ich war sprachlos, schockiert, sauer und es tat mir unglaublich leid.

Das versuchte ich ihm auch irgendwie klarzumachen, aber er ermahnte mich: »Jassi, jetzt mach dir doch keine Sorgen! Wir haben doch Jesus Christus und er ist meine Hoffnung – egal, ob ich draußen oder drinnen bin. Und solange ich hier bin, versuche ich halt hier ein Zeugnis zu sein.« Jede theologisch gut ausgearbeitete Predigt hätte mir nicht so viel sagen können, wie er in dem Moment. Mission ist wichtig, damals wie heute. Gott verändert Herzen und kann in jedem Menschen alles verändern, so wie es kein anderer Mensch kann.

Jesus hat gesagt: »Der Geist des Herrn hat von mir Besitz ergriffen, weil der Herr mich gesalbt und bevollmächtigt hat. Er hat mich gesandt, den Armen gute Nachricht zu bringen, den Gefangenen zu verkünden, dass sie frei sein sollen, und den Blinden, dass sie sehen werden. Den Misshandelten soll ich die Freiheit bringen, und das Jahr ausrufen, in dem der Herr sich seinem Volk gnädig zuwendet« (Lukas 4,18-19; GNB). Es gibt keine bessere Nachricht als diese, nichts, dass es mehr wert wäre, gehört zu werden, und jeder Einzelne kann daran mitbeteiligt sein, wie Gott es seinen Menschen zuruft.

Nach fünf Monaten hatte Gott mal wieder andere Pläne als ich. Ich bekam meine Arbeitserlaubnis ausgehändigt, allerdings mit der doppelten Laufzeit und damit auch doppeltem Preis. Mein Stationsleiter erklärte mir, dass man versuchen könne, es rückgängig zu machen, aber dann bräuchte ich wiederum für die Zwischenzeit Visa, und ob es dann klappe, sei auch nicht klar. »Aber vielleicht ist es auch einfach noch nicht dran, dass du dann schon gehst«, fügte er an. Tja, und was war mit meiner »Ein-Jahres-Grenze«? Im Grunde konnte ich mir einen längeren Aufenthalt auch gar nicht leisten ... Ich ließ mir erst mal etwas Zeit mit meiner Entscheidung. Aber dann kam eine überraschende Spende, die ziemlich genau meine Kosten deckte, und das Angebot, mit ins Frauengefängnis gehen zu dürfen, um dort zu predigen. Ich verlängerte. In Deutschland brach bei meiner Familie und meinen Freunden damit natürlich nicht gerade die große Begeisterung aus.

Man könnte sich jetzt denken: »Nach knapp einem Jahr müsste man doch schon alles kennen auf so einer Station«, aber das stimmt nicht. Am Anfang eines solchen Kurzzeiteinsatzes braucht man meist einige Monate, um sich einzufinden, und wenn man dann endlich »drin« ist und sich kreativ in der Arbeit entfalten kann und will, fliegt man schon wieder nach Hause. Im letzten halben Jahr konnte ich mich dann ganz anders auf die Kultur, auf die Menschen und die Arbeit einlassen. Am Anfang hatte ich den Eindruck, keinen der Einheimischen gerade kulturell verstehen zu können. Irgendwann kam dann ein annäherndes Verstehen, gefolgt vom überschwänglichen Hochmut zu meinen, jetzt wüsste ich, worum es geht. Je mehr ich versuchte, die andere Kultur, die andere Denkensart zu verstehen, umso mehr merkte ich, wie wenig ich davon wusste und nachempfinden konnte. Wäre ich nach elf Monaten gegangen, wäre ich wahrscheinlich nicht an diesen Punkt gekommen.

Durch das Verlängern habe ich einen kompletten Teamwechsel miterlebt und gesehen, wie die in einem Jahr aufgebauten Gewohnheiten ersetzt oder verändert wurden. Die Arbeit und das Leben werden auf so einer Missionsstation maßgeblich von den Menschen geprägt, die einen umgeben. Deshalb veränderte sich auch mit dem Teamwechsel sehr viel und ich lernte durch die neuen Menschen auch neue Dinge dazu.

Damit, dass Gott mich für knappe anderthalb Jahre nach Uganda gerufen hat, hat er mich noch mal ganz neu in seine Nachfolge berufen und mir meine Abhängigkeit von ihm ganz neu gezeigt. Ich denke, wir sollten Gottes Willen nicht aus Zwang oder schlechtem Gewissen tun, sondern einzig und allein aus Dankbarkeit, weil Jesus in unseren Herzen lebt. Selbst, wenn das bedeutet, in weit entfernte Länder zu gehen, wo man niemanden kennt und nicht genau weiß, was passiert. Geht man nach Afrika, bringt man erst mal ein Opfer, weil man für gewisse Zeit alles Geliebte zurücklässt und es mit etwas Neuem, Unbekanntem austauscht. Im Nachhinein wird man aber doch viel Freude darüber gewinnen, auserwählt und mit Gott Schritt für Schritt gemeinsam unterwegs zu sein.

Offen und ehrlich kann ich sagen, dass Uganda wirklich mein Leben verändert hat. Als ich nach Uganda gegangen bin, hatte ich den Gedanken, dort Menschen zu verändern, zu begeistern, ihnen Gott zu bringen. Jetzt bin ich wieder in Deutschland und merke, dass der Mensch, bei dem ich die meiste Veränderung bemerke, ich selbst bin. Ich habe vor allem von den Menschen dort gelernt und bin Gott unendlich dankbar für alle Erfahrungen, die ich in meiner Zeit in Afrika sammeln durfte, und dafür, dass ich ihn dort unter anderen Umständen und mit neuen Facetten erleben durfte.

Die unersetzbare Heimat

Unser Zentrum in Deutschland spielt für die Arbeiten in Afrika eine entscheidende Rolle. Ohne dieses Zentrum könnten wir wohl kaum Spenden verwalten, den Freundeskreis pflegen und vor allem auch Mitarbeiter schulen und aussenden. Wie sollte man die Verbindung zu den christlichen Gemeinden lebendig halten und für Nachschub sorgen, wenn man geeignete Räumlichkeiten dazu hätte? Die alte Leimfabrik in Haiger zu kaufen, war einer der größten Glaubensschritte in der Geschichte Digunas, und Gott hat diesen Schritt bestätigt. Zahlreiche Wohnungen, Büros und Lagerräume sind entstanden, und ein kleiner Stamm von Mitarbeitern leistet einen treuen Dienst im Hintergrund. Während sich der klassische Missionar in Afrika an der »Front« befindet, sind es ebenfalls Missionare, die in Verwaltung und Hauswirtschaft ihren Dienst versehen. Nicht immer gibt es dafür das Verständnis.

Als wir vor einigen Jahren einen Neubau planten, erlebten wir gerade von ehemaligen Mitarbeitern besondere Zuwendung. Das ging so weit, dass ein Zimmermann aus dem Schwabenland das gesamte Dach vorbereitete, auch das Holz wurde gespendet, und zum Aufbau brachte er auch noch seinen Bruder und andere Fachkräfte mit. Andere setzten sich für den Brandschutz ein, halfen durch Planung oder Material.

Im Küchenteam hatten wir in den vergangenen Jahren auch immer wieder Veränderungen. Im Jahr 2010 wurden wir mit Hartmut und Uschi, einem bis dahin berufstätigen Ehepaar, beschenkt. Sie wagten einen echten Glaubensschritt, zu dem sich unser Herr, Jesus Christus, bekennt. Dann gibt es da noch die vielen Freunde und Geschwister innerhalb und außerhalb der Gemeinden, die im Verborgenen einen sehr wertvollen Dienst tun. Ohne diese Schar an Helfern könnte ein Missionswerk nicht funktionieren. Gott hat das so eingerichtet, weil er uns und sie segnen will.

Wie wäre das Wort aus Epheser 2,10 besser zu verstehen? »Denn wir sind sein Werk, geschaffen in Christus Jesus zu guten Werken, die Gott zuvor bereitet hat, dass wir darin wandeln sollen.«

Ungenutzte Energie

Dass man Wasser nicht nur verbrauchen, sondern auch zur elektrischen Energiegewinnung nutzen kann, wissen nicht nur die Alpenbewohner in Europa. Vic Paul hatte bei der Auswahl jeder Missionsstation in Afrika immer ein besonderes Auge auf die Wasserversorgung und -nutzung. So erzeugte unsere selbst gebaute Wasserturbine in Mbagathi schon in den 80er-Jahren etwa zehn kW Strom, wenn der Fluss genügend Wasser führte. Das reichte für die Beleuchtung der Häuser und zur Nutzung von Kleingeräten in der Werkstatt aus. Etwa zehn Jahre später wurden die Kinderheime in Tinderet und Ngechek jeweils mit einer 500-kW- und 160-kW-Anlage ausgerüstet.

Unsere Mitarbeiter bei der Installation einer Turbinenanlage

Durch diese technischen Projekte kamen Fachkräfte aus Deutschland und der Schweiz mit der Mission in Berührung, für die Diguna bis dahin eher wie ein Fremdwort klang. Die Einsparungen an den laufenden Stromkosten waren bisher enorm und die teuren Turbinen zahlten sich über die Jahre hinweg aus. Ganze Schulklassen kommen zur Besichtigung unserer Kraftwerke und so ergeben sich Gelegenheiten zum christlichen Zeugnis. Nur wenn aus Wassermangel die eine oder andere Anlage vorübergehend stillsteht und die Generatoren dann Unmengen von Kraftstoff verbrauchen, wird dem Einzelnen wieder bewusst, welche Bedeutung die Wasserkraft hat.

Normalerweise kann man eine gebrauchte Wasserturbinenanlage nicht einfach irgendwo an einem anderen Fluss aufstellen. Die Fallhöhe, die Wassermenge und einige andere Faktoren müssen exakt aufeinander abgestimmt werden. Zudem werden Turbinen in dieser Größenordnung und mit diesem Alter in der Regel nicht abgegeben. Weltweit gab es ein paar Maschinen, die für unsere Verhältnisse einigermaßen geeignet gewesen wären. Als Toni Wiedenmann, ein Freund unserer Arbeit, dann eine gebrauchte Anlage in der Schweiz fand, rechnete er fünfmal nach, ob die Turbine wirklich auf unsere Verhältnisse passen würde, da er einfach nicht an diesen Zufall glauben konnte.

Er schreibt:

Als ich dann die Turbine im E-Werk in Trin Mulin in der Schweiz besichtigt hatte, konnte ich unseren Herrn nur bitten, dass er uns die Maschine beschafft. Nach meiner Besichtigung in der Schweiz waren dort noch mehrere Interessenten aufgetreten. In der Zwischenzeit war es mir möglich, der Leitung dieses E-Werks die Waisenhausarbeit in Afrika vorzustellen und sie auf ihre eigenen christlichen, evangelischen Wurzeln aufmerksam zu machen. Auf mein vielfaches Anfragen hin wurde ich immer wieder vertröstet.

Im Juni 2004 habe ich dann noch einmal Horst Kommerau gebeten, intensiv mit der Mission die Sache vor Gott zu bringen. Unmittelbar danach erhielt ich den Anruf von Herrn Spreiter, dass ich die Maschine für 7500 Schweizer Franken ausbauen könnte. Verwendungszweck für die Maschine müsse allerdings die Waisenhausarbeit von Diguna in Afrika sein! Bei den vielen Interessenten für diese Turbine hätte sich der Verkaufspreis meines Erachtens bestimmt auf weit über 20 000 Schweizer Franken erhöhen lassen.

Das war ein zweites Eingreifen Gottes, da ich von wenigstens einem höheren Angebot wusste. Der Ausbau lief durch den Einsatz und das Engagement von Andrei Peters und Samuel Recher und anderen Brüdern planmäßig. Zwischenzeitlich wurde die Maschine von Dietrich Ginsberg und Andrei mit viel Leidenschaft für unsere neuen Einbauverhältnisse umgebaut. Die Turbine ist jetzt aufgebaut und mit einem anderen Generator versehen, der uns auch kostenlos zugefallen ist. Seitdem haben wir rund um die Uhr in Ngechek Stromversorgung.

Nach etwa acht Monaten Bauzeit wurde 2010 eine weitere Anlage in Rethy im Osten des Kongos fertiggestellt. Toni Wiedenmann besorgte wieder eine gebrauchte Maschine, die wir in zwei Containern von Haiger aus verschickten. Keine Gesellschaft wagt es, in diesen Tagen in diese unsichere Region Leute zu entsenden. Für die Kirchen und Gemeinden vor Ort war es auch deshalb ein großartiges Zeugnis. Fünf Schulen, ein Ausbildungsbetrieb, eine Kaffeefabrik, ein Krankenhaus, 280 Haushalte und der christliche Radiosender werden nun mit dem Strom versorgt. Auch die Druckerei der Kirche konnte in Betrieb genommen werden. Gleich wurden Gesangbücher und Traktate gedruckt.

Es ist uns wichtig, dass diese Projekte in Verbindung mit den einheimischen Gemeinden aufgebaut werden. Nicht nur, dass wir dadurch meist die ehrlichsten Ansprechpartner an unserer Seite haben, wir können dadurch auch das gute Zeugnis von der Gemeinde Jesu am Ort stärken.

Zusammen mit Evangelisten nutzte unser Team die Gelegenheit, nach der Inbetriebnahme mit dem Unimog die Dörfer in der Umgebung zu besuchen und zahlreiche Veranstaltungen durchzuführen. Posaunen und Trompeten aus Deutschland kamen zum Einsatz und bis spät in die Nacht hinein wurde der Film über das Leben Jesu Christi gezeigt. So hat die Wasserkraft noch einiges außer dem Strom in Bewegung gesetzt. Nicht nur Energie für den Moment, sondern auch die berechtigte Hoffnung auf das ewige Leben. Und für alle beteiligten Mitarbeiter war es ein unvergessliches Abenteuer.

Diebstahl von Freileitungen ist in diesem Gebiet natürlich auch ein großes Thema, deshalb hat sich das zwölf Kilometer lange Erdkabel durchaus bewährt. Leider sind die Heerscharen von Termiten auch schon auf den Geschmack gekommen und fressen an den Reparaturstellen die Isolierung an.

Etwas zum Lesen

»Im Anfang war das Wort, und das Wort war bei Gott, und Gott war das Wort« (Johannes 1,1).

Hier wird eine Menge Lesestoff verladen.

Jeder in unserem Team hat irgendwo seinen Schwerpunkt. Kurt und Hanna Zander, die seit den 70er-Jahren in unserer Mannschaft sind, versuchen immer wieder, für Literatur zu sorgen.

Sehr leicht hält man das »Buch der Bücher« für das Wort Gottes – nur: »Das Wort« gab es schon, bevor es Bücher gab. Also ist es der Inhalt, der für uns zählt, nicht die Verpackung. Wir wollen den Menschen das Wort Gottes bringen, nicht nur ein Buch überreichen. Wie viele ungelesene Bibeln stehen wohl weltweit verstaubt in Bücherregalen?

Das bedruckte Papier ist auch in Afrika ein unumgängliches Mittel, das Wort Gottes weiterzugeben, aber es ist nicht das einzige. Die Geschichte von Diguna zeigt, dass gerade da, wo viele nicht lesen können, die Verkündigung durch Radio und Kassette eine gute Alternative ist.

Ich erinnere mich, dass wir vor vielen Jahren im damaligen Zaire mit dem Lastwagen unterwegs waren. Das Programm der Brüdergemeinde, die wir dabei unterstützten, hieß »Ferienbibelschule«, und meine Aufgabe war das Verkaufen von Bibeln, Evangelien und anderen christlichen Büchern. Mit einer mit Bibeln gefüllten Munitionskiste der Bundeswehr saß ich am Straßenrand und versuchte das »Wort Gottes« unter das Volk zu bringen. Es kamen nicht viele, denn in diesem Gebiet war die Analphabetenrate hoch, ebenso wie die Preise der Bücher, die wir verkauften. Aber wie glücklich waren die, die sich ein Buch leisten konnten! Ihre Freude motivierte mich.

So begann meine Suche nach mehr Traktaten und christlichen Schriften in den verschiedenen Stammessprachen. Das war nicht einfach. Einmal wollte ich aufgeben, doch dann kam eine Spende von der Schriftenmission Lime zum Drucken von Schriften in der Zande-Sprache. Es war mein Anfang im Glauben, dass Gott uns versorgt mit seinem Wort, wenn wir uns bemühen, es weiterzugeben.

Dieses Erlebnis liegt über 30 Jahre zurück und seither haben wir viele Millionen Traktate und Bibeln und viele andere hilfreiche Bücher und Bibelkurse verteilt. Möglich wird das durch Partnerschaften mit Missionen in den USA, in Irland und Südafrika und durch die Hilfe unserer Freunde zu Hause.

In regelmäßigen Abständen kommen ganze Containerladungen mit Traktaten, Bibeln, Bibelkorrespondenzkursen und Sonntagsschulmaterial. Kürzlich bekamen wir etwa 10 000 Kindermalbibeln von einem Verlag in Deutschland gespendet. Diese begehrten Bücher werden hier jetzt zum Teil als Religionsunterrichtsmaterial in den Schulen verwendet.

Ein Pionier geht heim

Vic Paul prägte unser Missionswerk wie kein anderer.

Man kann als Motto Matthäus 19,29 über sein Leben stellen: »Und wer Häuser oder Brüder oder Schwestern oder Vater oder Mutter oder Kinder oder Äcker verlässt um meines Namens willen, der wird's hundertfach empfangen und das ewige Leben ererben.«

Wenn es einen Menschen gibt, auf den dieses Wort in unserer Zeit zutrifft, dann war es Vic. Seine Familie war ihm wichtig, aber sie bedeutete ihm nicht alles. Manchmal hat seine Bescheidenheit schon fast gestört. Um Jesu willen war er bereit, aus dem Koffer zu leben und in seinem VW-Käfer jeden Abend den Sitz auszubauen, um seine Matratze reinzulegen, wenn mal alle Zimmer belegt waren. Oft, wenn er aus Afrika zurückkehrte, zog es ihn erst einmal an die Altkleiderreserve unseres Missionswerks. Er wühlte dann einige warme Sachen für seinen Deutschlandaufenthalt hervor. So ging es auch bei den gebrauchten Brillen. Er lebte von einem Taschengeld, aber immer wieder vertrauten ihm Menschen ihre Gaben persönlich an. Er verbrauchte nichts für sich privat. Vic trank meist nur Wasser oder Milch, selten Tee und den Geschmack von Kaffee verglich er scherzhaft mit Benzin.

Bei den Besorgungen in der Stadt war Victor meistens im Laufschritt unterwegs. Ich hatte immer wieder große Mühe hinterherzukommen und außerdem die Angst, dass gleich die Polizei über uns herfallen würde, weil hier normalerweise nur

Diebe rennen. Bei Gesprächen über den Glauben nahm er sich dann aber Zeit für die Leute.

Victor sammelte Blechblasinstrumente für Afrika, mit dem Ziel, den Afrikanern im Kongo etwas Ungewöhnliches in die Hand zu geben. Sie sind ja meist sehr musikalisch.

Auch ohne eigene Frau hatte er viele Verehrerinnen und vor allen Dingen viele »Kinder«. Sie nannten ihn liebevoll »Onkel Vic«.

Victors Landbesitz ist vermutlich unermesslich. Keiner weiß, wie viele Grundstücke und Häuser in Afrika auf seinen Namen eingetragen wurden. Über die vielen Jahre war er immer wieder bereit, seinen Namen dafür herzugeben, wenn es darum ging, irgendwo ein Projekt aufzubauen. Von seinem bedingungslosen Gottvertrauen in diesen Dingen können wir noch eine Menge lernen.

Spendenwerbung und Verwaltungskosten waren für ihn Reizthemen. Es war für ihn immer wichtiger, für Gelder gezielt zu beten, als mit Menschen über finanziellen Mangel zu reden oder gar zu betteln. Bis heute ist es ein Diguna-Prinzip, keine Zahlungsformulare zu versenden, außer wenn sie auf besonderen Wunsch angefordert werden. Vic legte bei Spenden großen Wert auf die strikte Einhaltung von Zweckbindung.

Versicherung und Rente waren für ihn Fremdwörter, nur wenn das Gesetz es irgendwie erforderte, war er bereit, Verträge abzuschließen oder seine Zustimmung zu einem Versicherungsabschluss zu geben. Wenn es mal wieder nach Engpässen in der Versorgung oder der personellen Unterstützung aussah, dann pflegte Vic ein Wort aus 2. Korinther 9,8 zu zitieren: »Gott aber kann machen, dass alle Gnade unter euch reichlich sei, damit ihr in allen Dingen allezeit volle Genüge habt und noch reich seid zu jedem guten Werk.«

Die meisten aus Deutschland versendeten Container und Fahrzeuge hatten deshalb keine Versicherung, auch wenn sich die Spediteure darüber sehr wunderten. Wir haben im Laufe von 30 Jahren von 120 verschickten Seefrachtcontainern nie einen verloren. Allerdings kam es vor, dass so eine zwanzig Tonnen schwere Box schon mal 14 Monate unterwegs war, bis sie ihr Ziel erreichte. Da der Kauf der Container günstiger war als das Mieten, haben wir jeden Container gekauft. Viele davon sind inzwischen beliebte und sichere Behausungen in Afrika geworden.

Vic Paul im Alter von 70 Jahren im Kreise »seiner Kinder«

Ich hätte nie erwartet, dass Vic mal eines natürlichen Todes sterben würde. 1972 auf der Transafrika-Tour in Kamerun hätten wir ihn bei einem Steppenbrand fast mit dem eigenen Fahrzeug überrollt. 1978, im Gründungsjahr des Vereins, hätten wir ihn fast durch ein Schwarzwasserfieber verloren. Auch ohne Krankenversicherung wurde er damals als wissenschaftlicher Fall an der Uni Gießen behandelt und überraschend schnell wieder gesund. Der Professor war begeistert und Victor hatte so einen Service vorher noch nie erlebt. Er hat Gott immer wieder dafür gedankt. Mitte der 80er-Jahre kollidierte er mal mit einem unbeleuchteten Traktor auf dem Weg nach Mombasa. Der Traktorfahrer flüchtete. Vic wurde wenig später bewusstlos gefunden. Der geliehene Pkw war schrott, aber Victor hat überlebt. 2006 musste er in Kenia zusammen mit einigen Mitarbeitern einen grausamen Raubüberfall miterleben. Er wurde gefesselt und mit einer Pistole stundenlang bedroht, aber schließlich befreit.

Jahrelang hatte Vic starke Rückenbeschwerden. Auch Behandlungen in Deutschland konnten ihn nicht heilen. Ein Freund aus der Schweiz finanzierte ihm in Florida einen Platz im Seniorenheim. Selbst Flug- und Behandlungskosten wurden von irgendwelchen Leuten übernommen. Eine Mitarbeiterin aus Taiwan bezahlte das Ticket und begleitete ihn 2007 von Kenia über Deutschland nach Florida. Als er so nach Amerika zurückkehrte, bekam er ein regelmäßiges Taschengeld vom Staat, weil er während des Koreakrieges zum Militär eingezogen worden war. Für alles wurde gesorgt. Gott hat auf ihn geachtet. Diese oben genannte Verheißung ist bei unserem Bruder eingetreten. Das Geld, wie könnte es bei Vic anders sein, floss natürlich voll in die Missionsarbeit nach Afrika.

In den letzten Jahren pflegten seine Schwester und sein Schwager ihn liebevoll, bis er am 22. Juli 2009, im Alter von 78 Jahren, zum letzten Mal seinen Wohnsitz wechselte. Er ist jetzt an dem Ort angekommen, über den er gepredigt und an den er geglaubt hatte. Der amerikanische Staat zahlte noch sein Begräbnis auf einem Ehrenfriedhof für gefallene Soldaten in Sarasota.

Auf seinem schlichten Grabstein steht:

»Victor Jonathan Paul – US-Armee Korea – Missionary in Africa«

»Wir sind keine Aussteiger!«

Nicht nur junge Menschen interessieren sich für Mission. Sie gehören allerdings zu denen, die noch ungebunden, unverschuldet und flexibel sind. Wenn Leute erst einmal verheiratet und sesshaft geworden sind, bleiben sie im Allgemeinen in ihren Bahnen. Wenige verheiratete Paare mit Kindern begeben sich auf das Missionsfeld, und wir freuen uns, dass es bei Diguna auch immer wieder junge Familien gibt, die sich nach Afrika senden lassen.

Es ist schon etwas Besonderes, wenn jemand, der sich ein festes Lebensumfeld eingerichtet hat, noch mal den Schritt wagt und sich senden lässt:

Wir hatten eigentlich beide nie den Wunsch, nach Afrika zu reisen. Ich (Christoph, 54) träumte schon als Jugendlicher davon, eine eigene Familie zu gründen und ein Eigenheim zu besitzen. Und diese Wünsche gingen auch in Erfüllung. Ich habe ein liebe Frau und vier Kinder. Wir haben uns ein Grundstück von 1 000 Quadratmetern gekauft und darauf ein wunderschönes Haus mit Kachelofen und Fußbodenheizung gebaut. Ich hatte einen guten Job als Fernmeldehandwerker bei der Telekom und war dort praktisch unkündbar.

Auch ich (Heidi, 50) hatte nie den speziellen Wunsch, in die Mission zu gehen, obwohl mich als Kind die Missionsfeste, auf denen ich war, schon beeindruckt haben. Nur der Missionsbefehl hat mich immer sehr stark angesprochen, aber ich dachte, das müsste doch allen Christen so gehen. Ich habe als Erzieherin in einem Kinderheim gearbeitet, dann haben wir geheiratet und schließlich war ich fest ins Familienleben eingebunden. Zu der Zeit konnte von Mission keine Rede sein, aber wir waren beide sehr engagiert in unserer Gemeinde. Christoph spielte im Posaunenchor und hielt Jungscharstunden und meine Arbeitsbereiche umfassten den Kindergot-

tesdienst, Mitarbeit im Kirchenvorstand und das Abhalten von Gottesdiensten als Prädikantin in der bayerischen Landeskirche. Später unterrichtete ich (nach der Ausbildung als Katechetin) in der Grund- und Hauptschule das Fach Religion.

Als unsere Kinder älter wurden, besuchten wir im Jahr 2000 eine Wochenendfreizeit von WEC (Weltweiter Einsatz für Christus). Zum ersten Mal wurden wir damit konfrontiert, dass auch ältere Leute in die Mission gehen können, und dass gerade sie auch dort gebraucht werden. Bisher hatte ich immer gedacht, dass man jung sein muss und Pfarrer oder Arzt, um in die Mission zu gehen. Dieser völlig neue Gedanke ließ uns beide nicht mehr los. Zu dem Zeitpunkt war unsere jüngste Tochter 13 Jahre alt und wir dachten, wenn auch sie volljährig ist und auf eigenen Beinen steht, könnten wir ja theoretisch in die Mission gehen. Also beteten wir in den folgenden Jahren immer wieder dafür, dass uns Gott den Weg zeigen möge. Die Zeit schritt voran und die Gedanken an die Mission wurden immer ernsthafter. Schließlich gab es dann keine Gründe mehr, eine Entscheidung für die Mission hinauszuzögern. Unsere Kinder hatten alle ihre Ausbildung beendet und unsere Eltern lebten jeweils in der Nähe von unseren Geschwistern, die sie versorgen konnten. Gott selbst ebnete uns hier den Weg zum richtigen Zeitpunkt. Also begannen wir, uns konkret über Mission zu informieren.

Bei einer Einführungswoche von OM erfuhren wir erstmals etwas über die Grundlagen von Mission und dass man einen Spenderkreis braucht, Rundbriefe schreibt usw. Wir informierten uns bei verschiedenen Missionsgesellschaften und so wurden uns verschiedene Dinge klar. Zum Beispiel machte es für uns keinen Sinn, nochmals eine komplett neue Sprache zu lernen. Das hieß, dass nur ein Land infrage kam, in dem Englisch gesprochen wird. Schließlich hatten wir ein gutes Gespräch bei der Liebenzeller Mission und dort riet man uns, dass wir uns einen festen Termin setzen sollten, bis *wann wir uns definitiv entscheiden, zu gehen, da man bei zu langem Zögern im Endeffekt wahrscheinlich doch nicht gehen wird. Und da Christoph eher ein praktischer Typ ist, wurde uns vorgeschlagen, bei Diguna anzufragen. Zu der Zeit bot die Telekom ihren Mitarbeitern Abfindungen an, wenn sie bis zum 31. August 2006 kündigen würden. Als ich aber bei Diguna anrief, sagte man mir, dass das nächste Infoseminar erst Anfang September stattfinden würde. Ich fragte, ob man uns nicht irgendeine Zusage geben könne, aber das war nicht möglich. Im August waren wir dann auf einer christlichen Freizeit, bei der Christoph total viele biblische Zusagen von Gott bekam. Und obwohl er eher der bedächtige Typ ist, der lieber »bremst«, war er sich sicher, dass er kündigen solle. Trotz des zweimaligen Anrufes von einem Onkel, der riet, Christoph solle bloß nicht kündigen, entschlossen wir uns dazu. Christoph kündigte im Vertrauen auf Gott, ohne dass wir irgendetwas Festes in der Hand gehabt hätten. Dann besuchten wir das Infoseminar von Diguna und bekamen auch gleich an dem Wochenende eine mündliche Zusage. Allerdings gab uns Christine Rempel (die vor ihrer Heirat mit David Rempel noch den Nachnamen Georg trug) den sehr guten Rat, dass wir doch erst mal für zwei Monate nach Afrika gehen sollten, um uns das Ganze mal anzuschauen. Schließlich waren wir vorher noch nie dort gewesen. Diese Zeit sollte uns helfen, herauszufinden, ob diese Arbeit etwas für uns sein könnte. Diesen Rat nahmen wir an.*

Wir verkauften noch vor diesen zwei Monaten unser Haus und zogen in eine Eigentumswohnung. Auch zu diesem Zeitpunkt spürten wir ganz deutlich, dass Gottes Zeitplan einfach perfekt ist. Er schenkte es, dass wir einen Käufer fanden und auch eine tolle gebrauchte Küche für unsere Wohnung. Und gerade zu diesem Zeitpunkt heiratete unsere jüngste Tochter, die viele Möbel aus unserem Haus verwenden konnte, die nicht in unsere neue kleine Wohnung passten. Im August 2007 flogen wir dann für zwei Monate nach Afrika. Eigent-

lich sollten wir nur in Kenia eingesetzt werden, aber kurz vor unserer Abreise bekamen wir eine E-Mail, ob wir es uns denn auch vorstellen könnten, nach Uganda zu gehen. Wir meinten, dass sei okay für uns, wir wollten dahin gehen, wo wir gebraucht würden. In Kenia durften wir bei »Mission Active«[14] teilnehmen und sahen dadurch verschiedene Stationen von Diguna. Die letzten zwei Wochen verbrachten wir in Arua in Uganda. Während unserer ganzen Aufenthalte auf den Stationen in Kenia war ich nie so ganz überzeugt davon, dass das wirklich der richtige Ort für uns sei, aber als wir in die Stadt Arua hineinfuhren und noch nicht einmal auf der Station angekommen waren, da wusste ich auf einmal: Das ist es! Hier ist der richtige Ort für uns und hier will Gott uns haben! Wir sagten zu, dass wir nach Arua gehen würden, und wurden Anfang November 2007 bei Diguna angestellt. Im November und Dezember hielten wir in verschiedenen Gemeinden Vorträge über unsere ersten zwei Monate in Afrika und bauten uns einen Freundeskreis auf, der uns im Gebet und mit Finanzen unterstützte.

Die Reaktionen der Leute auf unsere Entscheidung waren ganz unterschiedlich. Unsere Tochter versicherte uns, dass sie stolz auf uns sei, und es gab viele andere Leute, die den Mut, etwas völlig Neues anzufangen, bewunderten, aber es gab auch die Leute, die uns sagten, dass wir völlig verrückt seien. Einige fragten uns, ob wir »Aussteiger« aus der Gesellschaft seien, weil wir Deutschland den Rücken kehrten, aber dies konnten wir mit gutem Gewissen verneinen.

Nach einer guten Vorbereitungszeit in Haiger absolvierten wir einen Englischkurs auf Malta. Schließlich reisten wir im Mai 2008 nach Arua aus. Im Anschluss an unsere Aussen-

---

[14] »Mission Active« ist ein drei- bis vierwöchiger Missionseinsatz. Jedes Jahr bietet Diguna drei verschiedene Einsätze für Interessenten aus Deutschland an. Diese Einsätze werden als Mini-Einsatz bezeichnet, ein Einsatz ab vier Monaten als Midi und ein Einsatz ab zwei Jahren als Maxi (Anmerkung des Verlags).

dungsfeier gab uns eine Frau noch einen Bibelvers aus Jesaja 40,31 mit auf den Weg: »Aber die auf den Herrn harren, kriegen neue Kraft, dass sie auffahren mit Flügeln wie Adler, dass sie laufen und nicht matt werden, dass sie wandeln und nicht müde werden.«

Und genau dieser Vers stand an einer Hauswand in Kampala, wo wir die erste Nacht in Uganda verbrachten. So haben wir auch da ganz konkret gespürt: Hier möchte Gott uns haben.

Wir sind jetzt seit drei Jahren hier und können nur darüber staunen, wie Gott unsere Gebete um das passende Arbeitsfeld erhört hat. Jeder von uns kann seine Gaben perfekt einsetzen. Ziemlich bald habe ich gemerkt, dass der Religionsunterricht an den Schulen nicht regelmäßig stattfindet, und Gott hat mir die Möglichkeit aufgezeigt, Religionslehrer auszubilden. Dadurch ist auch die Idee für die »School Ministry« (Evangelisieren in Schulen) entstanden. Christoph kann hier total viele praktische Dinge anwenden, die er sich in seiner Teenagerzeit bei seinem Vater, einem Kfz-Mechaniker, abgeschaut hat, aber auch Fähigkeiten, die er in seinem Beruf gelernt hat, wie z. B. das Löten in der Trompetenwerkstatt. Früher dachte Christoph immer: Das, was ich kann, das kann doch jeder Afrikaner. Als wir aber mit der Arbeit hier begannen, merkte er bald, dass das Gegenteil der Fall war und dass er sein Können unterschätzt hatte.

Bei unserem Heimataufenthalt in Deutschland konnten wir in verschiedenen Kirchengemeinden, Gruppen, in der Schule und im Gefängnis von unserer Arbeit hier in Arua berichten und so auch Zeugnis geben, wie Gott handelt.

Im Rückblick wurde uns bewusst, wie perfekt Gottes Zeitplan war. Die acht Jahre, die seit unserem ersten Gedanken an Mission vergangen sind, bis zu unserer tatsächlichen Ausreise hat er genutzt, um uns auf unsere Aufgabe hier vorzubereiten. Es ist Gottes Geschenk, dass unsere Herzen nicht am Materiellen kleben blieben und wir die Freiheit bekamen, uns von Haus, Autos und Motorrad und allen möglichen anderen Dingen zu trennen. Wir haben diesen Schritt in die Mission noch nie bereut, Gott hat uns den Frieden und die Gewissheit dazu gegeben.

Wir sind dankbar, wie wunderbar Gott uns in unserem Leben geführt und geleitet hat und wie er noch heute täglich für uns hier sorgt. Und wir möchten auch andere ermutigen, neue Schritte im Vertrauen auf Gott zu wagen!

In Jakobus 1,22 steht: »Es genügt aber nicht, dieses Wort nur anzuhören. Ihr müsst es in die Tat umsetzen, sonst betrügt ihr euch selbst!« Schade, wenn Ehepaar Rauch zu Hause geblieben wäre!

Die Kraft des Gebets

Lange bevor dieses Missionswerk zu einer Organisation wurde, spielte das Gebet im Kongo-Team schon eine übergeordnete Rolle. Vor allem das Gebet um Gottes klare Führung und darum, seinen Willen bei jedem Schritt zu erkennen. Für das erste Geld zur Anschaffung von Fahrzeugen und für die nötigen Mitarbeiter wurde Gott angerufen.

Auf den Missionsstationen beginnt der Arbeitstag meist mit Andacht und Gebet. In den letzten Jahren wurden nicht nur in den Veröffentlichungen besondere Schwerpunkte auf das Gebet gesetzt, es wurden auch für jeden Tag des Monats spezielle Gebetsanliegen bekannt gegeben. Der treue »harte Kern« unserer Missionsfreunde bekommt auf Wunsch per Brief oder per E-Mail jeweils für jeden neuen Monat diese aktuellen Gebetsanliegen zugesendet. Per E-Mail kann man ihn unter der Adresse gebet@Diguna.de bestellen. Aktuell machen rund 1 350 Freunde davon Gebrauch.

Wenn in Matthäus 18,20 schon bei zwei oder drei Betern eine große Verheißung zugesagt wird, dann hat das sicher einen großen Einfluss bei dieser Anzahl von betenden Geschwistern. Wir erwarten von jedem Mitarbeiter vor seiner Ausreise, dass er mindestens drei verbindliche Beter aufweisen kann. Denn wie George Verwer von OM es einmal sagte: »Wenn wir uns der Armee Gottes anschließen und zu den Unerreichten gehen, dann ist es, als wenn wir uns im Prinzip eine Zielscheibe auf die Stirn malen, um vom Feind abgeschossen zu werden.« Wir haben auch in den 40 Jahren Geschichte unseres Missionswerks schmerzhaft erleben müssen, dass Menschen trotz eines guten Starts später auf der Strecke geblieben sind. Und weil es ein geistlicher Kampf ist, deshalb benötigt jeder Mitarbeiter gezieltes Gebet. An dieser Stelle richten wir an Sie ein herzliches Dankeschön, wenn auch Sie zu den Gebetsunterstützern gehören!

Cathrin Bezold, die aus Südafrika stammt, erzählt von ihren ganz persönlichen Erfahrungen mit dem Gebet:

Es begann schon, als ich noch ein kleines Mädchen war. Damals wurde ich Nacht für Nacht von schrecklichen Albträumen aufgeweckt. Meine Mutter tröstete mich jedes Mal und wenn ich bei ihr war, verschwand meine Angst. Ich konnte nur dann wieder einschlafen, wenn meine Mutter an meiner Seite schlief. Eines Nachts fragte sie mich, ob ich mir vorstellen könnte, dass Jesus genauso bei mir sein könnte, wie sie es war. Sie erklärte mir, dass Jesus, auch wenn ich ihn nicht sehen könne, wirklich da sei, und dass ich ihn beim nächsten Mal um Hilfe bitten solle. Und, wie könnte es auch anders sein, in der nächsten Nacht hatte ich wieder einen Albtraum, aber diesmal rief ich nicht meine Mutter, sondern ich rief zu Jesus. Dann spürte ich einen überwältigenden Frieden und konnte wieder einschlafen. So fing für mich alles an. Ich erfuhr, dass Jesus nicht leiblich anwesend war wie meine Mutter, aber dass er mir, inmitten meiner Angst, einen Frieden geben konnte, der mich sogar mehr tröstete, als meine Mutter es vermochte.

Nach den Schrecken der Nacht kamen die Schrecken des Tages! Als ich älter wurde, erlebte ich schwerere Prüfungen als nur Albträume. Aber ich hatte inzwischen gelernt, mir um nichts mehr Sorgen zu machen und stattdessen alle Dinge, große und kleine, im Gebet zu Jesus zu bringen. Meine Probleme sind dadurch nicht immer verschwunden, aber Gott schenkte mir einen Frieden, durch den ich wusste, dass er alles im Griff hatte und mir durch stürmische Situationen hindurchhelfen würde.

In den ersten Jahren meines Missionsdienstes war ich in einem Team, das auf dem Zambezi-Fluss unterwegs war, um einen Stamm zu erreichen, der noch nie von Jesus gehört hatte. Ich hatte drei sehr große Bibel-Bildergeschichten dabei, um sie in der Kinderarbeit einzusetzen. An unserem letzten Tag erzählte ich die Geschichte von der Frau, die Jesu Gewand berührt hatte, um geheilt zu werden. Bei der Veranstaltung war ein kleines Mädchen namens Cia dabei, die sich das Ganze anschaute und am Schluss zu uns kam, damit wir für sie beteten. Ihre Eltern kamen hinterher und erklärten uns, dass sie völlig taub sei, und wünschten, dass wir für sie beteten, damit sie, wie die Frau in der Bildergeschichte, geheilt würde. Dann haben mein Team und ich für sie gebetet und sie wurde auf wundersame Weise geheilt! Gott war da!

Meine Reise mit dem Gebet ging weiter und ich erfuhr, wie Gott die kleinsten Gebete, die etwa die finanzielle Versorgung für mich betrafen, beantwortete. Aber es gab eben auch gewaltige Gebetserhörungen wie etwa Cias Heilung. Ein Gebet, das ich oft auf dem Herzen hatte, war, dass Gott mir einen Missionarsehemann und Kinder schenken möge. Während ich in verschiedenen afrikanischen Ländern für den Herrn weiterarbeitete, unterstützte mich meine Familie im Gebet hinsichtlich dieses Traums. Anfang 2009 sah ich dann schon diese Träume wahr werden. Ich hatte Martin, einen Mitarbeiter von Diguna, im Sudan kennengelernt. Ein wunderbarer christlicher Mann, liebevoll, freundlich und einfühl-

sam. Am 6. Januar machte er mir einen Heiratsantrag und sowohl unsere Familien wie auch unsere Gemeinden freuten sich mit uns.

Am 14. Februar wurde bei Martin Krebs festgestellt und nach Aussagen der Ärzte gab es keine Hoffnung. Aber irgendwie fühlten Martin und ich mitten im Sturm Frieden. Gewiss gab es viele Tränen und oft lagen wir gemeinsam auf den Knien, während Leute auf der ganzen Welt für uns beteten. In dieser schweren Zeit schrieb Martin mir drei Karten. In einer vom 23. Februar schrieb er: »Wir brauchen keine Angst zu haben, denn Gott möchte uns nur helfen.« Wir alle spürten, welchen Frieden Martin hatte, weil er in Gottes Willen lebte.

Beide beteten wir darum, dass Gott uns Zeit schenken möge, um heiraten zu können, was dann auch am 7. April geschah. Es war ein wunderschöner sonniger Frühlingstag und wir waren beide so glücklich! Gott schenkte uns mitten in dieser tragischen Situation einen herrlichen Tag, an dem wir uns freuen konnten. Wir freuten uns an Gott, an unserer Liebe füreinander und an dem Geschenk, Freunde und Familienangehörige um uns herum zu haben. Zwei Wochen später starb Martin. Es war ein schwerer, aber auch wertvoller Augenblick, als ich Martins Kopf hielt und erlebte, wie sein Geist aus einem Körper voller Krebs erlöst wurde und ich ohne den geringsten Zweifel wusste, dass Martin auf ewig geheilt und im Himmel war. Gott hatte einen Plan und eine Bestimmung für Martins Leben und beides war nun erfüllt.

Aber was war mit meinem Leben, mit meiner Zukunft und meinen Träumen? Mitten im Sturm, wo es keinen Frieden gibt, wo es auf so viele Fragen keine Antwort gibt, blieb mir doch eins: Gebet! Gebet zu allen Zeiten, ich konnte echt sein vor Gott, dem Vater, vor ihm weinen und alle Ängste vor ihn bringen. Er erhörte mein Gebet und er schenkte mir Frieden in diesem Sturm. Er half mir, wieder heil zu werden, und er zeigte mir, wie ich in dem Ganzen echt und auch dankbar sein kann. Er half mir, neue Hoffnung zu gewinnen und bereit zu werden, zur Arbeit des Herrn im Sudan zurückzukehren.

Im Dezember 2009 konnte ich noch einmal zu den Lopit-Dörfern im Sudan reisen. Die Leute dort erzählten mir, dass sie drei Tage lang um Martin getrauert und für ihn getanzt hatten, genauso wie sie es für einen Verstorbenen von ihnen getan hätten. Ich erzählte ihnen dann von Martins Leben, von seinem Tod und dass er jetzt ewiges Leben mit Jesus habe. Daraufhin kamen viele nach vorn, um Jesus als ihren persönlichen Retter aufzunehmen.

Cathrin Bezold ist Lehrerin und arbeitet nun seit einigen Jahren im Südsudan bei einem bisher unerreichten Stamm. Sie genießt das Vertrauen der Bevölkerung. Mithilfe des Films »Jesus« in der Lopit-Sprache und einigen anderen Hilfsmitteln versucht sie, ein Zeugnis für Jesus zu sein, besonders die Sonntagsschule und Vorschule für die Kinder sind ihr ein großes Anliegen.

Die Herzen verändern …

Anfang 2011 wurde der Südsudan selbstständig. Das Land hat noch einen langen Weg vor sich, bevor zum Beispiel eine vernünftige Infrastruktur vorhanden sein wird. Trotzdem bringen die jahrelangen Vorarbeiten von Stephan und Iris Matusik erste Früchte, auch wenn sie mit viel Widerstand zu kämpfen haben: Es wurden ein Flugzeuglandestreifen angelegt, verschiedene Gebäude errichtet und ein Brunnen gebohrt.

Das landwirtschaftliche Projekt und die Klinik sind für die Bevölkerung eine große Hilfe. In regelmäßigen Abständen kommt ein Ärzteteam, um die Menschen zu behandeln. Das bildet Vertrauen unter den Menschen, die einmal nichts anderes außer Krieg kannten. Im Alltag sorgen immer wieder Schlangen für Aufsehen, wenn sie zum Beispiel ein Huhn oder die Lieblingskatze der Kinder töten. Kürzlich fiel bei den Schulaufgaben eine kleine grüne Schlange vom Baum auf das Dach und dann direkt auf den Schultisch. Gott sei Dank, dass nichts passiert ist!

Familie Matusik hat fünf Kinder. Die Schulpflichtigen werden von Iris durch eine englische Fernschule unterrichtet. Bevor Stephan zu Diguna kam, hatte er mehrere Transporte mit Fahrzeugen über die 6 000 Kilometer lange Strecke von Südafrika in den Sudan durchgeführt.

Pension, Gasthaus und Missionszentrale

Von Mbagathi unserer kleinen Missionsstation 18 Kilometer außerhalb der Landeshauptstadt Nairobi entfernt laufen immer wieder viele Aktivitäten.

Die Häuser haben Wasser und Strom, auf den ersten Blick merkt man kaum, dass man in Afrika ist. Aber diese Basis ist wichtig für Pionierarbeit im Umkreis von einigen tausend Kilometern. Verwaltung, Öffentlichkeitsarbeit, Gästebetrieb.

Jeden Monat etwa 30 Flughafenfahrten. Ein Konferenz-Zentrum bietet Gemeinden die Möglichkeit, mal einige Tage intensive Gemeinschaft zu pflegen.

Die Bibelschule DDT *(Diguna Discipleship Training)* entstand durch drei Familien aus der Schweiz, die mit der *New-Life*-Bibelschule zu regelmäßigen Einsätzen nach Afrika kamen. Familie Hans und Jacqueline Seppi leiten das Projekt. Ihre Kinder sind mittlerweile selbstständig und leben in der Schweiz.

Im Laufe der 25 Jahre hatten wir schon ca. 1 840 Leute in den Kursen. Viele von ihnen kamen zu mehreren Kursen. Unser Zertifikatsprogramm, ein Programm mit neun Kursen über mindestens drei Jahre, haben 130 Leute abgeschlossen. Es entspricht ca. einem Jahr Bibelschule. Die Teilnehmer kommen schätzungsweise aus 35 verschiedenen Stämmen, die meisten von ihnen aus Kenia, ca. zehn Prozent aus Tansania, einige aus Uganda, je einer aus Kongo beziehungsweise Äthiopien. Die Leute kamen aus mindestens 50 verschiedenen Denominationen. So treffen wir fast überall in Ostafrika bei unseren Veranstaltung ein bekanntes Gesicht. Das wiederum öffnet uns Türen für Schuleinsätze, Gemeindebesuche oder irgendwo zum Übernachten.

Mehrmals im Jahr gibt es sogenannte Camps, an denen bis zu 100 Jugendliche teilnehmen und anschließend mit Lkws oder Kleinbussen auf Einsatz gehen. Im Gebiet der Pokot nahmen in wenigen Tagen über 8000 Zuhörer an den Veranstaltungen teil. 700 haben öffentlich bekundet, dass sie ihr Leben nun Jesus anvertrauen möchten. Kürzlich kam so eine Mannschaft zurück und berichtete von 70 Schuleinsätzen in drei Wochen, bei denen 23000 Schüler die Botschaft über Jesus hörten. Ein Schulleiter war vor Jahren selbst bei solch einem Einsatz zum Glauben gekommen. Das öffnete uns eine Tür.

Die Tochter des Chauffeurs für den Botschafter hatte auch an solch einem Einsatz teilgenommen. Der Vater meinte hinterher, er erkenne sein Mädchen gar nicht wieder, sie habe sich durch dieses Camp irgendwie positiv verändert. Gott weiß, was aus dem Leben des Einzelnen wird. Ihm vertrauen wir uns an und in seinem Auftrag sind wir unterwegs.

Auch nachts ist es auf der Station sicher, obwohl gleich auf der anderen Seite des kleinen Flusses der Nairobi-Nationalpark beginnt und die Tiere manchmal nicht so genau wissen, wo die Grenze des Parks verläuft. Manchmal hört man nachts Löwen oder Hyänen heulen. Wir hatten uns schon gewundert, dass immer mal wieder ein Hund verschwand, bis kürzlich einige Knochen hinter dem Haus von Familie Seppi gefunden wurden, die man den Wachhunden zuordnen konnte. Seitdem werden die Hunde jetzt abends reingeholt. Tagsüber sind es nur die Horden von Affen, die auf ihren Streifzügen hauptsächlich die Küchenabfälle durchwühlen. »Hakuna Matata«, sagt man auf Swahili, »macht doch nichts.«

Auch die Kinderstunde Samstagnachmittags, die meine Frau Angelika Anfang der Achtzigerjahre begonnen hatte, wird noch immer fortgesetzt. Heute wird das Programm zum Teil von denen gestaltet, die damals zum Glauben gekommen waren. Eine Mitarbeiterin siedelte sich nach ihrer Heirat in einem der Slums von Nairobi an und arbeitet dort seit 1991. Durch die Arbeit dieses Ehepaars sind 15 Gemeinden entstanden. Ein kleines Team besucht auch regelmäßig die Randbezirke der Hauptstadt und versucht dort, den Menschen ganz praktisch zu helfen.

Marthas Platz ist in Afrika

Immer wieder kommen in Mbagathi, unserer Missionszentrale in Kenia, Gäste zu Besuch. Es sind meist Missionare auf der Durchreise oder aber auch ehemalige Digunas, die noch mal alte Erinnerungen auffrischen möchten, Rentner, die hier überwintern, oder auch Eltern, die ihre als Missionare tätigen Kinder besuchen kommen, um auch die Schönheiten Afrikas zu erleben.

Solange die eigentliche Missionsarbeit dadurch nicht aufgehalten oder eingeschränkt werden muss, ist das auch ganz interessant. Für unsere Frauen bzw. Gästemamas stellt das aber oft eine große Herausforderung dar. Manchmal staunen wir, wie sie das alles schaffen.

Martha Mischnick war auch eine der Frauen, die ständig sehr viele Besucher bei sich hatte. Ihr Wohnzimmer beziehungsweise die Terrasse waren Plätze der Gemeinschaft. Fast immer fanden sich dort Mitarbeiter oder Durchreisende ein. Ihre fröhliche Art ließ jedermann, der in ihr Heim einkehrte, sich wohlfühlen.

Martha war mit Leib und Seele Missionarin. Bevor sie zu Diguna kam, war sie mit Campus für Christus in Afrika unterwegs gewesen. Ihre Berufung war es, für Menschen da zu sein.

Ab 1979 hatte sie am Aufbau der Station Mbagathi mitgearbeitet und dann ein Jahr später Martin geheiratet. Beide hörten den Ruf, in den Kongo zu gehen, um die Evangelisationsarbeit der Kirche zu unterstützen. Bis zum Bürgerkrieg in 1997 hatten sie maßgeblich den Aufbau der Station Bogoro vorangetrieben.

Die Nachricht von der unheilbaren Krebserkrankung haben Martha und Martin während ihres Heimatdienstes in Deutschland erfahren. Martha wollte aber unbedingt im Januar 2011 wieder ausreisen und in Afrika zu ihrem Herrn gehen.

In ihren letzten Tagen musste sie viele Schmerzen ertragen, aber sie konnte trotzdem vielen Besuchern ihren Trost spenden. Ihre beiden Kinder kamen aus Deutschland und zeitweise auch ihre Schwester mit Tochter. Martha wünschte sich, dass man mit ihr singt, und ihre Zuversicht war ungebrochen.

In den frühen Morgenstunden des 22. Februar 2011 ging sie heim zu ihrem Herrn, an den sie von Herzen geglaubt hat. In den darauffolgenden Tagen traf sich unser Team immer, wenn die Sonne untergegangen war, im Hause Mischnick, um zu singen und Gott anzubeten. Am 25. Februar wurde Marthas Körper unweit der Bibelschule auf dem Grundstück von Diguna beigesetzt. Neben einer großen Schirmakazie schmückten Hunderte von Rosen das Grab. Über 600 Freunde und Bekannt kamen, um daran teilzunehmen. Es war keine gewöhnliche Trauerfeier. Es war ein großartiges Zeugnis von der lebendigen Hoffnung auf die Ewigkeit. Trotz allem Schmerz und dem großen Verlust zeigte sich hier in besonderer Weise, was christlicher Glaube ausmacht.

Ostafrika hungert

Unsere Mitarbeiterin Katharina Lotz berichtet über die Hungerkatastrophe direkt aus Tinderet:

Im Sommer 2011 wurden die Medien in Europa auf eine erneute Hungerkatastrophe in Ostafrika aufmerksam. Die Meldungen, wonach es seit 60 Jahren keine solche Dürre in dem Gebiet gegeben haben sollte, überschlugen sich. Unsere Leute haben zum Beispiel in der Turkana-Wüste immer wieder Dürreperioden erlebt. Aber dieses Mal war es besonders schlimm.

Viele Brunnen waren ausgetrocknet und so mussten die Nomaden auf ihrer Suche nach Wasser manchmal über 50 Kilometer zurücklegen. In dieser Situation spielten dann auch die Konflikte zwischen den unterschiedlichen Stammesgebieten eine Rolle, denn die verfeindeten Stämme verteidigen ihre Wasserstellen gegeneinander.

Eine Samburu-Mutter mit Kind in Nordkenia

Streitereien um Weideland, Stammeskonflikte und oft, wie in Somalia, keine handlungsfähige Regierung ... Wie bei allen

Krisen dieser Welt könnten wir dafür Ursachenforschung betreiben und versuchen, die Schuldigen zu finden.

Oder aber anpacken und Gutes tun. In kurzer Zeit haben viele Christen in Europa uns im Sommer 2011 ihre Spende anvertraut. Das hat uns herausgefordert, alle verfügbaren Kräfte zu mobilisieren. Zusammen mit unserem Partner Humedica aus Kaufbeuren konnten in kürzester Zeit etwa 700 Tonnen Lebensmittel zu unseren Partnerkirchen in der Region gebracht werden. Unsere alten Bundeswehrlastwagen leisteten einen hervorragenden Dienst.

Christine Rempel schreibt:
Wir laden die Dorfältesten aus der Region ein, um mit ihnen gemeinsam die Lebensmittelversorgung zu planen. Sie kennen genau die Zahl der Hütten und die Zahl der Bewohner. Das ist erstaunlich. Mal sind es 598 Personen und mal 280 Personen in einem Ort. Dementsprechend stellen wir unsere Versorgungspakete zusammen. Und am nächsten Tag machen wir uns mit einer großen Ladung auf den Weg.

Wir fahren zuerst zum Häuptling und versorgen seine Familie mit Mais, Reis und Speiseöl, das wir alles im weit entfernten Nairobi eingekauft haben. Der Häuptling hat extra sein weißes Hemd angezogen – üblicherweise trägt er traditionelle Kleidung – und begrüßt uns voller Freude. Seine ganze Familie erscheint vor dem Haus. Aber es gibt auch Tränen. Die Kleinsten haben uns Farblose entdeckt und laufen vor Schreck weinend und zum Teil sogar schreiend davon.

Dann nehmen wir den Häuptling mit. Es ist gut, dass er uns hilft, den Weg zu finden. Durch ihn ist auch ein gewisser Respekt vorhanden, wenn der große Lkw ankommt. In jedem Dorf – etwa zehn Dörfer haben wir versorgt – kommen sofort die ersten dreißig bis fünfzig Kinder auf den blau-weißen Lkw zugerannt. Ihr Gedanke ist wohl: Endlich ein Auto, was wird es uns bringen?

Beim Abladen der Lebensmittel werden die Augen immer größer. Wir sind froh, dass der Häuptling dabei ist, denn so ist ein geordneter Ablauf gewährleistet. Die Frauen wollen uns anfassen und begrüßen, die größeren Kinder bestaunen unser Aussehen, unsere Haare, unser Reden. Die Freude, dass sie Essen bekommen, ist groß. Sie dürfen spüren, dass man sie nicht vergessen hat.

An manchen Orten konnten wir bei dieser Gelegenheit abends den Jesusfilm zeigen. Wir wollen ja nicht nur den körperlichen Hunger stillen, sondern ihnen das Brot des Lebens bringen!

Katharina Lotz berichtet weiter:
Wir sind zurzeit mit einem Team in Namerei, Region Marsabit, und bauen eine Klinik sowie ein Wohnhaus für eine der Krankenschwestern.

Schon im Vorfeld wurde eine große Ladung von uns in den Norden Kenias nach Korr gebracht, die wir planen zu verteilen. Auch für uns als Team haben wir eingekauft und so sind wir mit Lebensmitteln gut ausgestattet. Das hilft uns, die täglichen Gäste zu versorgen, die einfach nur Hallo sagen wollen oder mit einem Anliegen zu uns kommen. Sie sind überglücklich, eine Tasse Tee zu bekommen oder auch einen Teller voll Reis. Frauen aus der Region in ihren tollen bunten Tüchern und ihrem wunderschönen Halsschmuck suchen nach Wasser. Am Tag laufen sie bis zu 25 Kilometer, um 20 bis 30 Liter nach Hause zu schleppen. Auch sie machen bei uns halt und suchen nach Hilfe. Sie sagen uns, dass ihre Kinder hungrig sind. Beim Anblick der Babys und Kleinkinder wird natürlich jedes Herz weich.

Allerdings machen unsere Leute in Lokichokio wieder andere Erfahrungen: Fast jeden Tag beten wir als Familie für Regen, vor Ort betet Oliver mit seinen Schülern in der Handwerksschule bei der Morgenandacht und seine Frau Aldecy bei den

Andachten mit der Frauengruppe und auch in den verschiedenen Gemeinden Lokichokios für Regen. Nachdem es endlich ein wenig geregnet hatte, bedankten wir uns bei Gott, lobten ihn und beteten für noch mehr Regen. Er erhörte unsere Gebete immer und immer wieder, und nun ist Lokichokio grüner denn je. Das Gelände um das Haus dort gleicht nun eher einem Regenwald als einer Trockensavanne.

Da jedoch kaum einer mit diesem Segen gerechnet hatte, haben nur wenige sich die Mühe gemacht, ein Feld zu bearbeiten, es mit Dornenbüschen einzuzäunen und etwas anzupflanzen. Deshalb ist zwar alles grün um Loki, und gelbe Blumen blühen an vielen Stellen. Aber ein großer Teil der Bevölkerung hat nach wie vor nicht genug zu essen. Die Tiere sind gut genährt und die Kühe geben mehr Milch, darum geht es den Turkanas auf dem Land oder besser gesagt im Busch verhältnismäßig gut. Doch die arme Bevölkerung in Lokichokio, die keine Herden besitzt, überlebt nach wie vor nur durch Lebensmittelspenden.

Aus Tinderet haben wir uns insgesamt schon viermal auf den Weg Richtung Lodwar gemacht. Aber bevor die Reise losgeht, muss Mais gekauft, gereinigt, ordentlich verpackt und verladen werden. Ein Sack wiegt 90 kg, da gerät man ganz schön ins Schwitzen, bis die 50 bis 60 Säcke Mais endlich auf dem Lkw liegen. Wenn wir in Tinderet unsere Reise starten, liegen etwa 500 Kilometer vor uns. Der Unterschied vom saftigen Hochland Tinderets zur Turkana-Wüste kann kaum krasser sein. In Tinderet sind wir recht verwöhnt mit reichlich Wasser und grünen Feldern. Davon ist in Turkana nichts zu sehen. Die Menschen in und um Lodwar sind hungrig und haben nichts zu essen, keine Felder, keine Viehzucht mehr. Weit und breit nur Sand und Büsche. Die ortsansässige Afrika-Inland-Kirche organisiert für uns die Verteilung. Die Pastoren vor Ort zeigen uns den Weg in die abgelegensten Ecken der Wüste, um auch dort die Menschen mit Essen zu versorgen. Jeder einzelne Kilometer lohnt sich, denn die

Menschen in ihren Dörfern fühlen sich so vergessen. Die Verteilung des Maises erfolgt meist an die Kirchen, die dann in kleineren Rationen den Maises an die Familien weitergeben.

Lang ersehnt: Endlich trifft die Lebensmittellieferung ein.

Bei unserer Ankunft scheint immer das ganze Dorf versammelt zu sein, um uns willkommen zu heißen. Es ist bewegend zu sehen, wie die Menschen mit ihrer Situation umgehen. Trotz allem sind sie freundlich, winken aus weiter Entfernung dem blau-weißen Lastwagen zu und freuen sich, dass wir kommen. Warum? Weshalb? Wieso? Das sind Fragen, die angesichts des großen Leids auftauchen. Eine wirkliche Antwort haben wir darauf auch nicht. Aber in all dem sind wir froh, dass wir, durch die großzügigen Spenden, ein Werkzeug sein dürfen, den Menschen in Turkana nicht nur in der aktuellen schwierigen Situation zu helfen.

Licht breitet sich aus

Eines stellen wir immer wieder fest: Unsere Mitarbeiter erleben nicht nur mit, dass durch ihr Zeugnis und ihren praktischen Einsatz Menschen in Afrika das Evangelium kennenlernen, sondern auch, dass sie selbst entscheidend geprägt werden. Nur wenige, die bei uns mitgearbeitet haben, kehren anschließend in ihren bürgerlichen Beruf und ins Alltagsleben zurück. Nicht wenige fühlen sich durch den persönlichen Einsatz und die zahlreichen Gebetserfahrungen so intensiv angesprochen, dass sie nach einem Einsatz den Entschluss fassen, sich für den vollzeitigen Missionsdienst ausbilden zu lassen. Ebenfalls nicht wenige fanden ihren Partner fürs Leben bei Diguna und sind heute in vielen Ländern dieser Welt aktiv.

Eine junge rumänisch-deutsche Familie gründete mit einigen Freunden das Missionswerk »Offene Tür« und fing eine neue Arbeit in Uganda an. Auch weitere Missionswerke haben ihre Wurzeln bei Diguna oder »Wort des Lebens«.

Zahlreiche Afrikaner, die nach einer längeren Probezeit in unser Team kommen, werden ebenfalls durch den Dienst der Diguna-Mitarbeiter geprägt und verändert. Einige kamen zu unseren Jugendcamps und halfen tüchtig mit. Sie wurden in der Werkstatt, auf dem Bau, im Büro oder in der Küche eingesetzt. Ihre Familien waren oft froh, wenn sie so einen Esser weniger versorgen mussten, selbst wenn ihre Kinder bei der Mission keine Reichtümer erwerben konnten. Diese jungen Leute wurden manchmal sogar von anderen Mitarbeitern gesponsert. Einige wurden tüchtige Handwerker, andere besuchten eine Bibelschule im In- oder Ausland, und es ist für uns alle sehr ermutigend, dass eine ganze Reihe ehemaliger Diguna-Schützlinge heute in verantwortlichen Positionen tätig ist.

Der Massai Johnson Ole hatte den »singenden Truck«, wie er den blauen Lkw mit den großen Außenlautsprechern nannte, in seinem Dorf getroffen. Die Fremden hatten ihn irgendwie beeindruckt, und ihre Botschaft klang glaubwürdig. Solche Lieder hatte er noch nie gehört. So machte er sich auf, benutzte das Buschtaxi und lief zu Fuß bis nach Mbagathi.

Etwas verlegen fragte er sich durch und wurde von unserem Team begrüßt und spontan zum Essen eingeladen. Er konnte seine Fragen loswerden, bekam ein Bett zum Übernachten und kehrte später in sein Dorf zurück. Sein Vater schickte ihn auf die Schule und anschließend studierte er Elektrotechnik in Nairobi. An freien Wochenenden besuchte er Diguna und packte überall mit an, wo es nötig war. Er half im Garten oder in der Werkstatt, beim Übersetzen der Kinderstunde und gab Zeugnis bei Einsätzen nicht nur in Massailand. Sein Anliegen war, das viele Massais diese rettende Botschaft auch hören sollten.

Nach dem erfolgreichen Studium arbeitete er als Manager in einem der größten Unternehmen Kenias. Mit seinem Geld unterstützte er kleine Gemeinden und baute Kirchen in seinem Stammesgebiet.

Etwa 20 Jahre später bei einer Konferenz gab Johnson Zeugnis über sein Leben. Er berichtete, dass der erste Besuch damals in Mbagathi und die Einladung an einen richtigen Tisch zusammen mit Menschen aus unterschiedlichen »Stämmen«, sogar aus Deutschland, ihn tief berührt hatte. Diese Liebe und Herzlichkeit hatten ihn überzeugt, das wollte er auch selbst erleben. Heute ist er für uns ein Vorbild geworden.

Ich selbst hatte früher immer gedacht, Mission sei eine spezielle Sache für spezielle Menschen wie Theologen, Ärzte, Lehrer und Krankenschwestern. Ich war davon überzeugt, dass es sich hier um ganz außergewöhnliche Menschen handelt, denen die Berufung zum Missionar schon in die Wiege gelegt wird. Es dauerte viele Jahre, bis ich entdeckte, dass ich da ein ganz falsches Verständnis vom Missionsdienst hatte. Mission ist kein Sonderauftrag, sondern geht jeden an. Wer das Geschenk vom Kreuz und die Geschichte von Ostern richtig verstanden hat, bekommt eine tiefe Dankbarkeit, und das treibt ihn an. Wir müssen uns die Frage stellen, was wir denn mal mit in die Ewigkeit nehmen können, wenn wir nach diesem kurzen Leben vor Gott stehen werden. Alle Dinge bleiben dann zurück, nur die Menschen, die wir mit dem Evangelium bekannt gemacht haben, werden wir wiedersehen.

Unsere Erfahrung hat gezeigt, dass es sogar eine ganze Reihe von Christen gibt, die den starken Wunsch haben, Gott auf einem Missionsfeld zu dienen. Sie nehmen an Missionstagen und Konferenzen teil, warten aber oft vergeblich auf einen Hinweis oder ein ermutigendes Wort von Verantwortlichen aus ihrer Gemeinde. Wenn sie dann konkrete Schritte unternehmen wollen, stoßen sie auf Kritik, Unverständnis und leider auch oft auf Ablehnung. Nicht nur, weil die Gemeinde Angst hat, es könne eine zusätzliche finanzielle Belastung entstehen, sondern weil man einem jungen Menschen so etwas gar nicht zutraut oder ein anderes biblisches Verständnis von Weltmission hat. Vom Elternhaus und der Verwandtschaft kommt oft eher die Sorge um die Lücke im beruflichen Lebenslauf, die sich auf die Rente auswirken könnte. Auch für diese Bedenken muss man Verständnis haben. Die vergangenen 40 Jahre von Diguna haben jedoch gezeigt, dass unser himmlischer Vater durchaus in der Lage ist, für alles zu sorgen.

Nicht selten werden Rückkehrer vom Missionsfeld zum Beispiel in ihrer Heimatgemeinde aktiv und die ganze Gemeinde wird durch ihren Dienst und das gelernte Vertrauen reich gesegnet.

Unsere Beobachtungen in Afrika zeigen: Ohne die Grundlage des Evangeliums ist humanitäre Hilfe meist nur von kurzer Dauer. Die rein äußerliche Veränderung bewirkt wenig, es wird einfach weiter gelogen, gestohlen und gefaulenzt. Es wird weiter versucht, die Ahnen zufriedenzustellen, und es wird weiter in ständiger Angst vor ihnen gelebt.

Licht in dem Dunkel Afrikas gibt es nur dort, wo eine Veränderung der Seelen der Menschen stattfindet, wo ein Mensch erkennt, dass er einen Retter braucht und sich auf ihn verlässt. Gottes Wort drückt es in Sprüche 8,35 folgendermaßen aus: »Wer mich findet, der findet das Leben und erlangt Wohlgefallen vom Herrn.«

Millionen von Menschen haben durch Gottes Wort eine neue Lebensperspektive bekommen. Und auch wenn sie von der Weltöffentlichkeit oft kaum wahrgenommen wird, wächst die Gemeinde von Jesus rasant in diesen Tagen. Und so wird Schritt für Schritt die Dunkelheit verdrängt vom Licht!

Vor etwa zweitausend Jahren hat Jesus Christus seinen engsten Mitarbeitern Folgendes gesagt, nachzulesen in Matthäus 24,14: »Die Botschaft vom Reich Gottes wird auf der ganzen Welt gepredigt werden, damit alle Völker sie hören, und dann erst wird das Ende kommen.«

Bildnachweis

Beate Hill

Mich zieht es nach Südafrika
Erlebnisse einer Weltenbummlerin

Gebunden, 13,5 x 20,5 cm, 208 Seiten
Nr. 395.353,
ISBN 978-3-7751-5353-9

Beate Hill ist nach Südafrika ausgewandert, hat dort geheiratet und sechs Kinder bekommen. Die lebenslustige Seniorin erzählt von ihrer Wanderung zwischen den Kontinenten. Sie nimmt den Leser mit auf ihre Reisen von Schottland über Namibia bis nach Südafrika.

Princess Kasune Zulu, Belinda Collins

Mein Herz für Afrika
Eine sambische Prinzessin kämpft für
das Leben

Gebunden, 13,5 x 20,5 cm, 336 Seiten
Nr. 395.363,
ISBN 978-3-7751-5363-8

Sie heißt Prinzessin und ist eine Kämpferin. Ihre eigenen Eltern hat sie früh verloren. Heute kämpft sie für 15 Millionen Aids-Waisen und vertritt ihre Anliegen auf der ganzen Welt. Eine wunderbar erzählte Geschichte über Hoffnung, die Not und Tod überwindet.

Bitte fragen Sie in Ihrer Buchhandlung nach diesen Büchern!
Oder schreiben Sie an: SCM Hänssler, D-71087 Holzgerlingen;
E-Mail: info@scm-haenssler.de; Internet: www.scm-haenssler.de